CONTEÚDO DIGITAL PARA ALUNOS
Cadastre-se e transforme seus estudos em uma experiência única de aprendizado:

1 Entre na página de cadastro:
www.editoradobrasil.com.br/sistemas/cadastro

2 Além dos seus dados pessoais e de sua escola, adicione ao cadastro o código do aluno, que garantirá a exclusividade do seu ingresso a plataforma.

4811676A6605989

CB015105

3 Depois, acesse: **www.editoradobrasil.com.br/leb**
e navegue pelos conteúdos digitais de sua coleção **:D**

Lembre-se de que esse código, pessoal e intransferível, é valido por um ano. Guarde-o com cuidado, pois é a única maneira de você utilizar os conteúdos da plataforma.

Editora do Brasil

TEMPO DE MATEMÁTICA

MIGUEL ASIS NAME
- Licenciado em Matemática.
- Pós-graduado em Álgebra Linear e Equações Diferenciais.
- Foi professor efetivo de Matemática da rede estadual durante trinta anos.
- Autor de diversos livros didáticos.

COLEÇÃO
TEMPO
MATEMÁTICA **6**
4ª edição
São Paulo, 2019.

Editora do Brasil

Dados Internacionais de Catalogação na Publicação (CIP)
(Câmara Brasileira do Livro, SP, Brasil)

Name, Miguel Asis
 Tempo de matemática 6 / Miguel Asis Name. – 4. ed. –
São Paulo: Editora do Brasil, 2019. – (Coleção tempo)

 ISBN 978-85-10-07668-5 (aluno)
 ISBN 978-85-10-07669-2 (professor)

 1. Matemática (Ensino fundamental) I. Título. II. Série.

19-27623   CDD-372.7

Índices para catálogo sistemático:
1. Matemática : Ensino fundamental 372.7
Maria Alice Ferreira - Bibliotecária - CRB-8/7964

© Editora do Brasil S.A., 2019
Todos os direitos reservados

Direção-geral: Vicente Tortamano Avanso

Direção editorial: Felipe Ramos Poletti
Gerência editorial: Erika Caldin
Supervisão de arte e editoração: Cida Alves
Supervisão de revisão: Dora Helena Feres
Supervisão de iconografia: Léo Burgos
Supervisão de digital: Ethel Shuña Queiroz
Supervisão de controle de processos editoriais: Roseli Said
Supervisão de direitos autorais: Marilisa Bertolone Mendes

Supervisão editorial: Rodrigo Pessota
Edição: Andriele de Carvalho Landim e Rodolfo Campos
Assistência editorial: Cristina Perfetti e Viviane Ribeiro
Copidesque: Giselia Costa, Ricardo Liberal e Sylmara Beletti
Revisão: Alexandra Resende, Andréia Andrade, Elis Beletti, Flávia Gonçalves e Marina Moura
Pesquisa iconográfica: Daniel Andrade e Tamiris Marcelino
Assistência de arte: Carla Del Matto
Design gráfico: Andrea Melo e Patrícia Lino
Capa: Megalo Design
Imagem de capa: Bomshtein/Shutterstock.com, Dimitrios/Shutterstock.com, Lipskiy/Shutterstock.com, Radachynskyi Serhii/Shutterstock, Underawesternsky/Shutterstock.com e WitR/Shutterstock.com
Ilustrações: Alexander Santos, André Aguiar, Ariel Fajtlowicz, Carlos Takachi, Danillo Souza, Desenhorama, Estúdio Mil, Estúdio Ornitorrinco, Ilustra Cartoon, João P. Mazzoco, Jorge Zaiba, Leonardo Conceição, Luiz Lentini, Marcelo Azalim, Marcos Guilherme, Paula Lobo, Paulo Borges, Paulo José, Reinaldo Rosa, Rodrigo Arraya, Wander Antunes e Wasteresley Lima
Produção cartográfica: DAE e Alessandro Passos da Costa
Coordenação de editoração eletrônica: Abdonildo José de Lima Santos
Editoração eletrônica: JS Design
Licenciamentos de textos: Cinthya Utiyama, Jennifer Xavier, Paula Harue Tozaki e Renata Garbellini
Controle de processos editoriais: Bruna Alves, Carlos Nunes e Stephanie Paparella

4ª edição / 2ª impressão, 2022
Impresso na HRosa Gráfica e Editora

Rua Conselheiro Nébias, 887
São Paulo, SP – CEP 01203-001
Fone: +55 11 3226-0211
www.editoradobrasil.com.br

Prezado aluno,

Neste livro, você vai:

- usar a mente e as mãos para construir conceitos matemáticos e aplicá-los;
- conferir como a Matemática está presente no seu dia a dia;
- resolver questões com diferentes níveis de dificuldade – inclusive de vestibulares, da Olimpíada Brasileira de Matemática das Escolas Públicas (OBMEP), do Saresp etc. – para começar a se familiarizar com esse tipo de desafio.

Sempre que necessário, consulte seu professor. Ele e este livro são seus parceiros nesta caminhada.

O autor

SUMÁRIO

CAPÍTULO 1
Sistemas de numeração 7
- Uma breve história dos números 7
- O que é um sistema de numeração? 8
  - Sistema de numeração egípcio 8
  - Sistema de numeração romano 8
  - Sistema de numeração decimal 10
  - Agrupamento de dez em dez 10
  - Leitura e escrita de números no sistema decimal 12

CAPÍTULO 2
Conjunto dos números naturais 18
- Número natural 18
  - Conjunto dos números naturais 18
  - Representação geométrica dos números naturais 20
  - Sucessor e antecessor 20
  - Comparação de números naturais 22
  - Subconjuntos dados por propriedades 22

CAPÍTULO 3
Adição no conjunto $\mathbb{N}$ 28
- Adição 28
  - Revendo o algoritmo 28
- Propriedades da adição 30
  - Cálculo mental de uma adição 30

CAPÍTULO 4
Subtração no conjunto $\mathbb{N}$ 34
- Subtração 34
  - Adição e subtração: operações inversas 34
- Expressões numéricas 36

CAPÍTULO 5
Multiplicação no conjunto $\mathbb{N}$ 40
- Multiplicação 40
  - Algoritmo e representação geométrica 40
- Princípio multiplicativo 42
- Distribuição retangular 44
- Proporcionalidade 44
- Propriedades da multiplicação 46

CAPÍTULO 6
Divisão no conjunto $\mathbb{N}$ 52
- Divisão 52
  - O zero na divisão 52
  - Algoritmo da divisão 53
- Expressões numéricas 56
- Divisão não exata 58

CAPÍTULO 7
Potenciação no conjunto $\mathbb{N}$ 62
- Potenciação 62
- Os expoentes zero e um 64
- Expressões numéricas 65
  - Expressões com parênteses, colchetes e chaves 65

CAPÍTULO 8
Estimativa e cálculo mental 68

CAPÍTULO 9
Cálculo de valores desconhecidos em igualdades 72
- Mais propriedades das igualdades 75
  - Resolvendo problemas 76

CAPÍTULO 10
Divisibilidade 80
- Quando um número é divisível por outro? 80
- Divisor ou fator de um número 80
  - Como descobrir os divisores de um número? 80
- Critérios de divisibilidade 82
  - Divisibilidade por 2 82
  - Divisibilidade por 3 82
  - Divisibilidade por 6 84
  - Divisibilidade por 5 84
  - Divisibilidade por 4 86

CAPÍTULO 11
Números primos e decomposição em fatores primos 90
- Números primos e números compostos 90
- Como reconhecer se um número é primo? ... 92
- Decomposição em fatores primos 93

CAPÍTULO 12

Máximo divisor comum 96
   Processos práticos para determinação do m.d.c. 96

CAPÍTULO 13

Mínimo múltiplo comum 100
   Múltiplos de um número natural 100
   Mínimo múltiplo comum 102
   Cálculo do m.m.c. – processos práticos 102
      Por decomposição de cada número 102
      Por decomposição simultânea 102

CAPÍTULO 14

Números fracionários 106
   Noção de fração 106
   Frações de uma quantidade 108
   Tipos de frações 111
   Número misto 112
   Frações na reta numérica 114

CAPÍTULO 15

Frações equivalentes 118
   O que são frações equivalentes? 118
   Obtenção de frações equivalentes 118
   Simplificação de frações 120
      Como simplificar uma fração? 120
   Comparação de números fracionários 122
      Frações com denominadores iguais 122
      Frações com numeradores iguais 122
      Frações com numeradores diferentes e denominadores diferentes 122

CAPÍTULO 16

Adição e subtração de frações 126
   Frações com denominadores iguais 126
   Frações com denominadores diferentes 126

CAPÍTULO 17

Análise de tabelas e gráficos 130
   Gráficos e suas aplicações 130
   Gráficos de barras 130
   Gráficos de setores 132

CAPÍTULO 18

Números decimais 138
   Frações decimais 139
   Leitura de um número decimal 140
   Transformação de fração decimal em número decimal 142
   Transformação de número decimal em fração decimal 142
   Propriedade fundamental dos números decimais 144
   Números decimais na reta numérica 145

CAPÍTULO 19

Adição e subtração de números decimais 152
   Adição e subtração 152

CAPÍTULO 20

Multiplicação e potenciação de números decimais 156
   Multiplicação 156
   Multiplicação por potências de base 10 158
   Potenciação 159

CAPÍTULO 21

Frações e divisões 162
   Divisão de números naturais com quociente decimal 162
      E se o dividendo for menor que o divisor? 163
      Dízimas periódicas 163
   Frações e divisões 164
      Escrevendo frações na forma de número decimal 165
   Divisão de números decimais 166
   Divisão por potências de base 10 168

CAPÍTULO 22

Porcentagem 172
   Gráficos e porcentagens 174

CAPÍTULO 23

Medidas de comprimento 178
- Medir 178
- Medidas de comprimento 178
  - Múltiplos 178
  - Submúltiplos 178
- Instrumentos de medida de comprimento 179
- Leitura das medidas de comprimento 179
- Mudanças de unidade 180

CAPÍTULO 24

Figuras e formas 188
- As formas da natureza e as formas criadas pelo ser humano 188
- Sólidos geométricos 190
- Ponto, reta e plano 192
  - Ponto 192
  - Reta 192
  - Semirreta 193
  - Plano 193
- Pontos colineares 195
- Posições relativas de duas retas no plano 195
- Polígonos 197
- Prismas 199
  - Relação entre o número de lados das bases e o número de faces, arestas e vértices dos prismas 200
- Pirâmides 201
  - Relação entre o número de lados das bases e o número de faces, arestas e vértices das pirâmides 202

CAPÍTULO 25

Ângulos 208
- O que é ângulo? 208
- Medida de um ângulo 208
- Mais sobre ângulos e suas medidas 211
- Classificação de ângulos 212
- Retas perpendiculares 213
- Os esquadros 215

CAPÍTULO 26

Estudando polígonos 218
- Polígonos 218
  - Triângulos 220
  - Quadriláteros 220
- Perímetro de um polígono 222
  - Relação entre a medida dos lados e o perímetro de polígonos 223
- Polígonos regulares 224
- Construção com régua e esquadro 225

CAPÍTULO 27

Sistema cartesiano 228
- Par ordenado 228
- Plano cartesiano 231
- Sistema cartesiano e polígonos 233

CAPÍTULO 28

Medidas de superfície 236
- Conversões entre unidades de medida de superfície 238
- Área do quadrado, do retângulo, do paralelogramo e do triângulo 239
  - Área do quadrado 239
  - Área do retângulo 239
  - Área do paralelogramo 239
  - Área do triângulo 241

CAPÍTULO 29

Medidas de volume e de capacidade 246
- O que é volume? 246
- Volume de paralelepípedos retângulos e de cubos 247
  - Volume do paralelepípedo retângulo 247
  - Volume do cubo 247
- Conversão de unidades de medida de volume 250
- Medidas de capacidade 251

CAPÍTULO 30

Medidas de massa 258
- Massa 258
- Unidades de massa 258
  - Múltiplos 258
  - Submúltiplos 258

CAPÍTULO 31

Probabilidades 262
- Razões 262
- Noções de probabilidade 263
- Calculando probabilidades 264

CAPÍTULO 1

Sistemas de numeração

Uma breve história dos números

A humanidade criou os números muito tempo atrás...

Desde o começo da civilização, vários povos reconheceram a necessidade dos números na vida. Sabemos disso porque essas pessoas fizeram "marcas" nas paredes das cavernas ou em ossos, para registrar quantidades que para elas eram importantes.

Suas ideias de número provavelmente se limitavam ao uso de palavras e/ou sons diferentes para **um**, **dois** e **muitos**.

É bem provável que o ser humano primitivo não tivesse necessidade de contar quantidades muito grandes.

Quando a necessidade de contar aumentou – e, consequentemente, de registrar quantidades maiores –, as pessoas passaram a usar pilhas de pedras ou a fazer nós em cordas.

Para contar grandes quantidades, elas faziam agrupamentos. Provavelmente você também já tenha feito contagem por meio de marcas e agrupamentos.

Com o passar do tempo, as pessoas foram substituindo essas marcas por uma escrita simbólica, isto é, por símbolos, e diversas civilizações criaram **sistemas de numeração** próprios, com símbolos e regras que os relacionam.

Veja como algumas civilizações representavam, por exemplo, o número **doze**.

- Os egípcios escreviam:
- Os babilônicos escreviam:

- Os maias escreviam:
- Os romanos escreviam:

E você escreve .

O que é um sistema de numeração?

É um conjunto de símbolos e regras que utilizamos para representar os números.

Vamos estudar um pouco os sistemas de numeração criados por duas antigas civilizações.

Sistema de numeração egípcio

É um dos primeiros sistemas de numeração de que temos conhecimento. Eis os símbolos que eles usavam: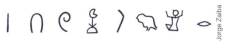

Você descobrirá o valor de cada símbolo ao resolver os exercícios da próxima página.

Nessa escrita egípcia:

- não havia um símbolo para o zero, cada símbolo podia ser repetido até nove vezes e a posição dos símbolos não era importante;
- o número é a soma dos valores dos símbolos usados.

Observe abaixo diferentes representações do número 24 nesse sistema de numeração.

Sistema de numeração romano

Os antigos romanos utilizavam sete símbolos para representar os números.

I V X L C D M

O sistema romano também tinha grupos de 10 como base, e não havia símbolo para o zero.

Observe, no quadro a seguir, exemplos de números escritos em nosso sistema e no sistema romano.

Sistema de numeração romano							
1	I	10	X	100	C	1 000	M
2	II	20	XX	200	CC	2 000	MM
3	III	30	XXX	300	CCC	3 000	MMM
4	IV	40	XL	400	CD	4 000	$\overline{IV}$
5	V	50	L	500	D	5 000	$\overline{V}$
6	VI	60	LX	600	DC	5 800	$\overline{V}$DCCC
7	VII	70	LXX	700	DCC	10 000	$\overline{X}$
8	VIII	80	LXXX	800	DCCC	14 500	$\overline{XIV}$D
9	IX	90	XC	900	CM	1 000 000	$\overline{M}$

No sistema romano:

- os símbolos **I, X, C** e **M** podem ser repetidos até três vezes seguidas;
- dois símbolos diferentes juntos, com o número menor colocado à esquerda do maior, significa subtração de valores.

IV = 5 − 1 = 4   XL = 50 − 10 = 40   CD = 500 − 100 = 400

- um traço horizontal acima do símbolo faz com que seu valor seja multiplicado por 1 000; essa regra é válida para representar números a partir de 4 000.

EXERCÍCIOS DE FIXAÇÃO

1. Observe estes números escritos no sistema egípcio:

437   3 204

Quais são os valores representados pelos símbolos?

2. A maior das pirâmides egípcias é a de Quéops, na qual foram utilizados aproximadamente 2 310 000 blocos de pedra.

Responda:
a) Com base nos dados acima, quais são os valores representados pelos símbolos?

b) Qual é o número representado pelos símbolos egípcios abaixo?

3. (Vunesp) Em um sítio arqueológico, pesquisadores encontraram marcações maias que indicam a matemática deste povo que habitou o continente americano. Considere que os maias usavam um símbolo parecido com um ponto para indicar uma unidade, e um traço para indicar cinco unidades. Assim, por exemplo, para representar o número sete escreviam ⋅⋅.

Com base nessa informação, é correto concluir que o número natural representado pela escrita maia correspondente ao número é:

a) 8   b) 17   c) 18   d) 33

4. Responda:
a) Qual é o valor dos números romanos XIX e XXI? Eles são iguais?
b) A posição do algarismo romano I altera o valor desses números?
c) A posição de um símbolo é importante no sistema romano?

5. Copie e complete os quadros.

a)
32		78		491
	XLV		CIII	

b)
MIX		MCLII		X̄VCI
	1504		1627	

6. Que representação a seguir não é um número no sistema de numeração romano?
a) MCX   c) MMX
b) CMX   d) LCX

7. Quais números menores do que 1000 podemos escrever com apenas os símbolos romanos V e/ou X?

8. Em um relógio, o ponteiro menor está no IX e o ponteiro maior está no XII. Que horas o relógio marca?

9. O último capítulo de um livro é representado no sistema romano por L. Como se representa o penúltimo capítulo desse livro?

10. Século é um período de 100 anos. O século I vai do ano 1 ao ano 100. A que século correspondem os anos a seguir?

ANO	ACONTECIMENTOS
1445	Invenção da tipografia, por Gutenberg
1500	Descoberta do Brasil, por Pedro Álvares Cabral
1876	Invenção do telefone, por Graham Bell

Sistema de numeração decimal

No sistema de numeração decimal usamos dez símbolos que são chamados de algarismos. Esses algarismos foram inventados pelos hindus e divulgados pelos árabes. Por isso, são chamados algarismos indo-arábicos.

| 0 | 1 | 2 | 3 | 4 | 5 | 6 | 7 | 8 | 9 |

Com eles podemos representar qualquer número, por maior que seja.

Agrupamento de dez em dez

Em qual das duas situações está mais fácil contar?

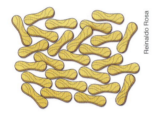

↑ Contando de 1 em 1.

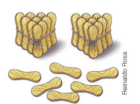

↑ Agrupando de 10 em 10.

Para contar com mais facilidade, os palitos são organizados em **grupos de 10**. Observe que obtivemos dois grupos de 10 e restaram 6 palitos.

Escrevemos esse número assim:

26
→ 6 unidades
2 dezenas = 2 × 10 unidades = 20 unidades

O valor de cada algarismo depende da posição que ele ocupa no número. Cada posição tem valor 10 vezes maior que a posição que fica a sua direita. Por exemplo, no número 3 333 há quatro algarismos iguais, mas cada um deles tem valor diferente.

3 333 = 3 000 + 300 + 30 + 3

Aqui o 3 vale 3 **unidades de milhar** ou 3 000 unidades.

Aqui o 3 vale 3 **unidades**.

Aqui o 3 vale 3 **centenas** ou 300 unidades.

Aqui o 3 vale 3 **dezenas** ou 30 unidades.

No sistema de numeração decimal os números são agrupados de dez em dez, por isso é também chamado de **sistema de base dez**.

Assim:

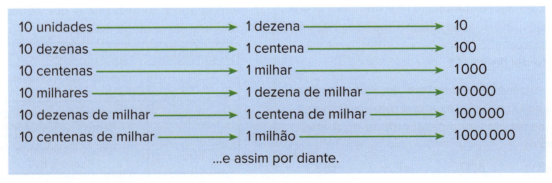

10 unidades → 1 dezena → 10
10 dezenas → 1 centena → 100
10 centenas → 1 milhar → 1000
10 milhares → 1 dezena de milhar → 10 000
10 dezenas de milhar → 1 centena de milhar → 100 000
10 centenas de milhar → 1 milhão → 1 000 000

...e assim por diante.

EXERCÍCIOS
DE FIXAÇÃO

11. Observe minha jogada. Quantos pontos eu fiz?

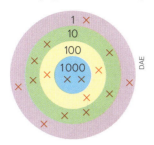

12. Copie o quadro e complete-o agrupando a quantidade de bolinhas de acordo com o sistema decimal.

Centenas	Dezenas	Unidades

13. Copie e complete.

a) Trinta unidades são ▨ dezenas.

b) Oito dezenas e meia são ▨ unidades.

c) Nove centenas e duas dezenas são ▨ unidades.

d) Quatro centenas são ▨ dezenas.

14. Que número falta em cada ▨ a seguir?

a)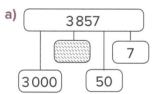

b)

c)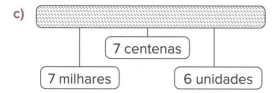

15. O valor posicional de um algarismo muda conforme a posição que ele ocupa no número. Veja o número 5 em diversas posições.

			5	aqui ele vale 5
		5		aqui ele vale 50
	5			aqui ele vale 500
5				aqui ele vale 5 000

Com base nessas informações, copie e complete as frases.

8 196

a) O valor posicional do 6 é ▨.

b) O valor posicional do 9 é ▨.

c) O valor posicional do 1 é ▨.

d) O valor posicional do 8 é ▨.

16. Observe o número 7 582. Se trocarmos o lugar do 5 com o do 8, o número aumenta ou diminui?

17. Sou um número com o algarismo das unidades 6 e tenho 128 dezenas. Quem sou eu?

18. Escreva o número.

a) 3 centenas mais 8 dezenas mais 5 unidades.

b) 9 milhares mais 7 centenas mais 2 dezenas mais 6 unidades.

c) 8 milhares e 5 centenas.

d) 8 milhares e 5 dezenas.

e) 8 milhares e 5 unidades.

19. Se reagruparmos 7 centenas + 12 dezenas + + 15 unidades, de acordo com o sistema decimal, obteremos:

a) 8 centenas + 1 dezena + 5 unidades.

b) 8 centenas + 3 dezenas + 5 unidades.

c) 8 centenas + 2 dezenas + 5 unidades.

d) 7 centenas + 3 dezenas + 5 unidades.

Leitura e escrita de números no sistema decimal

Muitas são as situações que envolvem a escrita e a leitura de números para comunicar fatos e acontecimentos de nosso dia a dia. A leitura dos números pode ser feita por **ordens** ou **classes**.

- A posição que um algarismo ocupa na escrita de um número chama-se **ordem**.
- Cada grupo de três algarismos, a contar da direita para a esquerda, chama-se **classe**.

Exemplos:

A. Leia o número 148 215 196.

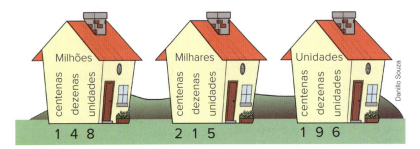

Cento e quarenta e oito milhões, duzentos e quinze mil cento e noventa e seis.

Ilustrando:

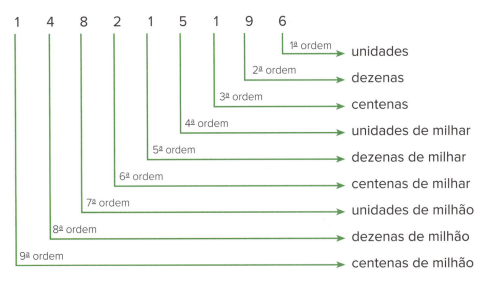

B. Leia o número 4 085 372 160.

Quatrilhões	Trilhões	Bilhões	Milhões	Milhares	Unidades
		4	0 8 5	3 7 2	1 6 0
		quatro bilhões	oitenta e cinco milhões	trezentos e setenta e dois mil	cento e sessenta

Quatro bilhões, oitenta e cinco milhões, trezentos e setenta e dois mil cento e sessenta.

- Na prática, substituímos a palavra **milhar** por **mil** e eliminamos a palavra **unidade**.
- Depois da classe dos **bilhões**, vêm as classes dos **trilhões**, **quatrilhões**, **quintilhões** e assim por diante.

EXERCÍCIOS
DE FIXAÇÃO

20. Copie e complete o quadro.

80 008	
	vinte mil e sessenta e cinco
346 046	
	seis milhões, seiscentos e seis
5 390 002	
	nove milhões, trinta mil e cem
17 000 283	
	cinco bilhões, doze mil e quatro

21. Veja a seguir um cheque expresso em reais. No caderno, escreva por extenso a quantia que deve ser preenchida nele.

22. O **ábaco** é um instrumento criado há muitos séculos que possibilita contar e calcular. Podemos dizer que foi a primeira máquina de calcular inventada pelo ser humano. Atualmente, o ábaco é muito utilizado no Japão. Conhecido como *soroban*, ele foi trazido da China pelos japoneses há mais de 400 anos. Veja o número representado no ábaco a seguir.

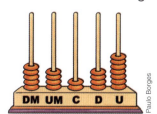

a) Como se lê esse número?
b) Quantas unidades vale o algarismo 2?

c) Na escrita desse número, o algarismo 4 está escrito duas vezes. Será que esse algarismo tem o mesmo valor em ambas as posições? Explique.

23. A leitura correta do número representado pela expressão

$$5 \times 1\,000\,000 + 4 \times 10\,000 + 9$$

é:

a) cinco milhões, quatro mil e nove.
b) quinhentos mil e quarenta e nove.
c) cinco milhões, quatrocentos mil e nove.
d) cinco milhões, quarenta mil e nove.

24. Em 8 000 800 080, 8 é, entre outras, a classe:

a) das unidades.   c) dos milhões.
b) dos milhares.   d) dos bilhões.

25. Em 960 062, o algarismo 6 assume dois valores diferentes, respectivamente:

a) dezenas e milhares.
b) dezenas e dezenas de milhar.
c) centenas e centenas de milhar.
d) centenas e dezenas de milhar.

26. Considerando o número 48 360, responda:

a) Quantas classes há nesse número?
b) Quantas ordens há nesse número?
c) Qual é o algarismo das centenas?
d) Qual é o nome da ordem ocupada pelo algarismo 0?
e) Qual é o nome da ordem ocupada pelo algarismo 4?
f) Quantas dezenas há nesse número?

27. (OM-SP) No sistema decimal de numeração, um número tem 3 classes e 7 ordens. Então, esse número tem:

a) 3 algarismos.
b) 7 algarismos.
c) 10 algarismos.
d) Nenhuma das anteriores.

13

EXERCÍCIOS COMPLEMENTARES

28. Copie e complete.
   a) Onze dezenas são ▨ unidades.
   b) Cinco centenas são ▨ dezenas.
   c) Um milhar são ▨ unidades.
   d) Seis dezenas de milhar são ▨ unidades.

29. Copie e complete.
   a) 2 435 = 2 000 + ▨ + 30 + ▨
   b) ▨ = 60 000 + 600 + 6
   c) 10 111 = ▨ + 100 + ▨ + 1

30. A decomposição do número formado por uma unidade de milhão e quarenta e nove centenas é:
   a) 1 000 000 + 40 + 9.
   b) 1 000 000 + 400 + 90.
   c) 1 000 000 + 4 000 + 9.
   d) 1 000 000 + 4 000 + 900.

31. Copie, complete e responda às questões.
   Em 3 806 há ▨ dezenas;
   ▨ milhares;
   ▨ dezena de milhar.
   a) Que valor teremos se adicionarmos a esse número duas centenas?
   b) Que valor teremos se adicionarmos a esse número quarenta milhares?

32. Que número sou eu?
   a) MEU ALGARISMO DAS DEZENAS É 7 E O DAS UNIDADES É 5. TENHO 21 CENTENAS.
   b) TENHO 423 DEZENAS E A SOMA DE MEUS ALGARISMOS É IGUAL A 16.

33. Um número é constituído por dois algarismos cuja soma é 6. O algarismo das unidades é metade do algarismo das dezenas. Qual é o número?

34. Indique quantas vezes é necessário digitar zero na calculadora para representar nela os números a seguir.
   a) cinco mil e doze
   b) oitenta mil e oito
   c) quinhentos mil e dezenove
   d) vinte milhões, dez milhares e seis unidades

35. Em qual dos números abaixo o algarismo das dezenas de milhar é igual ao das centenas?
   a) 238 458
   b) 255 738
   c) 435 317
   d) 528 816

36. No número 283 576 901 indique:
   a) o algarismo da ordem das centenas de milhar;
   b) a ordem do algarismo 3;
   c) a classe a que pertence o algarismo 8;
   d) o valor de posição do algarismo 5.

37. Escreva o número.
   a) 4 unidades de milhar e 4 centenas
   b) 7 dezenas de milhar e 7 dezenas

38. No número 1 482 foi colocado o zero entre os algarismos 4 e 8.
   Pode-se afirmar que, no novo número representado, o valor do algarismo 4 ficou:
   a) dividido por 10.
   b) multiplicado por 10.
   c) multiplicado por 100.
   d) multiplicado por 1 000.

39. (Vunesp) Um determinado número é formado por 3 algarismos, cuja soma é 16. O algarismo das centenas é igual ao triplo do algarismo das dezenas, e este é igual ao algarismo das unidades menos 1. Esse número é:
   a) 349.   c) 934.
   b) 439.   d) 943.

EXERCÍCIOS SELECIONADOS

40. O irmão do senhor Jaime adquiriu um plano de saúde. No ato da adesão, cada adquirente recebe um cartão com um número e uma identificação. No cartão do irmão dele está registrado o número um milhão, dois mil e cinquenta. Observe os cartões a seguir e responda às questões.

a) Qual é o nome do irmão do senhor Jaime?

b) Escreva como se lê o menor número representado nesses cartões.

c) Escreva como se lê o maior número representado nesses cartões.

d) O número de um dos cartões é: 1 unidade de milhão, 2 unidades de milhar e 5 centenas. Como se chama a pessoa desse cartão?

41. A decomposição do número 580 004 é:

a) cinco centenas de milhar, oito milhares e quatro unidades.

b) cinco dezenas de milhar, oito milhares e quatro unidades.

c) cinco centenas de milhar, oito dezenas e quatro unidades.

d) cinco centenas de milhar, oito dezenas de milhar e quatro unidades.

42. Considere o número 82 345.

a) Coloque um zero entre dois de seus algarismos de modo a obter o maior número possível.

b) Escreva a leitura do número obtido.

43. Qual é o número? Dicas:

• o último algarismo é a unidade;

• o algarismo das dezenas é o dobro do algarismo das unidades;

• o algarismo das centenas é o dobro do das dezenas;

• o algarismo dos milhares é o dobro do das centenas;

• o número tem quatro algarismos.

44. (OM-SP) No país dos quadrados, o povo desenha:

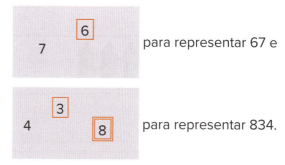

para representar 67 e para representar 834.

Que número representa

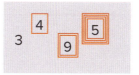

Tarefa especial

45. Veja, na tabela a seguir, quantas cabeças de gado possuem os fazendeiros de um município do estado de Minas Gerais.

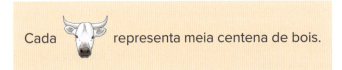

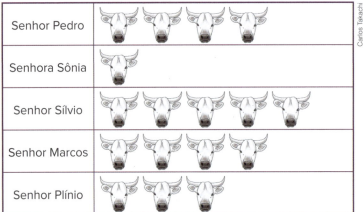

a) Que fazendeiro tem mais bois?

b) Há fazendeiros que têm o mesmo número de bois. Quem são?

c) Se juntarmos os bois dos cinco fazendeiros, quantos animais serão ao todo?

46. Esta tabela informa o número de garrafas vazias que os alunos do 6º ano de uma escola recolheram para serem recicladas.

Pictograma é um gráfico em que desenhos ou símbolos representam números.

Turma	Número de garrafas
6º A	100
6º B	150
6º C	125
6º D	175

Utilize a informação da tabela para completar o pictograma a seguir e sua legenda, após copiá-los no caderno. No pictograma já está representado o número de garrafas recolhidas pelos alunos do 6º A.

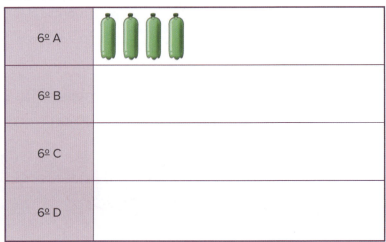

PANORAMA

FAÇA AS ATIVIDADES A SEGUIR E REVEJA O QUE VOCÊ APRENDEU.

NO CADERNO

47. Quantos algarismos tem o número quarenta mil e três?
a) 2   b) 3   c) 4   d) 5

48. O número sete milhões e dezoito mil é representado por:
a) 7 000 018.
b) 7 018 000.
c) 7 108 000.
d) 7 180 000.

49 Qual sentença corresponde a uma leitura do número 8 740?
a) Oito mil e setenta e quatro centenas.
b) Oito mil e setenta e quatro unidades.
c) Oitocentas e setenta e quatro dezenas.
d) Oito centenas e setenta e quatro milhares.

50. Em um número, o algarismo das unidades é 9 e o das dezenas é 4. Colocando o algarismo 6 à esquerda, obtemos um novo número, que é:
a) 649.   b) 946.   c) 496.   d) 694.

51. O número formado por 1 centena de milhar mais 4 milhares mais 7 dezenas é:
a) 140 700.
b) 140 070.
c) 104 700.
d) 104 070.

52. Dado o número 3 658, podemos afirmar que:
a) o valor posicional do algarismo 6 é 6.
b) o valor posicional do algarismo 5 é 58.
c) o valor posicional do algarismo 5 é 500.
d) o valor posicional do algarismo 3 é 3 000.

53. Em um número de cinco algarismos:
• as duas primeiras ordens trazem zeros;
• o algarismo das centenas é 4;
• o algarismo 7 tem valor posicional 7 000;
• o algarismo de maior valor posicional é 2.
Podemos afirmar que esse número é:
a) 27 400.
b) 40 702.
c) 42 700.
d) 72 400.

54. Um dos números a seguir tem 17 dezenas e apenas 1 unidade. Qual é esse número?
a) 171   b) 173   c) 1 711   d) 1 771

55. Se somarmos 2 centenas com 20 dezenas e com 200 unidades, quanto obtemos?
a) 222   b) 440   c) 642   d) 600

56. Em qual número o 2 representa duzentos?
a) 38 120
b) 200 736
c) 159 284
d) 4 200 000

57. Observe o número 79 845 326 e indique a opção correta.
a) O algarismo da unidade de milhar é 9.
b) O número apresenta 3 ordens.
c) O algarismo da 6ª ordem é o número 8.
d) Os algarismos que formam a classe dos milhões são 8, 4 e 5.

58. (Prominp) Um número é formado por 4 algarismos distintos de acordo com as seguintes exigências:
• o algarismo das unidades de milhar é 1;
• o algarismo das centenas é 7 unidades maior do que o das dezenas;
• o algarismo das unidades é menor do que o das dezenas.
A soma dos algarismos desse número é:
a) 10.   c) 12.   e) 14.
b) 11.   d) 13.

59. (FCC-SP) Um número tem dois algarismos, sendo y o algarismo das unidades e x o algarismo das dezenas. Se colocarmos o algarismo 2 à direita desse número, o novo número será:

a) $x + y + 2$
b) $200 + 10 \cdot y + x$
c) $100 \cdot x + 10 \cdot y + 2$
d) $100 \cdot y + 10 \cdot x + 2$

CAPÍTULO 2 Conjunto dos números naturais

Número natural

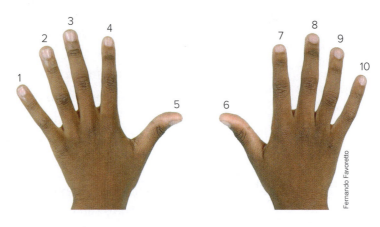

Veja algumas perguntas que fazem parte de nosso dia a dia:

- Quantos anos você tem?
- Quantas pessoas moram em sua casa?
- Quantas canetas você tem?
- Quantos alunos há em sua turma?
- Quantos dias tem o mês de abril?
- Quantos irmãos você tem?

Para responder a essas perguntas, precisamos efetuar contagens. Assim, dizemos que:

Número natural é o resultado de uma contagem.

Conjunto dos números naturais

Para contar, usamos os números 1, 2, 3, 4, 5, ... etc.

Com o zero, esses números formam o **conjunto dos números naturais**. Esse conjunto é indicado por $\mathbb{N}$ e representado da seguinte forma:

$\mathbb{N} = \{0, 1, 2, 3, 4, 5, ...\}$ As reticências indicam que o conjunto é **infinito**.

Usamos as reticências porque existem mais números depois desses: depois do 5 vem 6, 7, 8 e assim por diante. Existem infinitos números naturais.

É um conjunto que "naturalmente" usamos todos os dias. Se retirarmos o **zero** desse conjunto, obtemos o conjunto dos números naturais não nulos, representado por $\mathbb{N}^*$.

$\mathbb{N}^* = \{1, 2, 3, 4, 5, ...\}$

O conjunto dos números naturais contém números pares e números ímpares:

- os **números pares** são os que terminam em 0, 2, 4, 6 ou 8;
- os **números ímpares** são os que terminam em 1, 3, 5, 7 ou 9.

EXERCÍCIOS DE FIXAÇÃO

1. Veja os números nas situações a seguir e responda: Quais deles representam números naturais?

2. Responda:
   a) Qual é o menor número natural?
   b) Existe o maior número natural?
   c) Quantos números naturais existem?
   d) Qual é o décimo número natural?

3. Em cada linha a seguir há uma sequência de números. Descubra a regra que determina a ordem em que os números estão. Depois copie os quadros e complete-os com números naturais.

a) | 4135 | 4145 | 4155 | | | | | 4195 |

b) | 1029 | 1129 | | | | | | 1629 |

c) | 7000 | 7250 | | | 8000 | | |

d) | 2000 | | | 3500 | | | 5000 |

4. Veja a sequência de números ímpares e responda às questões.

1, 3, 5, 7, 9, 11, 13, ...

   a) Quais são os três próximos números?
   b) O número 6514 é par ou ímpar?
   c) A sequência dos números ímpares é infinita?
   d) Quanto você deve somar a um número ímpar para obter o número ímpar seguinte?
   e) Qual é o primeiro número ímpar depois de 399?

5. O senhor Augusto é carteiro. Ele tem dez cartas para entregar, uma em cada residência, nos números:

| 16 | 27 | 45 | 60 | 72 | 93 | 110 | 123 | 157 | 164 |

   a) Quais são os números ímpares?
   b) Quantas cartas seu Augusto entregará no lado par da rua?
   c) Se entregar as cartas seguindo a ordem dos números, quantas vezes ele terá de atravessar a rua?

Representação geométrica dos números naturais

Desenhamos uma linha reta e determinamos o ponto de origem, que representará o número zero. Em seguida, escolhemos uma unidade de comprimento (o centímetro, por exemplo) e marcamos na reta pontos sucessivos a partir da origem, de modo que a distância entre cada ponto e o seguinte seja sempre a mesma.

Cada número natural pode ser representado por um ponto na reta, que é chamada de reta numérica.

Assim:

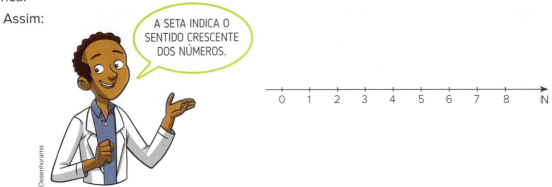

Sucessor e antecessor

Todo número natural tem um sucessor. O sucessor de um número natural é obtido adicionando 1 a esse número. Por exemplo:

- o sucessor de 9 é 10 (9 + 1 = 10);
- o sucessor de 2 003 é 2 004 (2 003 + 1 = 2 004).

Todo número natural, com exceção do zero, tem um antecessor. O antecessor de um número natural é obtido subtraindo 1 desse número. Por exemplo:

- o antecessor de 5 é 4 (5 − 1 = 4);
- o antecessor de 2 008 é 2 007 (2 008 − 1 = 2 007).

Um número natural e seu sucessor são chamados **números consecutivos**.

Exemplos:

A. 7 e 8 são números consecutivos

B. 15 e 16 são números consecutivos

C. 29, 30 e 31 são números consecutivos

EXERCÍCIOS
DE FIXAÇÃO

6. Nas semirretas, os pontos marcados estão todos à mesma distância uns dos outros. Observe os números representados e determine o valor de A, B, C e D.

7. Qual número corresponde ao ponto da reta numérica indicado pela seta?

8. Copie e complete o quadro.

Antecessor	Número	Sucessor
	399	
	5 001	
	8 888	
	61 999	
	200 000	
	1 003 999	

9. Responda:
   a) Todo número natural tem sucessor?
   b) Todo número natural tem antecessor?

10. Responda:
    a) De que número 4 000 é o sucessor?
    b) De que número 1 690 é o antecessor?

11. Indique:
    a) o sucessor par do número 1 398;
    b) o sucessor ímpar do número 1 621;
    c) o antecessor par do número 812;
    d) o antecessor ímpar do número 501.

12. Sendo x um número natural não nulo, responda:
    a) Qual é o sucessor de x?
    b) Qual é o antecessor de x?
    c) Qual é o sucessor de $x + 2$?
    d) Qual é o antecessor de $x + 5$?

13. Responda:
    a) Qual é o sucessor do sucessor de 79?
    b) Qual é o antecessor do antecessor de 45?
    c) Qual é o antecessor do sucessor de 50?

14. Somando 7 ao sucessor de um número, obtém-se 60. Qual é esse número?

15. Quais são os números consecutivos?

    | 43 | 126 | 520 | 199 |
    | 301 | 608 | 127 | 198 |
    | 42 | 300 | 521 | 607 |

16. Escreva:
    a) quatro números naturais consecutivos sendo 179 um deles;
    b) três números naturais consecutivos sendo 60 o do meio;
    c) cinco números naturais consecutivos sendo 2 003 o maior deles.

17. Dois números naturais consecutivos somam 543. Quais são esses números?

18. Escreva três números naturais ímpares e consecutivos dos quais o menor seja 179.

19. A soma de três números ímpares consecutivos é 27. Qual é o maior deles?

20. Se a é um número natural diferente de zero, que operação fazemos para determinar:
    a) seu sucessor?
    b) seu antecessor?

Comparação de números naturais

Em uma caixa há vários cartões numerados com números naturais.

Paulo retira um número A e Alice retira um número B. Como não sabemos quais são esses números, podemos afirmar que somente uma das seguintes alternativas é verdadeira:

1. $A = B$ A é **igual** a B.
2. $A > B$ A é **maior** que B.
3. $A < B$ A é **menor** que B.

Para indicarmos que dois números naturais são **diferentes**, usamos o símbolo $\neq$.

Subconjuntos dados por propriedades

Vamos formar alguns subconjuntos de $\mathbb{N}$.

Exemplos:

A. O conjunto dos números naturais maiores que 4 é {5, 6, 7, 8, ...}.

0, 1, 2, 3, 4, **5, 6, 7, 8**, ...

- Se x representa um número natural, podemos indicar: $x > 4$.

B. O conjunto dos números naturais maiores que 3 e menores que 8 é {4, 5, 6, 7}.

0, 1, 2, 3, **4, 5, 6, 7**, 8, 9, ...

- Se x representa um número natural, podemos indicar: $3 < x < 8$.

C. O conjunto dos números naturais maiores que 3 e menores ou iguais a 8 é {4, 5, 6, 7, 8}.

0, 1, 2, 3, **4, 5, 6, 7, 8**, 9, ...

- Se x representa um número natural, podemos indicar: $3 < x \leq 8$.

Além do símbolo $\leq$ **(menor ou igual)**, utilizaremos também o símbolo $\geq$ **(maior ou igual)**.

EXERCÍCIOS DE FIXAÇÃO

21. Escreva usando algarismos e os símbolos matemáticos.
   a) Nove é igual a nove.
   b) Cinco é menor que sete.
   c) Sete é diferente de oito.
   d) Seis é maior que dois.
   e) O número x é maior que três.
   f) O número y é menor que quinze.

22. Copie e complete com $=$, $<$ ou $>$.
   a) 427 ▨ 0427
   b) 0938 ▨ 938
   c) 2 738 ▨ 2 783
   d) 9 803 ▨ 8 903
   e) 11 011 ▨ 11 101
   f) 40 305 ▨ 43 050
   g) 1 022 000 ▨ 1 020 200
   h) 1 001 000 ▨ 1 000 199

23. Indique um número natural para substituir x.
   a) $1847 < x < 1849$
   b) $37695 < x < 37697$

   > Você acaba de escrever números em **ordem crescente**.

   c) $2754 > x > 2752$
   d) $42100 > x > 42098$

   > Você acaba de escrever números em **ordem decrescente**.

24. Responda:
   a) Quantos números naturais há entre 25 e 30?
   b) Quantos números naturais há entre 205 e 273?

25. Ordene os números seguintes do maior para o menor.
   a) 825 285 582 258 852 528
   b) 4 404 4 000 4 440 4 044 4 444

26. Escreva, entre chaves, os elementos dos conjuntos abaixo.
   a) Conjunto dos números naturais menores que 6.
   b) Conjunto dos números naturais maiores que 15.
   c) Conjunto dos números naturais menores ou iguais a 7.
   d) Conjunto dos números naturais maiores que 4 e menores que 9.

27. Quais são os números naturais maiores que 8 e menores que 15?

28. Veja como uma escola transforma as notas escolares em conceitos.

Nota (N)	Conceito
$N < 2$	E
$N \geq 2$ e $N < 4$	D
$N \geq 4$ e $N < 6$	C
$N \geq 6$ e $N < 8$	B
$8 \leq N \leq 10$	A

Responda às questões.
   a) Que conceito terá um aluno que tirar 7?
   b) Que conceito terá um aluno que tirar 8?
   c) Que conceito terá um aluno que tirar 3?
   d) Que nota um aluno terá de tirar para conseguir conceito C?

29. Quais são os números naturais x tais que $x > 4$ e $x < 11$?
   a) 5, 6, 7, 8, 9 e 10
   b) 4, 5, 6, 7, 8, 9 e 10
   c) 5, 6, 7, 8, 9, 10 e 11
   d) 4, 5, 6, 7, 8, 9, 10 e 11

EXERCÍCIOS COMPLEMENTARES

30. Observe, na tabela a seguir, o número de habitantes de algumas capitais brasileiras.

Cidade	População (número de habitantes)
Brasília	2 852 372
Cuiabá	574 969
Manaus	2 020 301
Curitiba	1 864 416
Natal	862 044

Fonte: Instituto Brasileiro de Geografia e Estatística (IBGE), 2014.

↑ Natal (RN).

a) Qual é a cidade mais populosa? E a menos populosa?

b) Quais cidades têm mais de meio milhão e menos de um milhão de habitantes?

c) Quais cidades têm mais de um milhão e meio e menos de dois milhões de habitantes?

d) Se você escrever os números da tabela em ordem crescente, qual será o número do meio?

31. Observe o quadro e escreva o nome dos inventos na ordem do mais antigo para o menos antigo.

Invento	Ano
avião	1906
telefone	1876
televisão	1926
bicicleta	1842
termômetro	1593
telescópio	1609

32. Utilize os números representados nos círculos e indique:

17   120   36   16
301   119   35   37   13

a) dois números consecutivos menores que 36;

b) dois números consecutivos maiores que 36;

c) três números consecutivos sendo um deles 36.

33. Utilizando uma só vez cada algarismo indicado a seguir, escreva:

2   4   6   7

a) o maior número natural;

b) o maior número ímpar;

c) o menor número par.

34. Considere todos os números naturais de dois algarismos diferentes formados por 5, 6 e 7.

a) Quais começam por 5?

b) Quais começam por 6?

c) Quais começam por 7?

d) Quantos são no total?

EXERCÍCIOS SELECIONADOS

35. Represente, entre chaves, os elementos dos conjuntos.
   a) Conjunto dos números naturais cujo algarismo das unidades é 5.
   b) Conjunto dos números naturais escritos somente com o algarismo 8.

36. Copie e complete com <, > ou =.
   a) 25 ▥ 2 dúzias
   b) 7 852 ▥ 6 milhares
   c) 10 000 ▥ 100 centenas
   d) 8 milhares ▥ 80 dezenas
   e) 42 dezenas ▥ 5 centenas
   f) 17 milhares ▥ 170 centenas

37. Mamãe pendura roupas no varal e quer usar a menor quantidade possível de prendedores de roupa. Para 4 toalhas, ela precisa de 5 prendedores, como mostra a figura abaixo. Para pendurar 18 toalhas, de quantos prendedores precisará?

38. (CAp-UFPE) Priscila gosta tanto de números que seu colar preferido tem as contas (bolinhas) dispostas de acordo com uma regra matemática. Na figura abaixo, vemos o colar de Priscila (que só tem contas pretas e brancas) com uma parte dentro da caixa.

Quantas "contas" (bolinhas) pretas do colar estão dentro da caixa?

39. (Vunesp) Se um número é maior que 10, então esse número é:
   a) maior que 15.
   b) menor que 20.
   c) igual a 12.
   d) diferente de 25.
   e) maior que 5.

40. O dobro do sucessor do número 35 é:
   a) 72.   c) 71.
   b) 74.   d) 68.

41. Num concurso, um candidato foi ao mesmo tempo o décimo quarto melhor e o décimo quarto pior classificado. Quantos eram os candidatos?
   a) 26   c) 28
   b) 27   d) 29

42. No sistema de numeração decimal, quantos são os números escritos com dois algarismos?
   a) 90   c) 80
   b) 89   d) 100

43. Escreva:
   a) o maior número formado por dois algarismos distintos;
   b) o maior número formado por três algarismos distintos;
   c) o menor número formado por quatro algarismos distintos.

44. Tenho um livro de 100 páginas. Quantos algarismos foram usados para numerar essas páginas?

45. Uma pessoa escreveu os números naturais de 1 até 125. Então, ela escreveu:
   a) 123 algarismos.
   b) 125 algarismos.
   c) 212 algarismos.
   d) 267 algarismos.

25

 **PANORAMA**

FAÇA AS ATIVIDADES A SEGUIR E REVEJA O QUE VOCÊ APRENDEU.

46. Qual dos números abaixo é um número natural?

a) 3,8
b) $\frac{3}{8}$
c) 38
d) $3\frac{1}{8}$

47. Que número natural tem sucessor, mas não é sucessor de número natural algum?

a) 0
b) 1
c) 1000
d) 1000 000

48. Quantos números naturais a sequência 0, 1, 2, 3, 4, ...,1199 tem?

a) 6
b) 1198
c) 1199
d) 1200

49. Quantos dias ficam compreendidos entre uma segunda-feira e a quinta-feira da mesma semana?

a) 2
b) 3
c) 4
d) 5

50. Quantos dias há entre os dias 4 e 21 do mês?

a) 19
b) 17
c) 16
d) 18

51. (Saeb-MEC) Na reta numérica a seguir, o ponto P representa o número 960 e o ponto U representa o número 1010.

Em qual ponto está localizado o número 990, sabendo que a diferença entre o valor de um ponto e o valor de outro ponto consecutivo é de 10 unidades?

a) T
b) R
c) S
d) Q

52. (Comperj) O pai de Sérgio morava em uma casa com a mulher e os oito filhos. Quantas pessoas moravam na casa, além de Sérgio?

a) 7
b) 8
c) 9
d) 10

53. O sucessor do número um milhão, oito mil novecentos e noventa e nove é:

a) 1 010 000.
b) 1 009 000.
c) 1 008 998.
d) 1 008 000.

54. Ao escrever todos os números que você pode obter usando os algarismos 1, 2 e 3 sem repetição e colocá-los em ordem crescente, o número 231 estará situado no:

a) 3º lugar.
b) 4º lugar.
c) 5º lugar.
d) 8º lugar.

55. (Saresp) O preço do pãozinho nas padarias A, B e C está indicado no gráfico abaixo.

O preço do quilo do pãozinho na padaria:

a) A é igual ao da padaria B.
b) C é maior do que na padaria A.
c) A é menor do que na padaria B.
d) C é menor do que na padaria B.

56. (OBM) O número de consultas mensais realizadas em 2006 por um posto de saúde está representado no gráfico abaixo. Em quantos meses foram realizadas mais de 1200 consultas?

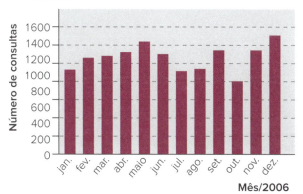

a) 6
b) 7
c) 8
d) 9

57. No lado esquerdo da rua de um condomínio, as casas estão numeradas com todos os números ímpares de 1 a 19. No lado direito da rua, as casas estão numeradas com todos os números pares de 2 a 14. Quantas casas há nessa rua?

a) 15
b) 16
c) 17
d) 18

58. (Vunesp) Chama-se **palíndromo** o número natural que é igual quando lido da esquerda para a direita ou da direita para a esquerda.

O menor número natural palíndromo de quatro algarismos tem soma dos algarismos igual a:

a) 2.
b) 4.
c) 6.
d) 8.

59. (Saresp) Ana está escrevendo uma sequência de sete números:

Os próximos números a serem escritos são:

a) 20 e 31.
b) 22 e 33.
c) 24 e 31.
d) 24 e 30.

60. Qual é o sétimo termo da sequência 1, 2, 3, 5, 8, 13, ...?

a) 19.
b) 20.
c) 21.
d) 22.

61. Um conjunto A tem os quatro primeiros números naturais, os quatro primeiros números ímpares e os quatro primeiros números pares. Então o conjunto A é igual a:

a) {1, 2, 3, 4, 6}.
b) {1, 2, 3, 4, 5, 6}.
c) {0, 1, 2, 3, 4, 5, 6}.
d) {0, 1, 2, 3, 4, 5, 6, 7}.

62. (OM-SP) Se A = {3, 4, 5, 6, 7, 8, 9, 10}, então:

a) A é o conjunto dos números naturais menores que 11.
b) A é um conjunto de números menores que 11.
c) A é o conjunto dos números maiores que 3 e menores que 10.
d) A é o conjunto dos números maiores que 3 e menores que 11.

63. (OM-SP) Considere como verdadeiras as afirmações:
- O número *a* é maior que o número *b*.
- O número *a* é menor que o número *d*.
- O número *d* é menor que o número *c*.
- O número *b* é menor que o número *c*.

Então:

a) $a < b < c < d$.
b) $b < a < c < d$.
c) $b < a < d < c$.
d) $b < d < a < c$.

CAPÍTULO 3
Adição no conjunto ℕ

Adição

Na Matemática, a operação de adição é usada quando devemos **juntar** ou **reunir** quantidades.

> **O que significa adicionar?**
> Adicionar significa "juntar, somar ou reunir".

O quadro abaixo mostra como os alunos de uma escola do Ensino Médio estão distribuídos.

1º ano	2º ano	3º ano
349	237	172

Para sabermos quantos alunos estão matriculados nessa escola, temos de efetuar uma adição. O resultado da adição é a **soma**.

$$349 + 237 + 172 = 758$$

parcelas — soma

Revendo o algoritmo

Para relembrarmos o algoritmo da adição, vamos utilizar a decomposição dos números naturais em um exemplo de adição em que as parcelas são 2 349 e 1 489.

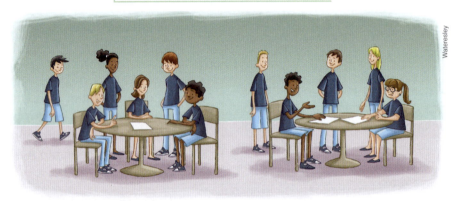

EXERCÍCIOS DE FIXAÇÃO

1. Considerando a igualdade 56 + 45 + 18 = 119, responda:
   a) Qual é o nome da operação?
   b) Como é chamado o número 119?
   c) Como são chamados os números 56, 45 e 18?

2. Efetue as adições.
   a) 696 + 38 + 1294
   b) 409 + 182 + 7432
   c) 88 + 16 209 + 647
   d) 41 + 1409 + 631 + 187

3. Observe o quadro que indica o número de pessoas que compareceram aos jogos de um torneio de futebol.

Jogo	Público (nº de pessoas)
Corinthians × Vasco	32 967
Cruzeiro × Flamengo	28 498
Flamengo × Vasco	43 002
Cruzeiro × Corinthians	18 261
Vasco × Cruzeiro	11 644
Flamengo × Corinthians	47 809

   Responda:
   a) Em qual jogo o público foi menor?
   b) Qual foi o total de público do torneio?
   c) Qual foi o total de público nos jogos do Vasco?
   d) Qual foi o total de público nos jogos do Corinthians?

4. O gráfico representa o número de aniversariantes que há em cada mês em uma turma de 6º ano.

   Fonte: dados obtidos com os alunos da turma.

   Responda:
   a) Há algum mês que não tenha aniversariantes?
   b) Qual mês tem mais aniversariantes?
   c) Quantos alunos há na turma?

5. Calcule a soma de três números consecutivos sabendo que o menor é 469.

6. O funcionário de uma empresa recebeu três cheques para serem depositados em uma conta-corrente. O primeiro era de dez mil e dez reais; o segundo, de mil cento e um reais; e o terceiro, de mil e onze reais. Qual é o valor do depósito?

7. Lucas tem 26 anos de idade, Marcos tem 35 e Ana Paula tem 24. Qual será a soma da idade dos três daqui a 10 anos?

Propriedades da adição

Comutativa

- 4 + 5 = 9
- 5 + 4 = 9   Logo: 4 + 5 = 5 + 4

Isso é verdadeiro para quaisquer que sejam os números adicionados.

> Se trocarmos a ordem das parcelas, a soma não se altera.

O que significa comutar?
Comutar significa "trocar".

Elemento neutro

- 5 + 0 = 5
- 0 + 5 = 5   Logo: 5 + 0 = 0 + 5

Isso é verdadeiro para qualquer número que seja adicionado ao zero.

> Numa adição de duas parcelas, se uma delas é zero, a soma é igual à outra parcela. O zero é o elemento neutro da adição.

O que significa neutro?
Neutro significa "indiferente".

Associativa

- (2 + 3) + 5 = 5 + 5 = 10
- 2 + (3 + 5) = 2 + 8 = 10   Logo: (2 + 3) + 5 = 2 + (3 + 5)

Isso é verdadeiro para quaisquer que sejam os números escolhidos.

> Se agruparmos as parcelas de maneira diferente, a soma não se altera.

O que significa associar?
Associar significa "juntar, unir".

Em Matemática, usamos parênteses para indicar os cálculos que devem ser efetuados em primeiro lugar.

Cálculo mental de uma adição

O cálculo de certas expressões pode ficar mais fácil se usarmos as propriedades associativa e comutativa da adição.

Exemplos:

A. 41 + 17 + 9 + 3 = 41 + 9 + 17 + 3 =
= 50 + 20 =
= 70

B. 16 + 13 + 24 + 25 = 16 + 24 + 13 + 25 =
= 40 + 10 + 3 + 20 + 5 =
= 40 + 10 + 20 + 3 + 5 =
= 40 + 30 + 8 =
= 78

Observe, no exemplo **B**, que duas parcelas foram decompostas:

- 13 = 10 + 3
- 25 = 20 + 5

EXERCÍCIOS COMPLEMENTARES

8. Que números naturais as letras representam?

a) $a + 15 = 15 + 17$
b) $(6 + 8) + 10 = 6 + (x + 10)$
c) $(y + 3) + 17 = 5 + (3 + 17)$
d) $0 + x = 14$
e) $54 + a = 54$
f) $c + 8 = 8 + c$

9. Sabendo que $x + y = 45$, calcule:

a) $y + x$
b) $(x + y) + 15$
c) $312 + (y + x)$
d) $x + 107 + y$

10. Calcule mentalmente estas adições. Para facilitar o cálculo, utilize as propriedades comutativa e associativa da adição.

a) $22 + 9 + 8$
b) $23 + 17 + 5$
c) $35 + 14 + 6$
d) $5 + 19 + 15$
e) $156 + 4 + 30$
f) $69 + 77 + 31 + 3$

11. Se $x + y = 18$, qual é o valor de $(x + 4) + (y + 5)$?

12. No gráfico abaixo, os dados indicam a venda mensal de sucos em um supermercado.

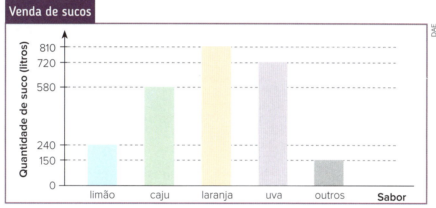

Fonte: dados do supermercado.

Responda:

a) Qual é o suco mais vendido? Quantos litros dele foram vendidos?
b) Quantos litros de suco de uva foram vendidos?
c) Qual foi o total de litros de suco vendidos no mês?

13. Calcule a soma de 617 com seu antecessor e seu sucessor.

14. Quando minha filha nasceu, eu tinha 28 anos. Hoje ela fez 12 anos. Qual é a soma de nossas idades?

15. Ari tem uma coleção de 35 lápis. Jair tem 17 lápis a mais que Ari. Rui tem o mesmo que Ari e Jair juntos. Quantos lápis os três possuem?

16. Ao receber meu salário, paguei R$ 478,00 de aluguel, R$ 589,00 de alimentação, R$ 126,00 de gastos gerais e ainda me sobraram R$ 352,00. Quanto recebi de salário?

17. Uma garota estuda 2 horas e 45 minutos pela manhã e 4 horas e 30 minutos à tarde. Quantos minutos ela estuda diariamente?

EXERCÍCIOS

SELECIONADOS

18. (OBM) O valor de 1 997 + 2 004 + 2 996 + + 4 003 é:

a) 10 000.
b) 11 000.
c) 10 900.
d) 12 000.

19. Numa adição, uma parcela é 1 028 e a outra é a metade de 190. Qual é a soma?

20. Uma soma tem 5 parcelas. Se aumentarmos em duas unidades cada parcela, em quanto aumentará o resultado?

21. A figura mostra trechos de estradas de rodagem. Os números indicam quantos quilômetros há em cada trecho.

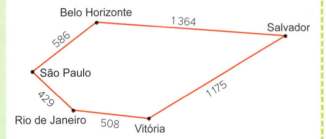

Responda:

a) Qual é a distância entre Vitória e São Paulo passando pelo Rio de Janeiro?
b) Qual é a distância entre o Rio de Janeiro e Salvador passando por Vitória?
c) Qual é a menor distância entre São Paulo e Salvador?

22. Considere os números a seguir e calcule os totais obtidos com:

6 600   6 006   6 606   6 066   6 666   6 660

a) a soma dos dois números menores;
b) a soma dos dois números maiores;
c) a soma do número maior com o menor.

23. (CAp-UERJ) Em seu último aniversário, Victor foi presenteado pelos familiares com dinheiro em notas de vinte, dez e cinco reais. Calcule a quantidade mínima de notas que ele precisa usar para pagar um brinquedo que custa R$ 75,00 e não receber troco.

24. Duas urnas contêm o mesmo número de bolas. Quantas bolas conterá a segunda urna a mais que a primeira se tirarmos 14 bolas da primeira e passarmos para a segunda urna?

! CURIOSO É...

O que é um quadrado mágico?

Os quadrados mágicos são um passatempo muito antigo que tem encantado as pessoas ao longo dos séculos. Na China, os primeiros registros de quadrados mágicos teriam ocorrido há 4 mil anos. Os quadrados ao lado são chamados de mágicos porque a soma dos números na horizontal, na vertical ou na diagonal é sempre a mesma.

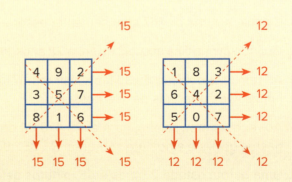

PANORAMA

FAÇA AS ATIVIDADES A SEGUIR E REVEJA O QUE VOCÊ APRENDEU.

NO CADERNO

25. (Obmep) Quanto é 99 + 999 + 9 999?
a) 10 997
b) 11 007
c) 11 097
d) 9 997

26. A soma de três mil e dezesseis com doze mil e quatro é:
a) 15 020.
b) 15 056.
c) 15 416.
d) 15 560.

27. A soma do antecessor de 49 com o sucessor de 86 é:
a) 133.
b) 134.
c) 135.
d) 136.

28. (UERJ) Observe o quadro abaixo. Ele representa o número de cópias tiradas diariamente por um auxiliar operacional.

2ª feira	1 200
3ª feira	1 420
4ª feira	1 580
5ª feira	1 350
6ª feira	1 480

O número total de cópias correspondente a uma semana de trabalho será:
a) 7 010.
b) 7 030.
c) 7 050.
d) 7 070.

29. Se $x = y + 5$ e $y = 10$, então x é igual a:
a) 5.
b) 15.
c) 25.
d) 50.

30. A propriedade que diz "a ordem das parcelas não altera a soma" é a:
a) aditiva.
b) transitiva.
c) associativa da adição.
d) comutativa da adição.

31. (Fuvest-SP) A soma dos dez primeiros números naturais ímpares é:
a) 10.
b) 100.
c) 120.
d) 180.

32. (Saeb-MEC) Pedro e João jogaram uma partida de bolinhas de gude. No final, João tinha 20 bolinhas, que correspondiam a 8 bolinhas a mais que Pedro. João e Pedro tinham juntos:

a) 28 bolinhas.
b) 32 bolinhas.
c) 40 bolinhas.
d) 48 bolinhas.

33. Qual número deve ser colocado no quadrado mágico ao lado?

122	94	234
262		38
66	206	178

a) 140
b) 150
c) 160
d) 170

34. Quantos números de dois algarismos existem cuja soma de seus algarismos é 10?
a) 8
b) 9
c) 10
d) 11

35. Na adição representada a seguir, os algarismos A, B e C são desconhecidos.

	A	3	C
+		5	B	8
1	3	3	3

Qual é o valor da soma A + B + C?
a) 16
b) 19
c) 21
d) 26

36. Um escritor escreveu, em um dia, as 20 primeiras páginas de um livro. A partir desse dia, ele escreveu, em cada dia, tantas páginas quantas havia escrito no dia anterior, mais 5 páginas. Se o escritor trabalhou 4 dias, ele escreveu:
a) 80 páginas.
b) 85 páginas.
c) 95 páginas.
d) 110 páginas.

CAPÍTULO 4
Subtração no conjunto ℕ

Subtração

A subtração possibilita responder a perguntas como:
Quanto sobra?
Quanto falta?

O que significa subtrair?
Subtrair significa "tirar ou retirar".

Você tem 7 lápis.

Se você tirar 2 lápis, com quantos ficará?

Para obter o número 5 a partir de 7 e 2, efetuamos uma subtração. Na **subtração**, cada termo tem um nome especial:

A subtração em ℕ só é possível quando o **minuendo** é maior ou igual ao **subtraendo**.

Adição e subtração: operações inversas

Se 5 + 2 = 7, podemos escrever
- 7 − 5 = 2
- 7 − 2 = 5

Se da soma de dois números subtraímos um deles, obtemos o outro. Por isso, dizemos que a subtração é a operação inversa da adição.

minuendo − subtraendo = diferença ⇔ diferença + subtraendo = minuendo

Algoritmo

Vamos relembrar o algoritmo da subtração efetuando 71 − 26.

```
 7 1         7 0   1        6 0    1 1        7 1
-2 6        -2 0  -6       -2 0   - 6        -2 6
                            4 0     5         4 5
```

Não dá para tirar 6 de 1.   Trocamos 1 dezena por 10 unidades.

EXERCÍCIOS
DE FIXAÇÃO

1. Na igualdade 46 − 17 = 29:
   a) qual é o valor do minuendo?
   b) qual é o valor do subtraendo?
   c) qual é o valor da diferença?
   d) qual é o nome da operação?

2. Efetue as subtrações.
   a) 684 − 298
   b) 3 493 − 169
   c) 4 602 − 1 247
   d) 7 287 − 638

3. Copie e complete as operações.
   a) ▓▓ + 690 = 800
   b) 1 500 + ▓▓ = 6 730
   c) ▓▓ − 420 = 1 600
   d) 4 750 + ▓▓ = 6 000

4. Tenho 2 notas de R$ 20,00, 3 notas de R$ 5,00 e 4 moedas de R$ 1,00. Quanto falta para eu completar R$ 100,00?

5. Um motorista pretende fazer uma viagem de 2 950 quilômetros em três dias. Se no primeiro dia ele percorrer 812 quilômetros e no segundo dia, 1 017 quilômetros, quantos quilômetros deverá percorrer no terceiro dia?

6. A rodovia que liga as cidades A e B mede 238 km. Ao percorrer essa rodovia, Paulo saiu de A para B e andou 116 km; Pedro saiu de B em direção a A e percorreu 81 km. Que distância os separa?

7. Em um pacote havia 100 pregos. Tirei 54, usei 29 e coloquei os que sobraram de novo no pacote. Depois disso, quantos pregos restaram no pacote?

8. (Saresp-SP) Helena saiu para fazer compras com duas notas de R$ 100,00 na carteira. Gastou no supermercado R$ 148,00 e no açougue R$ 20,00. Com quanto Helena ficou após essas compras?

9. Observe a tabela abaixo e responda às questões.

Cidade	População (nº de habitantes)
São Paulo	11 895 893
Rio de Janeiro	6 453 682
Salvador	2 902 927
Belo Horizonte	2 491 109
Fortaleza	2 571 896

Fonte: Instituto Brasileiro de Geografia e Estatística (IBGE). 2014.

↑ Vista da cidade de Salvador (Bahia).

a) Quantos habitantes Salvador tem a mais que Belo Horizonte?
b) Quantos habitantes o Rio de Janeiro tem a mais que Fortaleza?
c) Qual é a diferença em número de habitantes entre a cidade mais populosa e a menos populosa?

Expressões numéricas

As operações de adição e subtração são efetuadas na ordem em que aparecem.

Exemplos:

A. 9 − 5 + 1 − 2 =
= 4 + 1 − 2 =
= 5 − 2 =
= 3

B. 20 − 6 − 2 + 5 =
= 14 − 2 + 5 =
= 12 + 5 =
= 17

Nas expressões em que houver sinais de associação, eles devem ser eliminados nesta ordem:

1º parênteses ( )

2º colchetes [ ]

3º chaves { }

Exemplo:

34 + {20 − [5 − (8 − 6) + 1]} =
= 34 + {20 − [5 − 2 + 1]} =
= 34 + {20 − [3 + 1]} =
= 34 + {20 − 4} =
= 34 + 16 =
= 50

EXERCÍCIOS DE FIXAÇÃO

10. Calcule o valor das expressões.
a) 15 − 11 + 8 − 2
b) 45 − 21 − 4 − 7
c) 35 − (20 − 1 − 3)
d) 33 − (12 + 8) − 7
e) (15 + 10) − (6 + 11)
f) 17 − (8 − 3) + 1

11. Luciana tem R$ 95,00 para fazer algumas compras. Das coisas que viu, ela resolveu comprar um par de sapatos por R$ 55,00, uma camiseta por R$ 17,00 e um par de meias por R$ 9,00. Escreva e resolva a expressão numérica que indica quanto dinheiro sobrou.

12. Calcule o valor das expressões.
a) 35 − [20 + (8 − 5)]
b) 42 + [10 + (9 − 4) + 8]
c) 25 − [16 − 4 + (2 + 1)]
d) 80 − {30 − [10 − (6 − 2)]}
e) 100 − {60 − [10 − (3 − 1)]}
f) 42 + {25 − [5 + (6 − 4) + 2]}

13. (Escola Técnica-UFPR) Um ônibus saiu da rodoviária com 20 passageiros. Na primeira parada durante o trajeto, entraram 8 e saíram 10; na segunda parada, entraram 3 pessoas e saíram 15. Sobre o número de passageiros no ônibus, após essas paradas é correto afirmar:

a) Havia 8 passageiros a mais que no início da viagem.
b) Havia o mesmo número de passageiros que no início da viagem.
c) Não havia mais passageiros no ônibus.
d) Havia 14 passageiros a menos que no início da viagem.

EXERCÍCIOS
COMPLEMENTARES

14. Dadas as operações abaixo, responda:

a) Qual é a soma?
b) Qual é a diferença?
c) Qual é a maior parcela?
d) Qual é o minuendo?
e) Qual é o subtraendo?
f) Qual é o nome da primeira operação?

15. Observe as cenas.

O consumidor pagou a compra com seis notas de R$ 50,00 e uma nota de R$ 2,00. Quanto ele receberá de troco da moça do caixa? Por que ela pediu R$ 2,00 ao comprador?

16. Observe, ao lado, o quadro deste jogo e responda às questões.

a) Quantos pontos Silvana fez no jogo?
b) Quantos pontos Camilo fez na 1ª etapa?
c) Quantos pontos Mariana fez na 2ª etapa?
d) Quantos pontos foram feitos na 1ª etapa?
e) Quantos pontos as meninas fizeram?
f) Quantos pontos as três pessoas fizeram?

	Pontos na 1ª etapa	Pontos na 2ª etapa	Total
Silvana	175	289	X
Camilo	X	235	428
Mariana	237	X	451

17. A figura mostra trechos de estradas de rodagem. Os números indicam quantos quilômetros há em cada trecho.

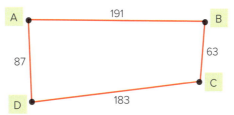

Responda:

a) Quantos quilômetros percorrerá um ônibus para ir de A até C passando por B?
b) Quantos quilômetros um automóvel percorrerá para ir de A até C passando por D?
c) A viagem mais curta é de ônibus ou automóvel? A diferença é de quantos quilômetros?

EXERCÍCIOS
SELECIONADOS

18. Você consegue encontrar o número que falta?

$$1 + 5 + 11 + 23 + 42 + \boxed{} = 100$$

19. Veja na tabela as distâncias rodoviárias, em quilômetros, entre algumas cidades brasileiras e responda às questões.

	Curitiba	Florianópolis	Rio de Janeiro	São Paulo
Aracaju	2 652	2 939	1 985	2 248
Belém	3 234	3 513	3 242	2 517
Brasília	1 423	1 713	1 129	1 015

a) A quantos quilômetros de Florianópolis está Brasília?

b) Que cidade está mais próxima de Belém: São Paulo ou Rio de Janeiro?

c) Dois caminhões saíram de Curitiba. Um vai para Aracaju e outro para Belém. Qual é a diferença entre as distâncias que percorrerão?

↑ Vista aérea do Teatro da Paz, em uma praça na cidade de Belém (Pará).

20. (Faap-SP) Numa seção eleitoral, votaram 1 240 eleitores, onde dois candidatos disputam o mesmo cargo. O eleito obteve 153 votos a mais do que seu concorrente e 147 foram os votos nulos. Quantos votos cada candidato obteve?

21. (Unicamp-SP) Minha calculadora tem lugar para oito algarismos. Eu digitei nela o maior número possível, do qual subtraí o número de habitantes do Estado de São Paulo, obtendo, como resultado, 63 033 472. Qual é a população do Estado de São Paulo?

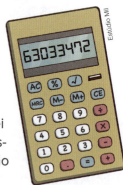

PANORAMA

FAÇA AS ATIVIDADES A SEGUIR E REVEJA O QUE VOCÊ APRENDEU.

22. A diferença entre o número cento e vinte mil e o número trinta mil e dois é:
 a) 89 998. c) 90 098.
 b) 80 098. d) 90 002.

23. Se $a + b + c = 47$ e $a + c = 18$, então b é igual a:
 a) 19. b) 29. c) 10. d) 65.

24. Marcela completou a conta com os números que faltavam. Veja:

Mas ela acabou cometendo um erro na coluna:
 a) das unidades. c) das centenas.
 b) das dezenas. d) dos milhares.

25. Abaixo está representada uma subtração.

	D	8	B	6
−		2	C	1	A
	5	9	4	2

Então, os algarismos A, B, C e D são, respectivamente:
 a) 2, 5, 9 e 8. c) 4, 5, 1 e 8.
 b) 4, 5, 8 e 9. d) 4, 5, 9 e 8.

26. Fábia comprou uma boneca por R$ 43,00. Pagou com uma nota de R$ 100,00 e acrescentou R$ 3,00 para facilitar o troco. O valor do troco recebido por Fábia foi de:

 a) R$ 57,00.
 b) R$ 60,00.
 c) R$ 63,00.
 d) R$ 54,00.

27. A diferença entre o maior número de 3 algarismos diferentes e o menor número também de 3 algarismos diferentes é:
 a) 864. c) 887.
 b) 885. d) 899.

28. Numa adição de 3 parcelas, a primeira é 701, a segunda é 394 e a terceira é a diferença entre as duas primeiras. A soma das três parcelas é:
 a) 1402. c) 1095.
 b) 1502. d) 1302.

29. Um pai tem 35 anos e seus filhos, 6, 7 e 9 anos. Daqui a 8 anos, a soma das idades dos três filhos menos a idade do pai será de:
 a) 2 anos. c) 11 anos.
 b) 3 anos. d) 13 anos.

30. (Obmep) Marina, ao comprar uma blusa de R$ 17,00, enganou-se e deu ao vendedor uma nota de R$ 10,00 e outra de R$ 50,00. O vendedor, distraído, deu o troco como se Marina lhe tivesse dado duas notas de R$ 10,00. Qual foi o prejuízo de Marina?
 a) R$ 13,00 c) R$ 40,00
 b) R$ 37,00 d) R$ 47,00

31. Que número deve substituir x se o desenho se completa com números naturais de acordo com determinada regra fixa?

 a) 22 c) 28
 b) 24 d) 38

32. Um número tem três algarismos. O algarismo das centenas é 2 e o das unidades é 5. Trocando o 2 e o 5 de lugar, obtemos um novo número, que é maior que o anterior em:
 a) 297 unidades.
 b) 303 unidades.
 c) 197 unidades.
 d) 203 unidades.

2		5
5		2

39

CAPÍTULO 5
Multiplicação no conjunto ℕ

Multiplicação

> **O que significa multi?**
> Multi significa "muitas vezes".

Quantos quadrados você vê na figura?

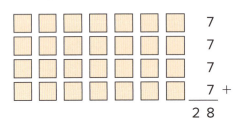

A adição 7 + 7 + 7 + 7 = 28 pode ser escrita como:

$$4 \times 7 = 28 \quad \text{ou} \quad 4 \cdot 7 = 28$$

> Usaremos o ponto para indicar a multiplicação.

- número de parcelas iguais a 7
- fatores
- produto

Portanto:

> A multiplicação é uma adição de parcelas iguais.

Convém lembrar que:
- o produto de um número por 2 é chamado **dobro**;
- o produto de um número por 3 é chamado **triplo**;
- o produto de um número por 4 é chamado **quádruplo**;
- o produto de um número por 5 é chamado **quíntuplo**.

Algoritmo e representação geométrica

Podemos entender melhor a técnica da multiplicação decompondo os dois fatores e fazendo os cálculos de outra maneira. Veja o algoritmo da multiplicação em que os fatores são 14 e 12:

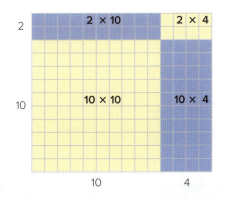

EXERCÍCIOS DE FIXAÇÃO

1. Considerando a igualdade 7 × 3 = 21, responda:
   a) Qual é o nome da operação?
   b) Como é chamado o número 21?
   c) Como são chamados os números 7 e 3?

2. Escreva as adições a seguir sob a forma de multiplicação.
   a) 6 + 6 + 6
   b) 8 + 8 + 8 + 8 + 8
   c) 11 + 11 + 11 + 11
   d) $a + a + a + a + a + a$

3. Calcule estes produtos.
   a) 36 × 0
   b) 1 005 × 12
   c) 298 × 144
   d) 748 × 102
   e) 483 × 390
   f) 2 066 × 405
   g) 287 × 1 002
   h) 30 303 × 16

4. O que acontece com o produto quando um dos fatores da multiplicação é igual a zero?

5. Determine:
   a) o dobro de 1 243;
   b) o triplo de 1 005;
   c) o quádruplo de 135;
   d) o quíntuplo de 206.

6. Comprei 2 calças e 3 camisetas pelo preço anunciado no cartaz. Quanto recebi de troco se dei ao caixa 4 notas de R$ 100,00?

7. Em um cinema há 28 fileiras com 15 poltronas em cada uma. Quantas poltronas há ao todo nesse cinema?

8. Em uma caixa há 12 pacotes, e, em cada pacote, há 8 saquinhos de bombons. O dono de um empório comprou 4 dessas caixas. Quantos saquinhos de bombons ele comprou?

9. (Obmep) Stephani multiplicou 111 por 111 e somou os algarismos do resultado. Qual é o valor dessa soma?
   a) 5
   b) 6
   c) 9
   d) 11
   e) 12

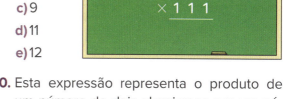

10. Esta expressão representa o produto de um número de dois algarismos por um número de um algarismo: ☐☐ × ☐ = 396. Qual algarismo deve ser repetido em todos os quadradinhos para que a igualdade seja verdadeira?

11. Um ônibus tem 1 banco de 7 lugares e 26 bancos de 2 lugares. Viajam nesse ônibus 83 passageiros. Quantos passageiros estão em pé?

12. Calcule mentalmente:
    a) 17 · 10
    b) 17 · 100
    c) 17 · 1 000
    d) 17 · 10 000

13. Uma pessoa deu R$ 57,00 de entrada na compra de um objeto e pagou mais 6 prestações de R$ 29,00. Quanto custou o objeto?

14. (Obmep) Um time ganha 3 pontos por vitória, 1 ponto por empate e nenhum ponto em caso de derrota. Até hoje cada time já disputou 20 jogos. Se um desses times venceu 8 jogos e perdeu outros 8 jogos, quantos pontos ele tem até agora?

A multiplicação que envolve números naturais também é aplicada para resolver vários problemas. Vamos aprender mais!

Princípio multiplicativo

Observe os exemplos a seguir.

A. Uma fábrica produz dois modelos diferentes de bicicleta: básico, para uso na cidade, e de competição, para corrida. Cada modelo é oferecido em 3 cores diferentes: azul, vermelho ou amarelo. Para saber quantas opções diferentes de modelo e cor estão disponíveis para o consumidor, podemos montar uma tabela:

Fica fácil contar as 6 possíveis opções para a escolha de um modelo e cor. Observe que:

2 modelos × 3 cores = 6 possibilidades de modelo/cor

Multiplicando 2 por 3, obtemos o total de opções.

B. Daniela leu o cartaz ilustrado ao lado e pretende se inscrever em dois projetos: um no 1º semestre e outro no 2º semestre. De quantas maneiras diferentes ela pode fazer sua escolha?

Uma tabela propicia visualizar e contar as possibilidades.

1º semestre / 2º semestre	Reúso da água (A)	Redução da produção de lixo (L)	Reciclagem e reaproveitamento de materiais (Rec)	Horta comunitária (HC)
Fontes de energia (F)	A-F	L-F	Rec-F	HC-F
Reflorestamento (Re)	A-Re	L-Re	Rec-Re	HC-Re

São 8 possibilidades diferentes de escolha. Observe que 4 × 2 = 8.

EXERCÍCIOS DE FIXAÇÃO

15. Lucas tem 2 calças (uma cinza e uma verde) e 3 camisetas (uma com listras verticais, uma com listras horizontais e uma amarela e rosa).

a) Se Lucas usar a calça cinza e variar as camisetas, de quantos modos ele poderá se vestir?

b) Se ele usar a calça verde e variar as camisetas, de quantos modos poderá se vestir?

c) Quantos são os modos de Lucas se vestir considerando as 2 calças e as 3 camisetas?

16. Quantos números de dois algarismos podemos formar sabendo que o primeiro algarismo só pode ser 3 ou 4 e o segundo, 7, 8 ou 9?

Copie e escreva todos esses números no quadro.

37		

17. (PUC-RS) Um rato deve chegar ao compartimento C, passando antes, uma única vez, pelos compartimentos A e B.

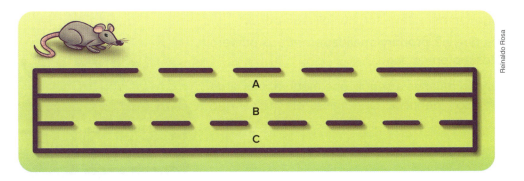

Há 4 portas de entrada em A, 5 em B e 7 em C. De quantos modos distintos ele pode chegar a C?

Distribuição retangular

Observe os exemplos a seguir.

A. Renato colocou cadeiras alinhadas e formou 5 fileiras com 4 cadeiras em cada uma.

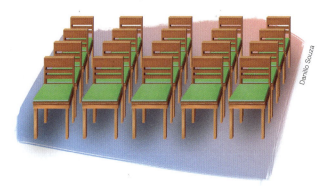

Fazendo uma multiplicação descobrimos quantas cadeiras foram utilizadas:

$$5 \cdot 4 = 20$$

Renato precisou de 20 cadeiras.

B. Para saber quantos quadradinhos formam este retângulo, fazemos uma multiplicação:

$$8 \cdot 6 = 48$$

O retângulo tem 48 quadradinhos.

Proporcionalidade

Considere os exemplos a seguir.

A. Usando a multiplicação, podemos descobrir facilmente quanto se paga por 6 sabonetes nesta promoção.

Veja o esquema:

×3 (2 ⟶ R$ 5,00) ×3
    6 ⟶ R$ 15,00

Multiplicamos o número de sabonetes por 3.
O preço pago também deve ser multiplicado por 3.

Dizemos que há **proporcionalidade** entre o número de sabonetes e o preço pago.

B. Observe a balança a seguir, que mede a massa de 8 parafusos idênticos. Que massa ela indicará ao colocarmos sobre o prato 80 parafusos desses?

×10 (8 ⟶ 250 g) ×10
    10 ⟶ 2 500 g

A balança indicará massa de 2 500 g.

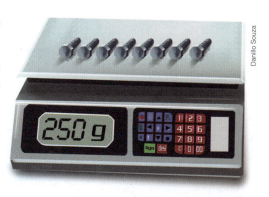

EXERCÍCIOS DE FIXAÇÃO

18. Quantos quadradinhos de tecido, todos de mesmo tamanho, foram costurados para confeccionar esta toalha?

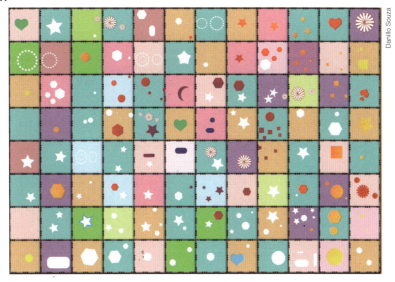

19. As poltronas de um teatro são dispostas na forma retangular com 28 fileiras, cada uma com 26 poltronas. Quantos lugares há no teatro?

20. Veja a ilustração de uma das páginas do álbum de figurinhas de Rodrigo. Calcule mentalmente:

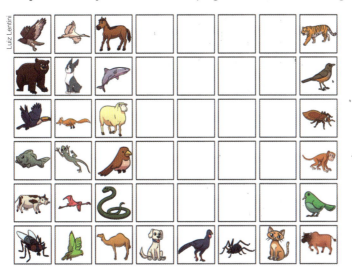

a) quantas figurinhas são necessárias para preencher totalmente a página;

b) quantas figurinhas faltam para Rodrigo completar a página.

21. Com 250 g de farinha fiz 12 biscoitos. Quantos biscoitos como esses farei com:

a) 750 g de farinha?

b) 1 kg de farinha?

Lembre-se:
1 kg = 1 000 g.

22. Pedalando sua bicicleta, Mariana percorreu 2 km em 15 minutos. Em 1 hora, pedalando no mesmo ritmo, ela deve percorrer:

a) 4 km.
b) 6 km.
c) 8 km.
d) 10 km.

Propriedades da multiplicação

Comutativa

- 2 · 7 = 14
- 7 · 2 = 14 ⇒ Logo: 2 · 7 = 7 · 2.

Isso é verdadeiro para qualquer produto de dois fatores.

> Se trocarmos a ordem dos fatores, o produto não se altera.

Elemento neutro

- 8 · 1 = 8 e 1 · 8 = 8

> Em um produto de dois fatores, se um deles é 1, o produto é igual ao outro fator. O **1 é o elemento neutro da multiplicação**.

Associativa

- (3 · 4) · 5 = 12 · 5 = 60
- 3 · (4 · 5) = 3 · 20 = 60   Logo: (3 · 4) · 5 = 3 · (4 · 5)

Isso é verdadeiro para qualquer produto de três ou mais fatores.

> Agrupando os fatores de maneiras diferentes, o produto não se altera.

Distributiva da multiplicação em relação à adição

- 4 · (5 + 3) = 4 · 8 = 32
- 4 · 5 + 4 · 3 = 20 + 12 = 32

Como os resultados acima são iguais, concluímos que:

4 · (5 + 3) = 4 · 5 + 4 · 3

Note que o 4 é **distribuído** a cada parcela da adição (5 + 3).

> Nós também podemos distribuir a multiplicação em relação à subtração.
> Veja:
> 3 · (5 − 2) = 3 · 5 − 3 · 2 = 15 − 6 = 9

Ilustrando:

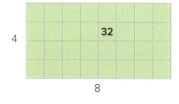 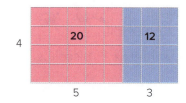

4 · (5 + 3) = 4 · 5 + 4 · 3 = 20 + 12 = 32

> O produto de um número por uma soma é igual à soma dos produtos desse número por cada uma das parcelas.

EXERCÍCIOS
DE FIXAÇÃO

23. Copie e complete.
- a) 48 · ▨▨▨ = 48
- b) 12 · 19 = 19 · ▨▨▨
- c) 15 · (10 · 13) = (15 · 10) · ▨▨▨
- d) 20 · 25 = ▨▨▨ · 20
- e) 8 · (9 + 6) = 8 · 9 + ▨▨▨ · 6
- f) 5 · (3 + 10) = 5 · 3 + 5 · ▨▨▨

24. Aplique a propriedade distributiva da multiplicação em relação à adição.
- a) 5 · (3 + 7)
- b) (2 + 4) · 6

25. Aplique a propriedade distributiva da multiplicação em relação à subtração.
- a) 4 · (7 − 5)
- b) (10 − 2) · 6

26. Acompanhe as cenas.

Pensando desse modo, calcule mentalmente os produtos.
- a) 35 · 6
- b) 71 · 9
- c) 4 · 73
- d) 8 · 15
- e) 7 · 35
- f) 5 · 140
- g) 17 · 101
- h) 40 · 102

27. Em uma papelaria, várias caixas iguais de lápis foram arrumadas na prateleira como na figura abaixo. Em cada caixa há 100 lápis. Calcule mentalmente o número total de lápis que há nessas caixas.

28. Forme dupla com um colega e criem um problema que possa ser resolvido calculando 24 · 15. Após resolverem, mostrem o problema ao professor.

29. (Saeb-MEC) As barras de chocolate Deleite são entregues pela fábrica em caixas com 12 pacotes, com 10 barras em cada pacote. Seu Manoel encomendou 8 caixas desse chocolate para vender no recreio da escola. Vamos ajudar seu Manoel a conferir quantas barras de Deleite ele vai receber?

- a) 8 · 12 = 96 barras
- b) 12 · 10 = 120 barras
- c) 8 · (12 · 10) = 960 barras
- d) 8 · (12 + 10) = 176 barras

EXERCÍCIOS COMPLEMENTARES

30. Um avicultor encheu 145 bandejas com 30 ovos cada uma. Ao transportá-las, quebraram-se 19 ovos. Quantos ovos restaram?

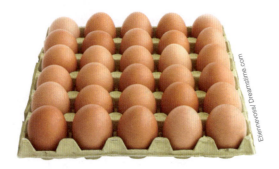

31. Se três bolas custam R$ 50,00, qual é o preço de:

a) 6 bolas?   b) 15 bolas?

32. (Ipad-PE) Uma indústria holandesa lançou a primeira motocicleta do mundo a usar o diesel como combustível. Com um litro de diesel ela roda, em média, 42 quilômetros. Com seu tanque de 19 litros completamente cheio essa motocicleta é capaz de percorrer, em média:

a) 410 quilômetros.
b) 420 quilômetros.
c) 610 quilômetros.
d) 788 quilômetros.
e) 798 quilômetros.

33. Para calcular mais facilmente 23 · 12 Leandro fez:

23 · 12 = 23 · (10 + 2) = 23 · 10 + 23 · 2 =
= 230 + 46 = 276.

a) Qual propriedade ele aplicou?
b) Aplique a mesma propriedade e calcule:
• 18 · 102   • 99 · 24

34. (OBM) Quanto é o dobro de 24 mais o triplo de 13 menos o quádruplo de 15?

a) 17   c) 27   e) 38
b) 26   d) 37

35. (CAP-UFPE) Luís desenhou um quadrado em uma malha quadriculada. Quantos quadradinhos tem esse quadrado, sabendo-se que sua diagonal cruza nove quadradinhos?

36. (Uerj) Um funcionário deve arrumar, em cada pavimento, 6 salas com 25 cadeiras cada. Se o prédio tem 3 pavimentos, o total de cadeiras a serem arrumadas é:

a) 350.   b) 400.   c) 450.   d) 500.

37. Célia comprou o triplo de figurinhas que Paulo comprou. Paulo comprou metade das figurinhas que Mário comprou. Mário comprou 10 figurinhas. Quantas figurinhas Célia comprou?

38. Um carro é fabricado em 3 versões (L, XL e XLS) e em 8 cores diferentes. O número total de opções disponíveis para o comprador é:

a) 11.   b) 14.   c) 18.   d) 24.

39. Pedro escreveu uma mensagem, enviou-a para 5 amigos e pediu a cada um deles que a transmitisse para 8 pessoas diferentes. Se todos atenderem ao pedido dele e ninguém receber a mensagem duas vezes, o número de pessoas que receberá a mensagem de Pedro será:

a) 25.   b) 35.   c) 40.   d) 45.

EXERCÍCIOS SELECIONADOS

40. Para permanecer hidratado, um atleta deve beber 450 mL de água a cada 30 minutos de exercícios. Que quantidade de água ele deve beber em 1 hora?

41. O piso de uma cozinha está sendo revestido com dois tipos de cerâmicas intercaladas – uma lisa e uma decorada –, como no desenho a seguir. Quantas cerâmicas decoradas faltam para preencher o piso?

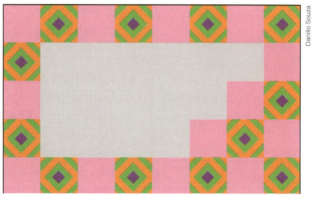

42. Márcia tem 7 anos de idade e sua irmã Paula tem o dobro de sua idade. O pai das meninas tem o dobro da idade das duas juntas. Quantos anos tem o pai delas?

43. Determine de quantas maneiras diferentes este garoto pode ir de A até C, passando por B, sabendo-se que:
    - de A para B há 2 caminhos diferentes;
    - de B para C há 3 caminhos diferentes.

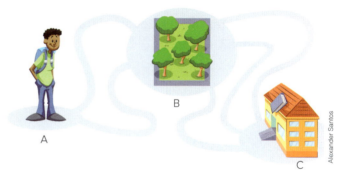

44. Quantos trajes diferentes podemos formar com 2 calças, 5 camisas e 3 paletós?

45. (Unicamp-SP) Alguns jornais calculam o número de pessoas presentes em atos públicos considerando que cada metro quadrado é ocupado por 4 pessoas. Qual é a estimativa do número de pessoas presentes numa praça de 4 000 metros quadrados, que tenha ficado lotada para um comício, segundo essa avaliação?

46. As tarifas praticadas por duas agências de locação de automóveis para veículos idênticos são:

Agência A	Agência B
180 reais por dia mais 2 reais por km rodado	80 reais por dia mais 3 reais por km rodado

Para um percurso diário de 110 km, qual agência oferece o menor preço?

PANORAMA

FAÇA AS ATIVIDADES A SEGUIR E REVEJA O QUE VOCÊ APRENDEU.

47. Mil trezentos e nove multiplicado por oito é igual a:
a) 8 472.
b) 10 472.
c) 10 320.
d) 10 432.

48. Somando o dobro de 82 com o triplo de 25, obtemos:
a) 189.
b) 214.
c) 296.
d) 239.

49. Veja no quadro abaixo o horário de trabalho de uma empresa que funciona de segunda a sexta-feira.

	Entrada	Saída
Manhã	8h30	12h00
Tarde	13h00	17h00

Quantas horas os funcionários trabalham por semana?
a) 36 horas
b) 37 horas
c) 36 horas e 30 minutos
d) 37 horas e 30 minutos

50. Cinco ônibus partem para uma excursão, cada um levando 39 passageiros. Participam dessa excursão:
a) 185 pessoas.
b) mais de 200 pessoas.
c) menos de 150 pessoas.
d) um número inferior a 250 pessoas.

51. Quando falamos que "a ordem dos fatores não altera o produto", estamos aplicando a propriedade:
a) comutativa da adição.
b) comutativa da multiplicação.
c) associativa.
d) distributiva.

52. (OM-SP) A propriedade aplicada em:
$5 \times (3 + 1) = (5 \times 3) + (5 \times 1)$ é:
a) associativa.
b) comutativa.
c) distributiva da adição em relação à multiplicação.
d) distributiva da multiplicação em relação à adição.

53. (OBM) Um galão de mel fornece energia suficiente para uma abelha voar 7 milhões de quilômetros. Quantas abelhas iguais a ela conseguiriam voar mil quilômetros se houvesse 10 galões de mel para serem compartilhados entre elas?
a) 7 000
b) 70 000
c) 700 000
d) 7 000 000
e) 70 000 000

54. (OM-CE) Na multiplicação abaixo, □ e △ são algarismos:

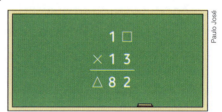

O valor de □ + △ é:
a) 3.
b) 5.
c) 7.
d) 12.

55. Ana tem 4 colares e 5 pares de brincos que combinam entre si. Quantos conjuntos de colar e brincos ela pode formar?

56. (Ufla-MG) Caminhando-se sempre no sentido da direita, o número de caminhos possíveis entre A e B é:

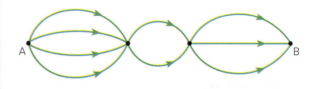

a) 12.
b) 16.
c) 24.
d) 30.

57. Qual expressão numérica não indica a quantidade de fotografias no quadro?

a) 3 · 8 + 4
b) 3 · 8 + 2 · 5
c) 3 · 6 + 2 · 5
d) 5 · 8 − 6 · 2

58. O piso de uma sala está sendo coberto com cerâmica quadrada. Já foram colocadas 10 cerâmicas, como mostra a figura abaixo.

Quantas cerâmicas faltam para cobrir o piso da sala?

a) 28
b) 20
c) 18
d) 14

59. Se $x + y = 12$, então $5 \cdot x + 5 \cdot y$ é igual a:

a) 17.
b) 60.
c) 65.
d) 120.

60. (Unama-AM) Numa prova de Matemática com 40 questões, o número de acertos que um candidato obteve foi igual a 7 vezes o número de erros. Dessa forma, o candidato errou:

a) 8 questões.
b) 7 questões.
c) 6 questões.
d) 5 questões.

61. (UEPB) Os alunos matriculados no ano 2000, em uma determinada escola, foram distribuídos em 40 salas de 40 lugares, de modo que uma das salas ficou apenas com 25 alunos. No ano seguinte, 50 novos alunos foram matriculados. Qual é o número total de alunos da escola?

a) 1635
b) 1675
c) 1625
d) 1650

62. Hoje, o pai de Fábio tem o dobro de sua idade. Daqui a 6 anos, Fábio terá 30 anos. O pai de Fábio tem hoje:

a) 44 anos.
b) 46 anos.
c) 48 anos.
d) 60 anos.

63. O campeonato brasileiro de futebol de 2008 foi disputado por 20 times. Cada time enfrentou cada um dos outros duas vezes, uma vez em seu campo e outra no campo do adversário. Quantas partidas cada time disputou?

a) 36
b) 38
c) 39
d) 40

64. Uma formiga quer ir de A a D passando antes, uma única vez, por B e C.

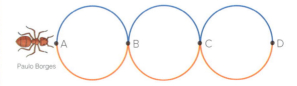

Quantos percursos ela pode escolher?

a) 1
b) 3
c) 6
d) 8

CAPÍTULO 6 Divisão no conjunto ℕ

Divisão

Dividir significa "repartir igualmente".

Vamos distribuir igualmente 40 bombons em 5 caixas. Para isso, faremos uma divisão:

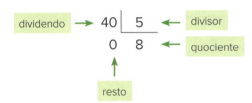

40 : 5 = 8 é uma divisão exata, pois o resto é zero

Colocaremos 8 bombons em cada caixa.

5 cabe 8 vezes em 40

Observe que 40 : 5 = 8 e 8 · 5 = 40.

Dizemos que a divisão exata e a multiplicação são **operações inversas**.

Acompanhe ao lado.

Por quanto devo multiplicar 8 para obter 40? E por quanto devo dividir 40 para voltar ao 8?

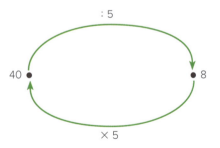

O zero na divisão

Observe os exemplos a seguir.

A. O resultado da divisão de zero por qualquer número diferente de zero é zero. Veja:

$$0 : 5 = 0, \text{ porque } 0 \cdot 5 = 0$$

B. Não existe divisão por zero. Acompanhe:

$$5 : 0 = ?$$

O resultado de 5 : 0 deveria ser o número que, multiplicado por zero, resultasse 5. Não há número que, multiplicado por zero, dê 5. Então, é impossível efetuar 5 : 0.

Algoritmo da divisão

Vamos relembrar as ideias do algoritmo da divisão resolvendo dois problemas.

A. Dois mil cento e setenta e oito ingressos para um *show* serão igualmente distribuídos entre 18 pontos de venda na cidade. Quantos ingressos receberá cada ponto de venda?

Para responder à pergunta, devemos efetuar 2 178 : 18. Acompanhe:

Começaremos dividindo os milhares: são 2, portanto, nenhum ponto de venda receberá milhares de ingressos.

$$\begin{array}{r|l} 2\,178 & 18 \end{array}$$

Vamos para as centenas.

Temos 21 centenas: podemos entregar 1 centena para cada ponto de venda e ainda sobram 3 centenas.

$$\begin{array}{r|l} 2\,178 & 18 \\ 3 & 1 \end{array}$$

As 3 centenas que sobraram, juntamente com as 7 dezenas que temos, formam 37 dezenas.

$$\begin{array}{r|l} 2\,178 & 18 \\ 37 & 1 \end{array}$$

Como 18 · 2 = 36, podemos entregar 2 dezenas de ingressos a cada ponto e ainda sobra 1 dezena de ingressos.

$$\begin{array}{r|l} 2\,178 & 18 \\ 37 & 12 \\ 1 & \end{array}$$

Ainda temos 8 ingressos que, juntos com a dezena que sobrou, resultam em 18 ingressos. Cada ponto de venda recebe mais 1 ingresso.

$$\begin{array}{r|l} 2\,178 & 18 \\ 37 & 121 \\ 18 & \end{array}$$

Concluindo, 2 178 : 18 = 121

Cada ponto de venda receberá 121 ingressos.

B. Em certa fábrica de parafusos, a produção é embalada em caixas que acomodam 12 parafusos cada uma. Se cada máquina produz diariamente 3 612 parafusos, quantas caixas são utilizadas por máquina?

Vamos efetuar 3 612 : 12.

Temos somente 3 milhares, então, não serão necessários milhares de caixas.

$$\begin{array}{r|l} 3\,612 & 12 \end{array}$$

Passemos às centenas: são 36. Dividindo por 12, precisaremos de 3 centenas de caixas e não sobram centenas.

$$\begin{array}{r|l} 3\,612 & 12 \\ 0 & 3 \end{array}$$

Vamos dividir as dezenas: só há 1 dezena que não forma 1 caixa com 12 parafusos. Temos 3 centenas, ou seja, 30 dezenas completas.

$$\begin{array}{r|l} 3\,612 & 12 \\ 01 & 30 \end{array}$$

No entanto, essa 1 dezena mais as 2 unidades possibilitam formar mais uma caixa, e não sobram parafusos.

$$\begin{array}{r|l} 3\,612 & 12 \\ 01 & 301 \\ 012 & \\ 0 & \end{array}$$

$301 \cdot 12 = 3\,612$

Então 3 612 : 12 = 301.

São necessárias 301 caixas por dia para embalar a produção de cada máquina.

❗ CURIOSO É...

A origem dos sinais de igual (=), maior que (>) e menor que (<)

Robert Recorde nasceu em 1510, no País de Gales, e morreu em junho de 1558 em Londres, Inglaterra. Foi médico, matemático e autor de livros didáticos de Matemática. Trabalhou como professor nas universidades inglesas de Oxford e de Cambridge. Ele é considerado o primeiro matemático a aplicar o sinal = para registrar igualdades em uma obra sobre Aritmética, publicada em 1557.

Os sinais maior que (>) e menor que (<) são atribuídos a Thomas Harriot, também nascido na Inglaterra, em Oxford. Harriot se dedicou à Astronomia, Ótica e Matemática Aplicada.

Fontes: www.britannica.com/biography/Robert-Recorde (acesso em: mar. 2019); www.britannica.com/biography/Thomas-Harriot (acesso em: mar. 2019); Malba Tahan. *Matemática divertida e curiosa*. Rio de Janeiro: Record, 2009.

EXERCÍCIOS DE FIXAÇÃO

1. Observe a igualdade 63 : 7 = 9 e responda:
   a) Qual é o nome da operação?
   b) Como é chamado o número 63?
   c) Como é chamado o número 7?
   d) Como é chamado o número 9?

2. Efetue as divisões a seguir.
   a) 465 : 3
   b) 7 588 : 4
   c) 17 640 : 5
   d) 4 761 : 23
   e) 50 933 : 31
   f) 39 644 : 44

3. Copie e complete no caderno.
   a) 15 : ▒▒▒ = 15
   b) ▒▒▒ : 23 = 0
   c) 80 : ▒▒▒ = 1
   d) ▒▒▒ : 75 = 0

4. Um feirante tem 288 maçãs e precisa distribuí-las igualmente em caixas. Com base nessa informação, crie um problema que envolva divisão e, depois, resolva-o.

5. Alguns caminhões transportarão 1 224 tambores da fábrica até uma loja. Em cada caminhão, cabem 36 tambores. Para transportar todos os tambores ao mesmo tempo, quantos caminhões serão necessários?

6. Um cata-vento dá 420 voltas em 14 minutos. Quantas voltas terá dado em 1 hora e meia?

7. Em uma papelaria, pago R$ 10,00 por 4 canetas. Pelo preço de 2 canetas, compro um pacote de lápis. Qual é o maior número de pacotes de lápis que posso comprar com R$ 30,00?
   a) 3
   b) 4
   c) 8
   d) 6

8. (Uerj) Foram separados 15 000 impressos para distribuição. Diariamente distribuem-se 600 impressos. Qual o número de dias necessários para a total distribuição dos impressos?

9. Sabe-se que cada garrafa tem massa de 315 gramas e que a balança está em equilíbrio. Qual é a massa de cada cubo?

10. (Saresp) Fábio possuía R$ 72,00 e Danilo R$ 84,00. Juntaram suas quantias para comprar 12 carrinhos do mesmo preço. Quanto custou cada carrinho, se gastaram todo o dinheiro na compra?

11. Distribuíram-se 12 dezenas de laranjas em meia dúzia de saquinhos. Em cada saquinho couberam:

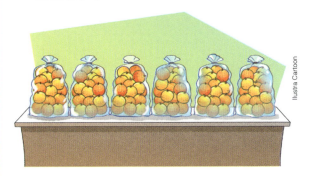

   a) 15 laranjas.
   b) 18 laranjas.
   c) 20 laranjas.
   d) 25 laranjas.

12. (Saeb-MEC) Um grupo de amigas alugou um apartamento na praia, para uma temporada, pelo preço de R$ 300,00, cabendo a cada uma o pagamento de R$ 50,00 para o aluguel. Como não podem pagar esse valor, decidem ampliar o grupo para que a parcela de cada uma passe a ser de R$ 30,00. Elas precisam convidar mais:
   a) 3 amigas.
   b) 4 amigas.
   c) 5 amigas.
   d) 6 amigas.

Expressões numéricas

Expressão numérica é uma sequência de operações matemáticas.

Vamos traduzir esse problema para a linguagem matemática. Então:

$$15 + 6 : 2 =$$
$$= 15 + 3 =$$
$$= 18$$

Escrevemos e resolvemos o que, em Matemática, chama-se "expressão numérica".

Observe que nela há uma sequência de operações envolvendo números.

Que tal fazer algumas descobertas com as expressões numéricas? Acompanhe:

Os resultados das expressões abaixo estão **corretos**. Observe em cada uma delas qual ou quais operações foram feitas em primeiro lugar para obter o resultado indicado.

A. $9 + 5 \cdot 6$ Resposta: 39   **C.** $6 \cdot 10 - 8 : 2$ Resposta: 56

B. $21 : 3 + 4$ Resposta: 11   **D.** $20 : 4 + 6 \cdot 8$ Resposta: 53

Com base nas respostas acima, você deve ter concluído que as operações são feitas obedecendo-se à seguinte ordem:

1º) multiplicações e divisões na ordem em que aparecem na expressão (da esquerda para a direita).

2º) adições e subtrações na ordem em que aparecem na expressão (da esquerda para a direita).

> Existem expressões em que aparecem os sinais de associação, que devem ser eliminados nesta ordem:
>
>   1º parênteses ( )   2º colchetes [ ]   3º chaves { }

EXERCÍCIOS
DE FIXAÇÃO

13. Calcule mentalmente o valor das expressões:
   a) 5 + 28 : 7
   b) 6 · 8 + 1
   c) 10 : 2 + 6
   d) 30 : 10 + 5

14. Calcule o valor das seguintes expressões:
   a) 3 · 7 − 2 + 5
   b) 4 · 6 + 10 : 2
   c) 20 − 2 · 4 + 5
   d) 30 − 16 : 8 + 7

15. Qual é o valor da expressão:
   2 017 · 2 017 : 2 017 + 2 017?

16. O resultado de qual das expressões abaixo é o maior?
   a) 8 · 5 · 0
   b) 8 + 5 · 0
   c) 8 + 5 + 0
   d) 8 · (5 + 0)

17. (Obmep) Qual é o resultado de:

   2 + 4 × 8 − 4 : 2 = ?

   a) 9   b) 12   c) 22   d) 32   e) 46

18. (Obmep) Na adição abaixo, o símbolo ♣ representa um mesmo algarismo. Qual é o valor de ♣ × ♣ + ♣?

   ```
       4 ♣ 7
   ×     8 9 5
   ─────────────
     1 ♣ ♣ 2
   ```

   a) 6   c) 20   e) 42
   b) 12   d) 30

19. (OBM) Podemos colocar de várias maneiras um par de parênteses na expressão 20 : 2 + 3 × 6, por exemplo, 20 : (2 + 3 × 6) e 20 : (2 + 3) × 6. Qual é o maior valor que se pode obter desse modo?

   a) 24   b) 30   c) 28   d) 78

20. Escreva duas expressões numéricas diferentes que indiquem a quantidade de ▧ da figura.

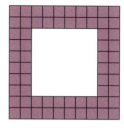

> **Lembrete:** os cálculos que estão entre parênteses, colchetes ou chaves são sempre efetuados antes dos demais.

21. Calcule o valor das expressões.
   a) (17 + 2) · 3 + 5
   b) (9 + 1) · (4 − 1)
   c) (12 + 2 · 5) − 8
   d) 25 − (15 + 6 : 3)

22. Minha calculadora multiplica em vez de dividir e soma em vez de subtrair. Se eu digitar (15 : 3) − (6 : 2), qual resultado ela mostrará?

23. (CAP-UFPE) Paula resolveu uma expressão numérica solicitada por sua professora na escola, conforme mostra o procedimento:

   5 × 12 − 5 × 8 + 5 =
   = 60 − 40 + 5 =
   = 20 + 5 =
   = 25

   Assinale a alternativa que corresponde à expressão aritmética solicitada pela professora para ser resolvida por Paula.
   a) 5 × 12 − 8 + 5
   b) 5 × 12 − (8 + 5)
   c) 5 × (12 − 8) + 1
   d) 5 × (12 − 8 + 1)

24. Calcule o valor das seguintes expressões:
   a) 25 + [7 + (8 − 4 : 2)]
   b) 60 − [8 + (10 − 2) : 2]
   c) 35 − [10 − (2 · 3 + 1)]
   d) 14 : 2 + [13 − (4 · 2 + 1)]

Divisão não exata

Nem sempre é possível fazer a divisão exata em $\mathbb{N}$. Considere este exemplo:

Isto é: **dividendo = divisor · quociente + resto**

Numa divisão, o resto é sempre **menor** que o divisor.

CURIOSO É...

Veja o algoritmo interessante que usaremos para dividir 574 por 21. Este é o **método subtrativo da divisão**.

```
 5 7 4 | 21
-2 1 0   10 + 10 + 5 + 2
 ─────        27
 3 6 4
-2 1 0
 ─────
 1 5 4
-1 0 5
 ─────
   4 9
-  4 2
 ─────
     7
```

Na prática:

```
574 | 21
154   27
 07
```

EXERCÍCIOS DE FIXAÇÃO

25. Observe as divisões e responda à questão.

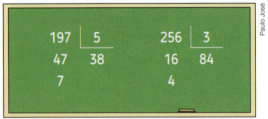

Essas divisões estão certas ou erradas? Por quê?

26. Numa divisão, o divisor é 15. Qual é o maior valor que pode ter o resto?

27. Numa divisão, o divisor é 72, o quociente é 18 e o resto é 13. Qual é o dividendo?

28. Um número natural dividido por 18 resulta no quociente 26, e o resto é o maior possível. Qual é esse número?

29. Encontre o dividendo que torna correta cada divisão.

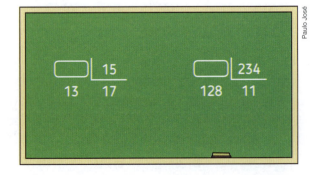

EXERCÍCIOS COMPLEMENTARES

30. Dadas as operações abaixo, responda às questões a seguir.

| 48 + 37 = 85 | 76 − 35 = 41 |
| 32 · 18 = 576 | 204 : 12 = 17 |

a) Qual é a soma?
b) Qual é o divisor?
c) Qual é o quociente?
d) Qual é o minuendo?
e) Qual é o dividendo?
f) Qual é o produto?
g) Qual é a diferença?
h) Qual é o subtraendo?
i) Quais são os fatores?
j) Quais são as parcelas?

31. Copie e complete o quadro no caderno.

Número	Dobro	Triplo	Quádruplo
16			
	58		
		147	
			336

32. Em dupla, criem um problema que envolva multiplicação e divisão. Usem como tema compras em um supermercado.

33. (Saresp) Eu tenho 1320 figurinhas. Meu primo tem a metade do que eu tenho. Minha irmã tem o triplo das figurinhas do meu primo. Quantas figurinhas minha irmã tem?

34. (Uerj) Deseja-se transportar 480 livros iguais em caixas que possuem as mesmas medidas. Sabe-se que em cada caixa cabem 36 livros. Qual é o número de livros que ficará de fora das caixas?

35. Calcule o valor das expressões a seguir.
a) (99 − 9 + 27) : 9
b) (2 · 3 − 12 : 3) : 2
c) 720 : 8 · 8
d) 64 : 8 : 4 : 2

36. Uma caixa contém certa quantidade de canetas. Essa quantidade foi repartida igualmente entre 17 crianças. Cada criança recebeu 8 canetas e ainda restaram 5 canetas na caixa. Quantas canetas havia inicialmente na caixa?

37. Calcule o valor das seguintes expressões:
a) [(14 · 2) + 5] : 11
b) (27 : 9) + [(27 + 9) : 3]
c) [(25 − 4 − 6) : (3 · 5)] + 4 · 3
d) [256 : (16 · 16)] + [225 : (15 · 1)]
e) 20 − [(6 + 3 + 9) : (8 − 5)] − 10
f) (36 − 16) − [(3 · 2) : (2 · 3)] − 2 · 9

38. Tenho 20 anos. Meu pai tem o triplo da minha idade menos 4 anos.
a) Qual é a idade de papai?
b) Escreva uma expressão numérica que possibilite calcular a idade dele.

39. (OBM) Os alunos de uma escola participaram de uma excursão, para a qual dois ônibus foram contratados. Quando os ônibus chegaram, 57 alunos entraram no primeiro ônibus e apenas 31 no segundo. Quantos alunos devem passar do primeiro para o segundo ônibus para que a mesma quantidade de alunos seja transportada nos dois ônibus?

EXERCÍCIOS

SELECIONADOS

40. Copie e complete o quadro no caderno.

x	2 · x	x + 3	x + 5
0	0	3	5
1			
	4		
		10	
			15

41. (Saresp) As bombas de combustível dos postos de serviços têm um contador que vai acumulando o total de litros vendidos. Veja os totais acumulados por dia em cada bomba do Posto de Pedro.

	1ª bomba	2ª bomba
Quantidade de combustível (litros)	15 635	10 215

Se o Posto de Pedro vender todos os dias a mesma quantidade, em quantos dias ele venderá 103 400 litros?

42. Tia Sueli tem 42 anos. Raquel tem 5 anos a menos que Bruna, e a idade de Bruna é a metade da idade de tia Sueli. Quantos anos tem Raquel?

43. (FCC-SP) Um camelô comprou 600 canetas planejando revendê-las a R$ 3,00 cada uma. No entanto, algumas das canetas compradas estavam estragadas e não podiam ser vendidas.

Para continuar recebendo a mesma quantia, o camelô aumentou o preço de venda para R$ 4,00. Quantas canetas estavam estragadas?

44. Ontem resolvi trazer bombons para meus 35 colegas de turma. Dei 4 bombons a cada um. Dos que sobraram, dei a metade ao professor e comi o que restou, isto é, 3 bombons. Quantos bombons eu trouxe?

45. (OM-SP) A lotação de um teatro é de 360 lugares, todos do mesmo preço. Uma parte da lotação foi vendida por R$ 3.000,00, tendo ficado ainda por vender ingressos no valor de R$ 6.000,00.

a) Qual é o preço de cada ingresso?
b) Quantos ingressos já foram vendidos?

PANORAMA

FAÇA AS ATIVIDADES A SEGUIR E REVEJA O QUE VOCÊ APRENDEU.

NO CADERNO

46. O dobro de 1 003 e a metade de 10 030 são, respectivamente:
   a) 2 006 e 515.
   b) 2 060 e 5 150.
   c) 2 006 e 5 015.
   d) 2 060 e 5 015.

47. (Obmep) Podemos colocar de várias maneiras um par de parênteses na expressão 20 : 2 + 3 · 6, como, por exemplo, 20 : (2 + + 3 · 6) e 20 : (2 + 3) · 6. Qual é o maior valor que se pode obter desse modo?
   a) 24
   b) 28
   c) 30
   d) 78
   e) 138

48. Entre as expressões abaixo, qual apresenta resultado igual a 20?
   a) 5 + 5 · 2
   b) 13 − 3 · 2
   c) 5 · 0 · 4
   d) 40 : 4 · 2

49. Considere as expressões:

> 10 : 5 + 5 = 7
> 2 · 1 · 0 · 3 = 6
> 6 · 3 − 2 · 5 = 8
> 48 : 16 + 8 : 4 = 5

   a) Todas estão certas.
   b) Todas estão erradas.
   c) Somente a primeira está errada.
   d) Somente a segunda está errada.

50. (Unirio-RJ) Se numa divisão o divisor é 30, o quociente é 12 e o resto é o maior possível, então o dividendo é:
   a) 390.
   b) 389.
   c) 381.
   d) 361.

51. Quantos anos tem um jovem que já viveu 195 288 horas?
   a) Mais de 20 anos e menos de 21 anos.
   b) Mais de 21 anos e menos de 22 anos.
   c) Mais de 22 anos e menos de 23 anos.
   d) Mais de 23 anos e menos de 24 anos.

52. Uma diretora deseja formar turmas de 38 alunos. Como 450 alunos estão matriculados, uma turma ficará incompleta. Quantos alunos faltam para completar essa turma?

   a) 6 alunos.
   b) 11 alunos.
   c) 12 alunos.
   d) 32 alunos.

53. Distribuí certa quantidade de borrachas em 30 caixas colocando 48 borrachas em cada uma. Se pudesse pôr 72 dessas borrachas em cada caixa, seriam necessárias:
   a) 20 caixas.
   b) 22 caixas.
   c) 18 caixas.
   d) 25 caixas.

54. (UMC-SP) Um carro consumiu 50 litros de álcool para percorrer 600 km. Supondo condições equivalentes, esse mesmo carro, para percorrer 840 km, consumirá:
   a) 70 litros.
   b) 68 litros.
   c) 75 litros.
   d) 80 litros.

55. (UFMG) Uma empresa tem 750 empregados e comprou marmitas individuais congeladas suficientes para o almoço deles durante 25 dias. Se essa empresa tivesse mais 500 empregados, a quantidade de marmitas já adquiridas seria suficiente para um número de dias igual a:
   a) 10.
   b) 12.
   c) 15.
   d) 18.

56. (OM-SP) Da igualdade: 19 = 3 × 5 + 4, podemos obter uma divisão de:
   a) resto 4 e divisor 5.
   b) resto 4 e divisor 3.
   c) resto 3 e divisor 5.
   d) resto 4 e divisor 19.

CAPÍTULO 7
Potenciação no conjunto ℕ

Potenciação

Há 5 cadernos em cada pacote. Se cada caixa contém 5 pacotes, quantos cadernos há em 5 caixas?

Assim: 1 pacote ⟶ 5 cadernos
1 caixa ⟶ 5 · 5 cadernos
5 caixas ⟶ 5 · 5 · 5 cadernos

Então, em cinco caixas há 5 · 5 · 5 = 125, ou seja, 125 cadernos.

Para indicar uma multiplicação de fatores iguais, os matemáticos utilizam a **potenciação**.

$5 \times 5 \times 5$ ou $5 \cdot 5 \cdot 5$ é indicado por 5^3, ou seja, $5^3 = 5 \cdot 5 \cdot 5 = 125$

Exemplo:

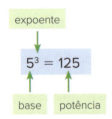

expoente
$5^3 = 125$
base   potência

- 5 é a **base** (fator que se repete);
- 3 é o **expoente** (o número de vezes que repetimos a base);
- 125 é a **potência** (resultado da operação).

Outros exemplos:

A. $6^2 = 6 \cdot 6 = 36$ ⟶ 6^2, que se lê: seis elevado ao quadrado
B. $4^3 = 4 \cdot 4 \cdot 4 = 64$ ⟶ 4^3, que se lê: quatro elevado ao cubo
C. $5^4 = 5 \cdot 5 \cdot 5 \cdot 5 = 625$ ⟶ 5^4, que se lê: cinco elevado à quarta potência
D. $3^5 = 3 \cdot 3 \cdot 3 \cdot 3 \cdot 3 = 243$ ⟶ 3^5, que se lê: três elevado à quinta potência

Observe que:
- o expoente 2 é chamado de quadrado;
- o expoente 3 é chamado de cubo;
- o expoente 4 é chamado de quarta potência;
- o expoente 5 é chamado de quinta potência;
e assim por diante.

EXERCÍCIOS DE FIXAÇÃO

1. Responda:

> Em $8^2 = 64$:
> a) Qual é a base?
> b) Qual é o expoente?
> c) Qual é a potência?

2. Escreva na forma de potência.
  a) $6 \cdot 6 \cdot 6$
  b) $7 \cdot 7 \cdot 7 \cdot 7 \cdot 7$
  c) $5 \cdot 5 \cdot 5 \cdot 5 \cdot 2 \cdot 2 \cdot 2$

3. Calcule as potências.
  a) 3^2
  b) 9^2
  c) 2^3
  d) 6^3
  e) 2^4
  f) 3^4
  g) 2^5
  h) 1^6
  i) 0^7
  j) 13^2
  k) 10^3
  l) 50^2

4. Calcule as potências.
  a) 30^2
  b) 25^2
  c) 11^3
  d) 20^3
  e) 12^4
  f) 400^2
  g) 105^2
  h) 100^3

5. Copie e complete no caderno.
  a) 16 é o quadrado de ▭
  b) 7 ao quadrado é ▭
  c) ▭ é o quadrado de 6
  d) 5 ao cubo é ▭
  e) 64 é o cubo de ▭
  f) ▭ é o cubo de 3

6. Calcule:
  a) o quadrado de 15;
  b) o quadrado de 28;
  c) o cubo de 8;
  d) a quinta potência de 3.

7. Sabendo que 7^5 é igual a 16 807, calcule:
  a) 7^4
  b) 7^6

8. Calcule:
  a) o dobro do número 10;
  b) o quadrado do número 10;
  c) o triplo do número 10;
  d) o cubo do número 10.

9. Uma fábrica de azulejos oferece dois modelos de ladrilhos quadriculados, chamados de 3×3 e 5×5, mostrados nas figuras a seguir.

Deseja-se lançar um novo modelo de ladrilhos quadriculados, chamado de 7×7, seguindo o mesmo padrão dos modelos anteriores.

O número de quadrados escuros em um ladrilho do modelo 7×7 será igual a:
  a) 20.
  b) 25.
  c) 30.
  d) 35.

10. Associe cada letra a um número romano, de acordo com o resultado da potenciação.
  A. 10^6 — I. uma dezena
  B. 10^2 — II. um milhar
  C. 10 — III. um milhão
  D. 10^3 — IV. um bilhão
  E. 10^9 — V. uma centena

11. No porta-chaves representado na figura, são guardadas as chaves de um estacionamento. Em cada gancho, são penduradas 4 chaves. No total, quantas chaves podem ser guardadas?

Os expoentes zero e um

Você sabe qual é o valor de 2^0?

2^6	2^5	2^4	2^3	2^2	2^1	2^0
64	32	16	8	4		

: 2   : 2   : 2   : 2   : 2   : 2

O quadro acima sugere que: $2^1 = 2$; $2^0 = 1$

Então definimos:

I. Todo número elevado a 1 é igual a ele mesmo.

Exemplos:

A. $7^1 = 7$ **B.** $3^1 = 3$ **C.** $15^1 = 15$ **D.** $100^1 = 100$

II. Todo número diferente de zero elevado a zero é igual a 1.

Exemplos:

A. $5^0 = 1$ **B.** $8^0 = 1$ **C.** $15^0 = 1$ **D.** $200^0 = 1$

EXERCÍCIOS DE FIXAÇÃO

12. Calcule as potências.

a) $3^4 = $
 $3^3 = $
 $3^2 = $
 $3^1 = $
 $3^0 = $

b) $4^4 = $
 $4^3 = $
 $4^2 = $
 $4^1 = $
 $4^0 = $

c) $5^4 = $
 $5^3 = $
 $5^2 = $
 $5^1 = $
 $5^0 = $

13. Calcule as potências.

a) 6^0 c) 72^0 e) 105^0
b) 6^1 d) 72^1 f) 105^1

14. Responda:

a) Qual é maior: 200^0 ou 0^{200}?
b) Qual é maior: 150^1 ou 1^{150}?
c) Qual é menor: 600^0 ou 0^{600}?
d) Qual é menor: 100^0 ou 1^{100}?

15. Copie e complete.

a) $10^1 = 10$
b) $10^2 = 10 \cdot $ ▨ $ = 100$
c) $10^3 = $ ▨ $\cdot$ ▨ $\cdot$ ▨ $= 1000$
d) $10^4 = $ ▨ $\cdot$ ▨ $\cdot$ ▨ $\cdot$ ▨ $= 10\,000$
e) $10^5 = $ ▨ $\cdot$ ▨ $\cdot$ ▨ $\cdot$ ▨ $\cdot$ ▨ $= 100\,000$

CONTE OS ZEROS DO RESULTADO E COMPARE-OS COM O EXPOENTE.

Você já descobriu a regra!

Expressões numéricas

Para resolvermos uma expressão numérica, efetuamos as operações obedecendo à seguinte ordem:

1º) potenciações;
2º) multiplicações e divisões;
3º) adições e subtrações.

Exemplos:

Calcule o valor das expressões.

A. $2 + 3^2 \cdot 4 =$
$= 2 + 9 \cdot 4 =$
$= 2 + 36 =$
$= 38$

B. $5^2 - 4 \cdot 2 + 3 =$
$= 25 - 8 + 3 =$
$= 17 + 3 =$
$= 20$

Expressões com parênteses, colchetes e chaves

1º) Calculamos o que estiver entre parênteses.
2º) Calculamos o que estiver entre colchetes.
3º) Calculamos o que estiver entre chaves.

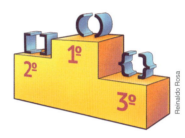

Exemplos:

Calcule o valor das expressões.

A. $\{2 + [3^3 : (10 - 1) + 4 \cdot 3]\} =$
$= \{2 + [27 : 9 + 4 \cdot 3]\} =$
$= \{2 + [3 + 12]\} =$
$= \{2 + 15\} =$
$= 17$

B. $5^2 + 2 \cdot [(3 + 7)^2 + 1^6 \cdot 3^2] =$
$= 25 + 2 \cdot [10^2 + 1 \cdot 9] =$
$= 25 + 2 \cdot [100 + 9] =$
$= 25 + 2 \cdot 109 =$
$= 25 + 218 =$
$= 243$

EXERCÍCIOS DE FIXAÇÃO

16. Calcule mentalmente.
a) $9^2 - 6$
b) $5^2 - 4^2 - 3^2$

17. Associe cada expressão numérica a seu valor.
a) $6 + 5^2 - 1$
b) $3^4 - 2 + 3^2$
c) $2^5 - 4^2 + 1^9$
d) $10^2 - 4^2 + 5$
e) $2^3 \cdot 4 + 5$
f) $5^3 \cdot 2^2 - 15$

• 89
• 37
• 17
• 30
• 485
• 88

18. Calcule o valor das expressões.
a) $7^2 - 10 + (2^3 - 5)$
b) $2^5 - (16 : 2 + 3^2)$
c) $(28 - 2^3) \cdot (2^2 + 3)$
d) $[100 - (5^2 - 3^2)] : 2$

19. (CAP-Uerj) O resultado da expressão
$(2\,412 : 12 - 8) - 1^3 + (48 - 6 \cdot 2)$ é:
a) 46.
b) 98.
c) 226.
d) 228.

EXERCÍCIOS COMPLEMENTARES

20. Os pontos abaixo formam um quadrado.

a) Quantos pontos tem uma linha?
b) Quantos pontos tem uma coluna?
c) Escreva sob a forma de potência o número total de pontos que formam a figura.

21. Copie e complete os quadros no caderno.

Número	5	8		12
Dobro do número			20	
Quadrado do número	25			

Número	0	4		12
Triplo do número			18	
Cubo do número				

22. Calcule as potências.

a) 16^2
b) 11^2
c) 70^2
d) 11^3
e) 15^3
f) 68^1
g) 10^4
h) 76^0
i) 1^{600}
j) 10^5
k) 1001^0
l) 1002^2

23. Calcule:

a) o dobro de sete;
b) o quadrado de sete;
c) o quadrado do dobro de sete;
d) o dobro do quadrado de sete.

24. Responda:

a) Qual é o resultado de 10^7?
b) Qual é o resultado de 10^8?
c) Quantos zeros tem o resultado de 10^{25}?
d) Quantos zeros tem o resultado de 10^n?

25. Calcule o valor da expressão $a^3 + 3 \cdot a^2 \cdot x^2 \cdot y^2$ para $a = 10$, $x = 2$ e $y = 1$.

26. Se uma caixa contém 3^2 bombons, quantos bombons haverá em 10 caixas?

27. A soma dos quadrados de três números naturais consecutivos é 50. Quais são esses números?

28. Calcule o valor das expressões.

a) $5 + 2^3 : 8 + 5 \cdot 2$
b) $7 + 3^2 : 1 + 2^3 \cdot 2$
c) $25 + 2^2 \cdot 3 - 2 \cdot 3 + 1$
d) $(3 + 4)^2 - 5 \cdot 2^3$
e) $15 + (1^5 \cdot 6 + 4) : 5$
f) $30 : (3 \cdot 7 + 9) + 2^3$

29. Continue calculando o valor das expressões.

a) $3^2 \cdot (19 - 6^0 + 3^2)$
b) $[3 \cdot 4^2 - (3 \cdot 5 - 8^0)] \cdot 2$
c) $500 : (5^3 : 5^2) + 72^0 + (21 - 10)$
d) $\{5 + [2^3 : (10 - 2) + 5 \cdot 2^2]\}$
e) $30 + [3^3 : (8 - 5) + 2 \cdot 3] + 15$
f) $2 \cdot \{40 - [15 - (3^2 - 4)]\}$

PANORAMA

FAÇA AS ATIVIDADES A SEGUIR E REVEJA O QUE VOCÊ APRENDEU.

NO CADERNO

30. O resultado de 1001^2 é:
a) 2 002.
b) 11 011.
c) 101 101.
d) 1 002 001.

31. Se $a = 2$ e $c = 5$, então a^c é igual a:
a) 7.
b) 10.
c) 25.
d) 32.

32. O dobro de 8 e o quadrado de 8 são, respectivamente:
a) 16 e 16.
b) 16 e 64.
c) 64 e 16.
d) 64 e 64.

33. Os resultados de 15^2, 17^2 e 30^3 são, respectivamente:
a) 225, 289 e 900.
b) 225, 189 e 900.
c) 225, 289 e 2 700.
d) 225, 289 e 27 000.

34. Qual dos seguintes números é igual a 375 000?
a) $375 \cdot 10^2$
b) $375 \cdot 10^3$
c) $375 \cdot 10^4$
d) $375 \cdot 10^5$

35. Qual dos resultados a seguir é ímpar?
a) 12^3
b) $137 - 23$
c) $144 : 36$
d) $17 \cdot 61$

36. Se 2^x é um número entre 16 e 64, então x vale:
a) 4.
b) 5.
c) 6.
d) 7.

37. O sucessor de 2^3 é:
a) 3^2.
b) 3^4.
c) 3^3.
d) 2^4.

38. O quadrado do triplo de 10 é:
a) 90.
b) 900.
c) 600.
d) 800.

39. (CAP-UERJ) O resultado da expressão $1^3 \times (14 - 4 \times 3) : (72 : 12 - 2^2)$ é:
a) 0.
b) 1.
c) 2.
d) 3.

40. (Vunesp-SP) Seguindo o mesmo padrão de construção do prédio abaixo, foi construído um outro com 8 blocos, também numerados de cima para baixo como o da figura, na qual cada quadradinho representa uma janela. Nesse novo prédio, o número de janelas do 8º bloco (o mais próximo do chão) é:
a) 32.
b) 48.
c) 64.
d) 128.

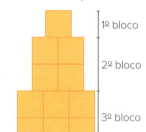

41. (Obmep) Qual é a soma dos algarismos do número $10^{1500} + 10^{1792} + 10^{1822} + 10^{1888} + 10^{1889}$?
a) 1
b) 5
c) 10
d) 1889
e) 1890

42. (Encceja-MEC) Uma gata, chamada Pepi, deu à luz a três gatinhas. Cada uma, depois de um ano, gerou três gatas, e assim sucessivamente. A sequência que mostra o número de gatas, descendentes de Pepi, em 4 gerações é:
a) 3, 6, 9, 12.
b) 3, 9, 12, 21.
c) 3, 9, 27, 81.
d) 3, 12, 18, 21.

CAPÍTULO 8
Estimativa e cálculo mental

Veja os exemplos a seguir.

A. Daniela tem R$ 140,00 na carteira. Essa quantia é suficiente para comprar a saia e a camiseta anunciadas no folheto?

Para fazer uma estimativa da soma dos preços das peças, ela utilizou o arredondamento e o cálculo mental:

> ARREDONDO 67 PARA 70 E 49 PARA 50. COMO 70 + 50 = 120, TENHO DINHEIRO SUFICIENTE!

SUPER PROMOÇÃO
R$ 67,00
R$ 49,00

Daniela arredondou os valores para a dezena mais próxima para obter o preço aproximado a pagar. Isso facilita o cálculo mental nos ajudando a resolver situações simples do cotidiano.

Ela não obteve o valor exato da soma, mas, nesse caso, só precisava saber se o dinheiro era suficiente. Para isso, uma estimativa bastava.

B. Antes de efetuar uma divisão, Elias sempre estima o quociente. Assim, ele evita erros. Veja:

$$1248 : 12 = ?$$

1200 : 12 = 100 (fácil de calcular mentalmente!)

Então 1248 : 12 deve resultar em um número pouco maior que 100.

De fato, 1248 : 12 = 104. Se Elias, por distração, encontrasse 14 como quociente, ele perceberia que cometeu algum erro.

C. Certa usina hidrelétrica produz energia para 3 cidades, cuja população está registrada na tabela abaixo.

Cidade	População
A	2 386 200
B	1 712 000
C	2 137 000

Para estimar o número de pessoas atendidas por essa hidrelétrica, podemos arredondar a população das cidades, por exemplo, para a centena de milhar mais próxima.

2 386 000 → 2 400 000
1 712 000 → 1 700 000
2 137 000 → 2 100 000

O arredondamento facilita o cálculo mental: 24 + 17 + 21 = 62

A usina atende aproximadamente 6 200 000 pessoas.

EXERCÍCIOS DE FIXAÇÃO

1. Em certo momento do ano de 2019, a população brasileira era de duzentos e nove milhões, quatrocentos e setenta e nove mil e quarenta e cinco pessoas.

  a) Escreva esse número utilizando algarismos.

  b) Arredonde a população brasileira registrada no item **a** para a dezena de milhão mais próxima.

> No endereço a seguir, você pode acompanhar o crescimento estimado da população brasileira em tempo real: <www.ibge.gov.br/apps/populacao/projecao/index.html>.

2. Alexandre tem R$ 100,00 e quer comprar dois itens do anúncio abaixo.

  a) Observe os preços e use estimativa e cálculo mental para descobrir as possibilidades de compra dele.

  b) Em qual das escolhas que você listou, Alexandre gastará os R$ 100,00 que possui?

3. Antes de efetuar 2 600 : 25, Andreia fez a estimativa do quociente e afirmou que esse resultado estará entre:

  a) 10 e 20.   b) 20 e 30.   c) 50 e 60.   d) 90 e 100.   e) 100 e 110.

4. Use o arredondamento para a dezena mais próxima para estimar os produtos.

  a) 19 · 42   b) 123 · 59

5. Use o arredondamento para a unidade de milhar mais próxima e cálculo mental para estimar se a empresa **X** produziu mais de 200 000 unidades no 1º trimestre do ano.

Mês	Número de unidades
jan.	97 300
fev.	61 400
mar.	32 900

EXERCÍCIOS

COMPLEMENTARES

6. Associe cada letra da coluna da esquerda com o número da coluna da direita de modo a escolher a estimativa mais adequada para o produto, feita por arredondamento.

A. 27 · 101

B. 132 · 48

C. 1003 · 99

D. 780 · 78

I. 100 000

II. 6 400

III. 6 500

IV. 3 000

7. Estime o quociente de cada divisão usando o arredondamento e o cálculo mental.

a) 10 050 : 50

b) 4 410 : 42

8. Lembrando que $10^1 = 10$; $10^2 = 100$; $10^3 = 1000$ e $10^4 = 10000$, escreva a potência de base dez mais próxima de cada número.

a) 135

b) 8 910

c) 8

d) 715

EXERCÍCIOS

SELECIONADOS

9. (Obmep) As contas AB × C = 195 e CDE : F = 88 estão corretas, sendo A, B, C, D, E e F algarismos diferentes. O número AB é formado pelos algarismos A e B, e o número CDE é formado pelos algarismos C, D e E. Qual é o algarismo representado pela letra F?

a) 1

b) 2

c) 4

d) 6

e) 8

A							
B							
×							
C	D	E	:	F	=	8	8
=							
1							
9							
5							

10. A população de certa cidade brasileira é de 3 900 000 habitantes. A de outra cidade, bem menor, é aproximadamente 100 vezes menor. Somando a população das duas cidades, teremos mais ou menos do que 4 000 000 de habitantes?

11. Cristina se enganou ao arredondar 205 729 para a unidade de milhar mais próxima escrevendo 205 700. Que arredondamento ela fez? Qual seria o registro correto?

PANORAMA

FAÇA AS ATIVIDADES A SEGUIR E REVEJA O QUE VOCÊ APRENDEU.

12. De acordo com dados da Empresa Brasileira de Pesquisa Agropecuária (Embrapa), a produção de soja do estado de Mato Grosso na safra 2017/2018 foi de 31 887 000 toneladas. Esse número, arredondado para a centena de milhar mais próxima, fica:

a) 31 890 000.
b) 32 000 000.
c) 31 900 000.
d) 31 890 000.

13. Veja os preços de alguns artigos em certa papelaria. Com R$ 80,00, quais produtos Janete pode comprar?

a) Caderno universitário e caixa com lápis de cor.
b) Caixa com lápis de cor e fichário.
c) Caderno universitário e fichário.

14. O quadro ao lado mostra o público pagante em 4 jogos de certo campeonato de futebol.

Arredondando os números para a unidade de milhar mais próxima, podemos estimar que a soma do público das 4 partidas:

Jogo	Público
1	18 401
2	16 890
3	21 003
4	19 842

a) é menor que 50 000.
b) está entre 50 000 e 60 000.
c) está entre 60 000 e 70 000.
d) está entre 70 000 e 80 000.
e) é maior que 80 000.

15. Uma máquina embala por hora 4 992 pregos em caixas com 24 pregos cada uma. A máquina embala, por hora, aproximadamente:

a) 20 caixas.
b) 200 caixas.
c) 250 caixas.
d) 2 500 caixas.

USE ESTIMATIVAS E CÁLCULO MENTAL.

16. Jair arredondou 120 045 para a potência de base dez mais próxima, escrevendo:

a) 10^5.
b) 10^4.
c) 10^3.
d) 10^2.
e) 10^1.

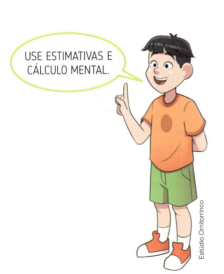

CAPÍTULO 9
Cálculo de valores desconhecidos em igualdades

A. Descobrindo uma propriedade das igualdades

Veja o exemplo a seguir.

- A balança de pratos a seguir está equilibrada. Em um prato, há uma caixa e mais um peso de 1 kg. No outro, há um peso de 1 kg e outro de 2 kg. Qual é a massa da caixa?

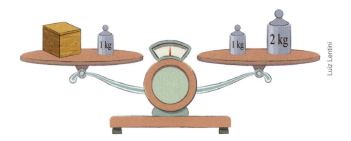

Se retirarmos 1 kg de cada prato, a balança continua equilibrada.

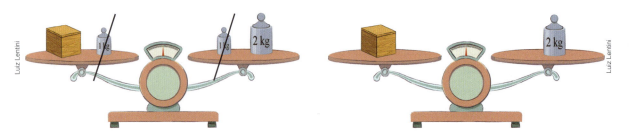

A caixa tem 2 kg de massa.

O equilíbrio da balança pode ser representado por uma **igualdade**:

$$\underbrace{\boxed{\text{Caixa}} + 1}_{\text{1º membro}} = \underbrace{1 + 2}_{\text{2º membro}}$$

menos 1 ↓ menos 1 ↓

$$\boxed{\text{Caixa}} = 2$$

O 1º membro e o 2º membro de uma igualdade são separados pelo sinal de igual.

A massa da caixa é o valor desconhecido nessa igualdade.

Em vez de usar o desenho da caixa, podemos representar o valor desconhecido por uma letra minúscula:

Uma igualdade se comporta como uma balança de pratos em equilíbrio.

Qual é o valor de x na igualdade à direita?

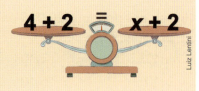

- Observe a seguir as balanças em equilíbrio.

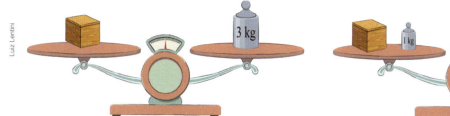

Quando adicionamos 1 kg a ambos os pratos da balança, o equilíbrio se manteve.

$$x = 3$$
$$x + 1 = 3 + 1 \text{ (igualdade verdadeira)}$$

Propriedade:

Quando subtraímos ou somamos o mesmo número a ambos os membros de uma igualdade, ela continua verdadeira.

Exemplos:

- $x + 7 = 11 \quad -7 \quad x = 4$
- $x - 3 = 5 \quad +3 \quad x = 8$

EXERCÍCIOS
DE FIXAÇÃO

1. André colocará um peso em cada prato. Os pesos são iguais. A balança ficará em equilíbrio?

2. A balança abaixo está em equilíbrio. Qual a massa da lata?

3. Laís tem uma balança de pratos e 4 pesos com massas de 1 kg, 3 kg, 5 kg e 7 kg. Como ela deve colocar todos os pesos nos pratos de forma que a balança fique em equilíbrio?

4. Escreva a igualdade matemática que representa o equilíbrio dos pratos da balança e descubra a massa da caixa.

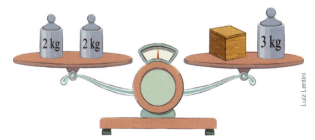

O papiro de Rhind

No Capítulo 1, vimos que os egípcios tiveram papel importante na Matemática. Conhecemos nesse capítulo o sistema de numeração que criaram. Relembre:

Veja alguns registros:

↑ 45   ↑ 123

Os egípcios contavam na base dez, como fazemos hoje.

Os egípcios secavam folhas de uma planta chamada papiro para, depois, usá-las como uma espécie de papel em que faziam registros. Alguns documentos escritos nesses papiros foram encontrados por pesquisadores ao longo da história. Um deles é o famoso papiro de Rhind, que recebeu esse nome porque foi adquirido por um escocês chamado Alexander Henri Rhind, em 1858.

Esse documento é uma espécie de manual de Matemática que se supõe ter sido escrito por volta de 1650 a.C. Nele, há 85 problemas que permitiram estudar e descobrir como os egípcios contavam, calculavam, faziam medidas e também as estratégias que utilizavam para encontrar valores desconhecidos em igualdades.

O papiro de Rhind também é conhecido como papiro de Ahmes, pois esse é o nome do escriba egípcio que o copiou por volta de 1650 a.C. de outro documento ainda mais antigo. Escribas eram pessoas que tinham como profissão registrar, por meio da escrita, documentos, textos religiosos, biografia dos faraós, formas de cobrança de impostos etc. Eles ocupavam lugar de destaque na sociedade e na cultura egípcia.

A primeira tradução completa do antigo texto egípcio foi escrita pelo egiptólogo alemão August Eisenlohr e publicada em 1877.

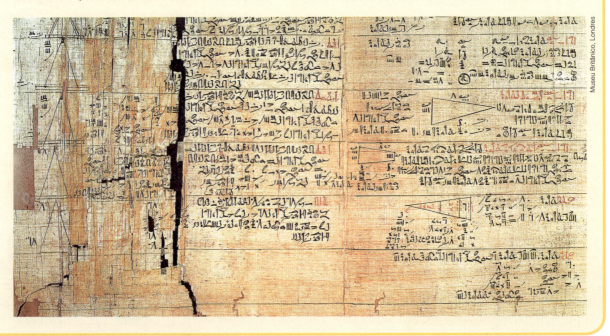

Mais propriedades das igualdades

- Na balança abaixo, duas caixas equilibram perfeitamente seis pesos de 1 kg.

Se retirarmos a metade do peso de cada prato, o equilíbrio da balança se mantém.

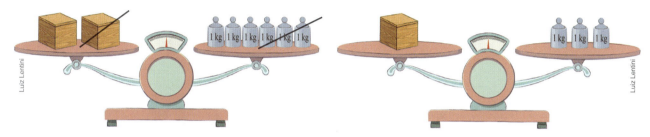

Representando a massa de cada caixa pela letra x, podemos apresentar a situação por meio de uma igualdade.

$$2 \cdot x = 6$$
$$:2 \qquad :2$$
$$x = 3$$

Propriedade:
Numa igualdade matemática, quando multiplicamos ou dividimos ambos os membros por um número diferente de zero, ela continua verdadeira.

EXERCÍCIOS DE FIXAÇÃO

5. Observe a seguir a balança em equilíbrio.

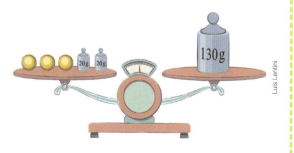

a) Determine mentalmente a massa de cada esfera.

b) Represente a situação de equilíbrio por meio de uma igualdade matemática e aplique as propriedades das igualdades para confirmar a massa de cada esfera.

6. Escreva qual número deve ser posto em cada quadradinho para que a igualdade seja verdadeira.

a) $7 \cdot \square = 21$

b) $\square \cdot 3 = 54$

c) $\square : 5 = 3$

d) $12 = \square : 2$

e) $8 \cdot \square = 80$

f) $30 : \square = 5$

75

Resolvendo problemas

Nos exemplos a seguir, para representar e resolver cada problema, podemos aplicar a ideia de balança em equilíbrio usando igualdades matemáticas com uma letra para representar o valor desconhecido.

A. O dobro de um número, adicionado a 12, resulta em 34. Que número é esse?

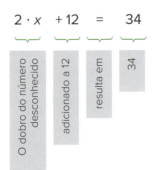

Resolvendo:
$$2 \cdot x + 12 = 34$$
$$2 \cdot x = 22$$
$$x = 11$$
(−12 / −12 ; :2 / :2)

O número é 11.

B. Subtraindo 9 do triplo da idade de Laura, obtém-se 45. Qual é a idade de Laura?

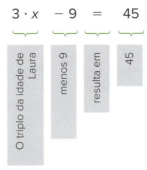

Resolvendo:
$$3 \cdot x - 9 = 45$$
$$3 \cdot x = 54$$
$$x = 18$$
(+9 / +9 ; :3 / :3)

Laura tem 18 anos.

C. Adriana digitou um número na calculadora, multiplicou esse número por 6, subtraiu 14 do resultado e obteve 100. Que número Adriana digitou?

Número digitado: y

Igualdade que representa a situação: $6 \cdot y - 14 = 100$

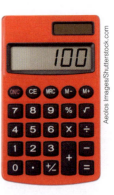

Resolvendo:
$$6 \cdot y - 14 = 100$$
$$6 \cdot y = 114$$
$$y = 19$$
(+14 / +14 ; :6 / :6)

EXERCÍCIOS COMPLEMENTARES

7. Determine a massa *x* do bloco representando o equilíbrio dos pratos por meio de uma igualdade matemática e aplicando as propriedades estudadas.

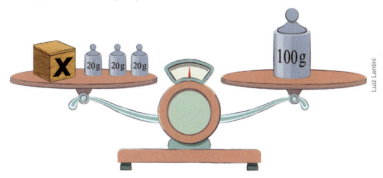

8. (Encceja-MEC) Considere a balança em equilíbrio representada na figura.

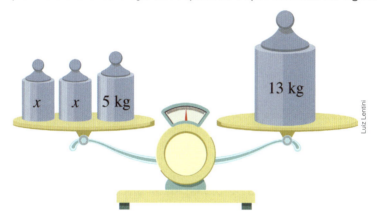

O valor representado pela letra *x* é:

a) 4.　　　b) 5.　　　c) 6.　　　d) 7.

9. Em cada item, descubra mentalmente o valor desconhecido representado por *x*.

a) $x - 8 = 13$
b) $15 + x = 48$
c) $3 \cdot x = 18$
d) $2 \cdot x + 5 = 11$

10. Compare as duas ilustrações com balanças em equilíbrio. Explique o que foi feito da primeira para a segunda pesagem e por que o equilíbrio se manteve.

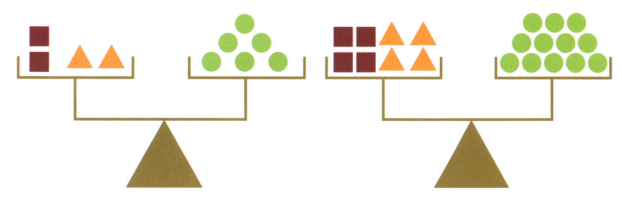

EXERCÍCIOS
SELECIONADOS

11. Pensei em um número, multipliquei esse número por 4, subtraí 15 e obtive 49. Qual alternativa apresenta a igualdade correspondente a esse problema?

a) $x + 4 - 15 = 49$

b) $x - 15 \cdot 4 = 49$

c) $4 \cdot x - 15 = 49$

d) $15 - 4 \cdot x = 49$

12. Descubra a solução do problema anterior aplicando as propriedades das igualdades.

13. (Cecierj) Observe a balança abaixo. Qual o valor de x para que ela esteja em equilíbrio?

Lembrete:
1 kg = 1 000 g

Dica: você pode retirar uma massa x de cada prato.

14. (Obmep) Um queijo foi partido em quatro pedaços de mesmo peso. Três desses pedaços pesam o mesmo que um pedaço mais um peso de 0,8 kg. Qual era o peso do queijo inteiro?

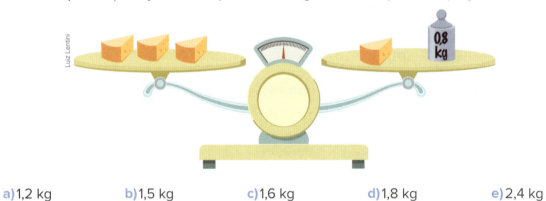

a) 1,2 kg   b) 1,5 kg   c) 1,6 kg   d) 1,8 kg   e) 2,4 kg

15. Para comprar um *skate* que custa R$ 320,00, eu precisaria ter R$ 40,00 a mais do que eu tenho. Representando a quantia que tenho por y, escreva a igualdade que representa o problema e determine o valor de y.

PANORAMA

16. Renato tem 34 kg e André, 44 kg. Na ilustração, eles equilibram perfeitamente os 3 irmãos, Júlio, Jaime e José. Júlio e Jaime são gêmeos idênticos, ambos com 33 kg. Quantos quilogramas tem José?

a) 39 kg
b) 33 kg
c) 16 kg
d) 14 kg
e) 12 kg

17. (Prova Brasil) Uma prefeitura aplicou R$ 850 mil na construção de 3 creches e um parque infantil. O custo de cada creche foi de R$ 250 mil. A expressão que representa o custo do parque, em mil reais, é:

a) $x + 850 = 250$.
b) $x - 850 = 750$.
c) $850 = x + 250$.
d) $850 = x + 750$.

18. Para que as igualdades $x + 13 = 24$ e $2 \cdot y + 3 = 15$ sejam verdadeiras, devemos ter:

a) $x = 6$ e $y = 11$.
b) $x = 10$ e $y = 6$.
c) $x = 11$ e $y = 6$.
d) $x = 11$ e $y = 9$.

19. (Fatec-SP) A **Figura 1** representa uma balança cujos pratos estão nivelados. Nos pratos dessa balança, estão cubos congruentes entre si, representados por quadrados, e esferas congruentes entre si, representadas por círculos.

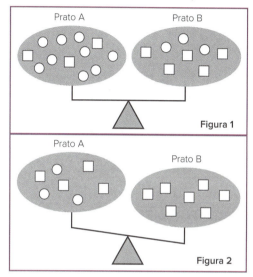

A **Figura 2** apresenta a mesma balança, porém há desnível entre os pratos. Nos pratos, estão cubos e esferas idênticos aos da **Figura 1**. Para que os pratos da balança da **Figura 2** fiquem no mesmo nível, basta:

a) retirar duas esferas do prato A.
b) retirar dois cubos do prato B.
c) colocar um cubo no prato A.
d) colocar três esferas no prato A.
e) colocar dois cubos no prato B.

> Nota: considere que a palavra **congruente** no enunciado significa que as esferas são idênticas entre si e os cubos também são idênticos entre si. Nos anos seguintes, você aprenderá o significado matemático da palavra **congruente**.

20. Em uma balança de pratos, 6 cubos iguais equilibram perfeitamente 8 esferas iguais. Para equilibrar 12 esferas, serão necessários:

a) 12 cubos.
b) 9 cubos.
c) 6 cubos.
d) 4 cubos.
e) 3 cubos.

CAPÍTULO 10
Divisibilidade

Quando um número é divisível por outro?

Dizemos que um número é divisível por outro quando ocorre divisão exata. Assim:

- 58 **é divisível** por 2.

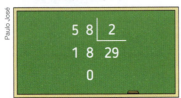

Como o resto é igual a zero, a divisão é **exata**.

- 79 **não é divisível** por 3.

Como o resto é diferente de zero, a divisão **não** é **exata**.

Divisor ou fator de um número

No quadro a seguir, estão escritas duas frases que têm o mesmo significado. Vamos ler?

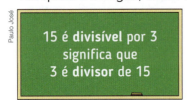

Se a divisão de um número natural por outro não nulo é exata, dizemos que o primeiro número é **divisível** pelo segundo ou que o segundo número é **divisor ou fator** do primeiro.

Como descobrir os divisores de um número?

Para **obter os divisores** de um número, basta você dividir sucessivamente esse número por 1, por 2, por 3, por 4... Os números que o dividirem com resto igual a zero serão seus **divisores**.

Quais são os divisores de 6? Veja:

- 6 é **divisível** por 1 ou 1 é **divisor** de 6
- 6 é **divisível** por 2 ou 2 é **divisor** de 6
- 6 é **divisível** por 3 ou 3 é **divisor** de 6
- 6 é **divisível** por 6 ou 6 é **divisor** de 6

1, 2, 3 e 6 são divisores de 6

6 é divisível por 1, 2, 3 e 6

- 1 é divisor de todos os números
- Qualquer número diferente de zero é divisor de si próprio.

EXERCÍCIOS DE FIXAÇÃO

1. Responda:
   a) 54 é divisível por 2?
   b) 45 é divisível por 8?
   c) 39 é divisível por 13?
   d) 1 é divisível por 25?
   e) 25 é divisível por 1?
   f) 2 é divisor de 54?
   g) 8 é divisor de 45?
   h) 13 é divisor de 39?
   i) 1 é divisor de 25?
   j) 25 é divisor de 1?

2. Responda:
   a) 12 é divisível por 12?
   b) 1 é divisível por 24?
   c) 48 é divisível por 1?
   d) 0 é divisível por 48?

3. Copie, complete o quadro e responda à questão no caderno.

Divisão	Quociente	Resto
336 por 13		
337 por 13		
338 por 13		
339 por 13		
340 por 13		

BASTA APENAS EFETUAR UMA DIVISÃO.

Entre os números 336, 337, 338, 339 e 340, qual é divisível por 13?

4. Escreva todos os divisores de:
   a) 8.
   b) 9.
   c) 12.
   d) 15.
   e) 16.
   f) 17.

5. Na divisão abaixo, o aluno:

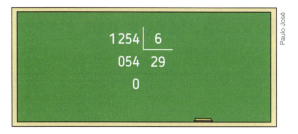

   a) acertou a conta.
   b) errou a conta, pois o quociente é 129.
   c) errou a conta, pois o quociente é 209.
   d) errou a conta, pois o quociente é 219.

6. Responda:
   a) Qual é o menor divisor de um número?
   b) Qual é o maior divisor de um número?
   c) Quantos divisores tem o zero?

7. Escreva todos os:
   a) divisores de 20;
   b) divisores pares de 20;
   c) divisores ímpares de 20;
   d) divisores de 20 maiores que 5.

8. Escreva os números naturais que:
   a) são divisores de 12, mas não são divisores de 30;
   b) são divisores de 30, mas não são divisores de 12.

9. (OBM) Sabendo-se que

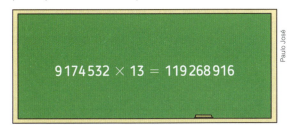

pode-se concluir que é divisível por 13 o número:
   a) 119 268 903.
   b) 119 268 907.
   c) 119 268 911.
   d) 119 268 913.
   e) 119 268 923.

Critérios de divisibilidade

Estudaremos alguns procedimentos que possibilitam verificar, **sem efetuar a divisão**, se um número é divisível por outro. Esses procedimentos são chamados **critérios de divisibilidade**.

Divisibilidade por 2

Vamos fazer um quadro dos números naturais menores que 50 e colorir os que são divisíveis por 2.

0	1	2	3	4	5	6	7	8	9
10	11	12	13	14	15	16	17	18	19
20	21	22	23	24	25	26	27	28	29
30	31	32	33	34	35	36	37	38	39
40	41	42	43	44	45	46	47	48	49

O que você observou nos números divisíveis por 2?

> Um número é divisível por 2 quando o algarismo das unidades é 0, 2, 4, 6 ou 8, isto é, quando é par.

Divisibilidade por 3

Vamos fazer um quadro dos números naturais menores que 50 e colorir os que são divisíveis por 3.

0	1	2	3	4	5	6	7	8	9
10	11	12	13	14	15	16	17	18	19
20	21	22	23	24	25	26	27	28	29
30	31	32	33	34	35	36	37	38	39
40	41	42	43	44	45	46	47	48	49

Da observação desse quadro, obtemos a seguinte regra de divisibilidade por 3:

> Um número é divisível por 3 quando a soma de seus algarismos é um número divisível por 3.

Veja os números a seguir.

A. 627 é divisível por 3 porque a soma:

6 + 2 + 7 = 15 é divisível por 3

```
6 2 7 | 3
0 2 7   2 0 9
    0
```

B. 4 312 não é divisível por 3 porque a soma:

4 + 3 + 1 + 2 = 10 não é divisível por 3

```
4 3 1 2 | 3
  1 3     1 4 3 7
    1 1
      2 2
        1
```

EXERCÍCIOS DE FIXAÇÃO

10. Quais desses números são divisíveis por 2?

| 69 | 204 | 33 | 0 | 60 388 | 1 000 | 981 | 73 006 |

11. O número 99 999 996 é divisível por 2?

12. Escreva os números naturais divisíveis por 2 que estão entre 539 e 549.

13. Usando os quatro algarismos **5**, **6**, **8** e **9**, sem repeti-los, escreva o maior número divisível por 2.

14. Quais desses números são divisíveis por 3?

| 75 | 69 | 92 | 321 | 0 | 835 | 4 329 | 11 643 |

15. Determine que valores podemos colocar no algarismo das unidades de modo que o número formado abaixo seja divisível por 3.

| 4 | 3 | |

16. Veja o número de alguns candidatos a vereador em uma cidade:

a) Qual deles é o Carlos, se seu número é divisível por 2 e por 3?

b) Qual deles é a Jussara, se seu número é divisível por 3, mas não por 2?

17. Qual é a idade de Geraldo? Descubra.

A MINHA IDADE É UM NÚMERO NATURAL ENTRE 50 E 60 DIVISÍVEL TANTO POR 2 QUANTO POR 3.

Divisibilidade por 6

Veja este quadro dos números naturais menores que 50:

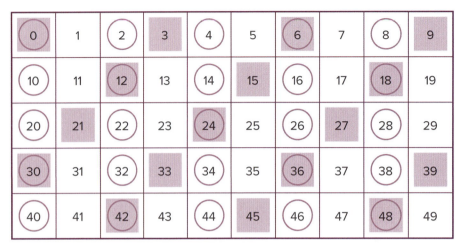

Observe que:
- os números indicados com círculo são divisíveis por 2;
- os números indicados com quadrado são divisíveis por 3;
- os números indicados simultaneamente com círculo e quadrado são divisíveis por 6.

O que você notou nos números divisíveis por 6?

> Um número é divisível por 6 quando é divisível por 2 e por 3.

Veja outros exemplos:

A. 912 é divisível por 6 porque é divisível por 2 e 3.

B. 524 **não** é divisível por 6 porque é divisível por 2, mas não por 3.

Divisibilidade por 5

Vamos fazer um quadro dos números naturais menores que 50 e colorir os que são divisíveis por 5.

0	1	2	3	4	5	6	7	8	9
10	11	12	13	14	15	16	17	18	19
20	21	22	23	24	25	26	27	28	29
30	31	32	33	34	35	36	37	38	39
40	41	42	43	44	45	46	47	48	49

O que você observou nos números divisíveis por 5?

> Um número é divisível por 5 quando o algarismo das unidades é 0 ou 5.

EXERCÍCIOS DE FIXAÇÃO

18. Considere os números:

| 428 | 264 | 1482 | 6321 | 41154 |

a) Quais são os números divisíveis por 2?
b) Quais são os números divisíveis por 3?
c) Quais são os números divisíveis por 2 e 3?
d) Os números divisíveis por 2 e 3 são divisíveis por 6?

19. Determine os valores possíveis para o algarismo das unidades de modo que o número abaixo seja divisível por 6.

| 2 | 5 | 3 | |

20. Um número divisível por 3 que termina em 0 é divisível por 6?

21. Quais destes números são divisíveis por 5?

| 920 | 4000 | 1681 | 5552 |
| 0 | 8509 | 6275 | 56780 |

22. Qual é o menor número natural que se pode adicionar a cada número a seguir para obter um número divisível por 5?
a) 702
b) 1 803
c) 4 169
d) 34 596

23. (Colégio Pedro II-RJ) Considere o número:

| 2 | 3 | 7 | ■ |

Qual é o menor algarismo que devemos colocar no lugar do ■ para que o número seja divisível por 2, mas não por 5?
a) 0
b) 2
c) 3
d) 4

24. Um número é divisível por 10 quando o algarismo das unidades é zero. Indique, dos números abaixo, os que são divisíveis por 10.

| 570 | 855 | 990 | 1849 |
| 0 | 8000 | 602 | 80300 |

25. Quais destas afirmações são verdadeiras?
a) Todo número par é divisível por 10.
b) Todo número divisível por 10 é par.
c) Todo número divisível por 10 também é divisível por 5.
d) Todo número divisível por 5 também é divisível por 10.

26. Um número natural foi multiplicado por 2 e o resultado obtido foi multiplicado por 5. O número que pode representar o resultado final é:
a) 4 025.
b) 4 502.
c) 4 520.
d) 4 052.

27. Qual é o menor número de 3 algarismos divisível por 6?

28. Dos números naturais entre 400 e 500, quais são divisíveis por 6 e por 10?

29. O número abaixo é formado por quatro algarismos. O algarismo das dezenas é desconhecido.

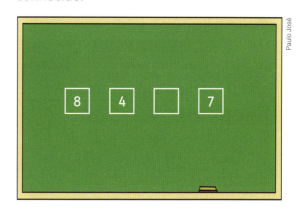

Esse número pode ser divisível:
a) por 2?
b) por 3?
c) por 5?
d) por 6?
e) por 10?

Divisibilidade por 4

Observe que 100 é divisível por 4.

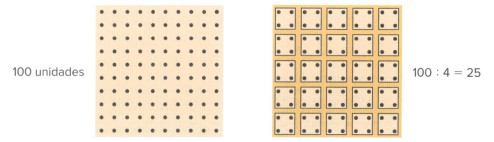

100 unidades   100 : 4 = 25

Utilizando a mesma ideia, podemos mostrar que 100, 200, 300, 400, 500, ... ou qualquer número natural terminado em **00** é divisível por 4.

Vejamos outros exemplos.

A. 732 é divisível por 4?

$$732 = 700 + 32 \begin{cases} 700 \text{ é divisível por 4} \\ 32 \text{ é divisível por 4} \end{cases}$$ → **Conclusão:** 732 é divisível por 4.

B. 537 é divisível por 4?

$$537 = 500 + 37 \begin{cases} 500 \text{ é divisível por 4} \\ 37 \text{ não é divisível por 4} \end{cases}$$ → **Conclusão:** 537 não é divisível por 4.

Pelos exemplos dados, podemos concluir que:

> Um número é divisível por 4 quando os dois últimos algarismos são 00 ou formam um número divisível por 4.

Veja estes outros exemplos:

C. 1 300 **é divisível** por 4 porque seus dois últimos algarismos são zero

D. 14 576 **é divisível** por 4 porque o número 76 é divisível por 4

E. 17 813 **não é divisível** por 4 porque o número 13 não é divisível por 4

 **CURIOSO É...**

A Matemática e o calendário

Diz-se que um ano é bissexto quando o mês de fevereiro daquele ano tem 29 dias. De 4 em 4 anos, há um ano bissexto. Os anos bissextos são números divisíveis por 4, mas com um detalhe: um ano terminado em 00 só é bissexto quando seu número for divisível por 400. Assim:

- 1500 não foi um ano bissexto;
- 1982 não foi um ano bissexto;
- 1984 foi um ano bissexto;
- 1992 foi um ano bissexto;
- 1996 foi um ano bissexto;
- 1998 não foi um ano bissexto;
- 2000 foi um ano bissexto;
- 2002 não foi um ano bissexto.

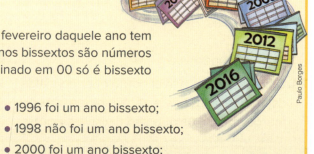

EXERCÍCIOS
COMPLEMENTARES

30. Quais destes números são divisíveis por 4?

300	932	1060	4158
17092	20468	61366	30008

31. Considere este número de cinco algarismos:

| 7 | 5 | 8 | 3 | ■ |

Qual é o menor algarismo que deve ser colocado no lugar do ■ para que o número seja divisível por 4?

32. Todo número divisível por 4 é divisível por 2?

33. Vimos que, se um número é divisível por 2 e por 3, então ele é divisível por 6. Mas se um número é divisível por 2 e por 4, pode não ser divisível por 8?

JUSTIFIQUE ENCONTRANDO EXEMPLOS.

34. (Encceja-MEC) Um ano é bissexto (fevereiro com 29 dias) quando o número que representa o ano é divisível por 4 ou, no caso dos anos terminados em 00, quando é divisível por 400. A partir dessa informação, foi bissexto o ano:

a) do descobrimento do Brasil (1500).
b) da Proclamação da Independência (1822).
c) das Olimpíadas em Atenas (2004).
d) da Copa do Mundo (2002).

35. Dos números naturais entre 400 e 500, quais são divisíveis tanto por 6 quanto por 5?

36. O critério de divisibilidade por 9 é similar ao critério de divisibilidade por 3.

> Um número é divisível por 9 quando a soma de seus algarismos é um número divisível por 9.
> • 855 é divisível por 9, pois 8 + 5 + 5 = 18 e 18 é divisível por 9

Responda justificando:
a) 109 é divisível por 9?
b) 22 221 é divisível por 9?

37. Considere todos os números naturais de três algarismos possíveis de escrever utilizando um 4, um 9 e um 5. Escreva:

a) o maior número divisível por 2;
b) o menor número divisível por 3;
c) o maior número divisível por 5;
d) o menor número divisível por 6.

38. Usando as regras de divisibilidade, escreva:

a) o maior número de três algarismos divisível por 2;
b) o maior número de três algarismos divisível por 5;
c) o menor número de três algarismos divisível por 5;
d) o menor número de três algarismos divisível por 3.

39. Coloque um algarismo à direita do número:

a) 457 ▒ para ser divisível por 2 e 3;
b) 202 ▒ para ser divisível por 3 e 5;
c) 189 ▒ para ser divisível por 2 e 5;
d) 654 ▒ para ser divisível por 5 e 10;
e) 813 ▒ para ser divisível por 3 e 4;
f) 726 ▒ para ser divisível por 2, 3, 5 e 10.

87

PANORAMA

FAÇA AS ATIVIDADES A SEGUIR E REVEJA O QUE VOCÊ APRENDEU.

NO CADERNO

40. Qual das afirmações a seguir é verdadeira?
   a) 240 é divisível por 20 e 25
   b) 240 é divisível por 50
   c) 240 é divisível por 2, 3 e 6
   d) 240 é divisível por 8, 9 e 10

41. Os números 10 e 15 são:
   a) divisíveis por 60.
   b) divisíveis por 90.
   c) divisores de 60.
   d) divisores de 100.

42. O número 10 tem:
   a) 1 divisor.
   b) 2 divisores.
   c) 3 divisores.
   d) 4 divisores.

43. O menor e o maior divisor de 12 são, respectivamente, iguais a:
   a) 0 e 6.   c) 0 e 12.
   b) 1 e 6.   d) 1 e 12.

44. (PUC-SP) Qual dos números abaixo tem exatamente três divisores?
   a) 0   c) 4
   b) 8   d) 6

45. (OM-SP) Um número natural que não tem divisores diferentes dele mesmo é:

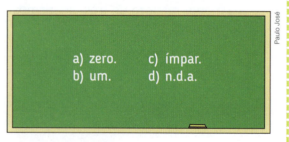

a) zero.   c) ímpar.
b) um.   d) n.d.a.

46. Quais são os divisores de 12?
   a) 2, 3, 4, 6 e 12
   b) 0, 12, 24, 48, ...
   c) 1, 2, 3, 4, 6 e 12
   d) 2, 3, 6, 12, 24 e 48

47. (Unip-SP) A soma de todos os divisores de 24 é:
   a) 60.   c) 36.
   b) 48.   d) 84.

48. (Saresp) Paulo deseja distribuir 60 bolas de gude de maneira que todos os favorecidos recebam a mesma quantidade, sem sobrar nenhuma bolinha. Para qual dos grupos abaixo ele poderá fazer corretamente a distribuição?
   a) Seus 6 primos.
   b) Seus 7 sobrinhos.
   c) Seus 8 vizinhos.
   d) Seus 11 colegas.

49. (FCC-SP) O chefe de Douglas solicitou-lhe que dividisse igualmente as canetas de uma caixa entre 7 mesas do local de trabalho, colocando o que sobrasse no balcão de atendimento. Não haverá canetas para colocar no balcão se o número total de canetas for:
   a) 57.   c) 214.
   b) 91.   d) 249.

50. (Obmep) A figura mostra os três retângulos diferentes que podem ser construídos com 12 quadradinhos iguais.

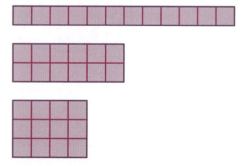

Quantos retângulos diferentes podem ser construídos com 60 quadradinhos iguais?
   a) 3   d) 6
   b) 4   e) 7
   c) 5

51. Qual dos números a seguir é divisível por 30?

a) 750   c) 580
b) 640   d) 920

52. (OM-SP) Subtraindo uma unidade do quadrado do número 17, encontramos:

a) um número divisível por 5.
b) um número divisível por 8.
c) um número divisível por 17.
d) um número divisível por 28.

53. Qual afirmação é verdadeira?

a) Se um número termina em 5, é divisível apenas por 5.
b) Se um número termina em 5, pode ser divisível por 2.
c) Se um número termina em 5, pode ser divisível por 3.
d) Se um número termina em 5, pode ser divisível por 10.

54. Considere um número de cinco algarismos com os três últimos da direita iguais a 0.

| | | 0 | 0 | 0 |

Qual afirmação pode ser falsa em relação a ele?

a) Esse número é divisível por 2.
b) Esse número é divisível por 4.
c) Esse número é divisível por 5.
d) Esse número é divisível por 6.

55. O número que é divisível ao mesmo tempo por 2, 3 e 5 é:

a) 610.   c) 320.
b) 810.   d) 225.

56. Um número constituído de três algarismos é divisível por 3. O algarismo das unidades é 8 e o das centenas é 5. O algarismo das dezenas é:

a) 2.   b) 3.   c) 4.   d) 6.

57. Qual destes números é divisível por 3?

a) 5 002 000   c) 7 000 200
b) 8 300 000   d) 3 010 000

58. Considere este número de quatro algarismos:

| 1 | 4 | A | 6 |

Para que valores de **A** esse número é divisível por 3?

a) 2, 4 e 7
b) 1, 5 e 7
c) 1, 4 e 9
d) 1, 4 e 7

59. (FCMSCSP) Considere o número

| 3 | 1 | 3 | 1 | 3 | 1 | A |

em que **A** representa o algarismo das unidades. Se esse número é divisível por 4, então o valor máximo que **A** pode assumir é:

a) 0.   c) 6.
b) 4.   d) 8.

60. (UEMS) Considere-se o número de 9 algarismos, dos quais o algarismo das unidades é A e todos os demais são iguais a 2, ou seja:

| 2 | 2 | 2 | 2 | 2 | 2 | 2 | 2 | A |

O valor de **A**, a fim de que este número seja divisível por 6, é:

a) 2 ou 8.
b) 2 ou 7.
c) 0 ou 6.
d) 3 ou 9.

61. (Cesgranrio-RJ) Se

| C | D | U |

é o maior número de três algarismos divisível por 11, então a soma **C + D + U** vale:

a) 16.   c) 18.
b) 17.   d) 20.

62. Se *k* é o menor número de 3 algarismos divisível por 11, então o dobro de *k* é igual a:

a) 222.   c) 122.
b) 220.   d) 110.

CAPÍTULO 11 — Números primos e decomposição em fatores primos

Números primos e números compostos

Vamos determinar os divisores ou fatores de alguns números.

- Divisores de 2: 1, 2
- Divisores de 3: 1, 3
- Divisores de 5: 1, 5
- Divisores de 7: 1, 7
- Divisores de 11: 1, 11
- Divisores de 13: 1, 13

Esses números são exemplos de **números primos**, pois têm somente dois divisores: a **unidade** e o **próprio número**.

- Divisores de 4: 1, 2, 4
- Divisores de 6: 1, 2, 3, 6
- Divisores de 9: 1, 3, 9
- Divisores de 8: 1, 2, 4, 8
- Divisores de 10: 1, 2, 5, 10
- Divisores de 12: 1, 2, 3, 4, 6, 12

Já esses números são exemplos de **números compostos**, pois **têm mais de dois divisores**.

Convém lembrar que o **número 1 não é primo nem composto**, pois ele tem apenas um divisor, que é ele mesmo.

 AQUI TEM MAIS

Como descobrir quais são os números primos?

Existe um processo muito prático para determinar números primos, chamado **crivo de Eratóstenes**. Veja como Eratóstenes fez para determinar os números primos de 1 a 50.

1º) Escreveu os números de 1 até 50.
2º) Riscou o número 1 porque não é primo.
3º) Circulou o número 2, que é primo, e riscou todos os números divisíveis por 2.
4º) Circulou o número 3, que é primo, e riscou todos os números divisíveis por 3.
5º) Circulou o número 5, que é primo, e riscou os demais números que são divisíveis por 5.
6º) Prosseguiu da mesma forma, até que não houvesse mais números a serem riscados.

Os números circulados são **primos**.

1̶	②	③	4̶	⑤	6̶	⑦	8̶	9̶	1̶0̶
⑪	1̶2̶	⑬	1̶4̶	1̶5̶	1̶6̶	⑰	1̶8̶	⑲	2̶0̶
2̶1̶	2̶2̶	㉓	2̶4̶	2̶5̶	2̶6̶	2̶7̶	2̶8̶	㉙	3̶0̶
㉛	3̶2̶	3̶3̶	3̶4̶	3̶5̶	3̶6̶	㊲	3̶8̶	3̶9̶	4̶0̶
㊶	4̶2̶	㊸	4̶4̶	4̶5̶	4̶6̶	㊼	4̶8̶	4̶9̶	5̶0̶

EXERCÍCIOS DE FIXAÇÃO

1. Determine os divisores dos números a seguir.
a) 12
b) 14
c) 15
d) 11
e) 13
f) 16
g) 17
h) 18
i) 20
j) 19

2. Com base nas respostas do exercício anterior, classifique cada número como primo ou composto.
a) 12
b) 14
c) 15
d) 11
e) 13
f) 16
g) 17
h) 18
i) 20
j) 19

3. Quais destes números são primos?

21 23 22
26 28
27 29 30
24 25

4. Explique por que:
a) 31 é um número primo;
b) 35 não é um número primo;
c) 1 não é um número primo;
d) zero não é um número primo.

5. Responda:
a) Qual é o menor número primo?
b) Qual é o menor número primo de dois algarismos?
c) Qual é o único número primo que é par?
d) Quais são os números primos menores que 15?

6. Responda:
a) Há quantos números primos menores que 10?
b) Todos os números ímpares são primos?
c) O número 111 é primo? Por quê?
d) Qual número natural não é primo nem composto?
e) O número zero é primo ou composto?

7. Há números primos cuja diferença é 2. Descubra três pares de números primos nessas condições.

8. Observe a figura e coloque dois números primos no prato da balança de forma a equilibrá-la.

9. Quais resultados obtidos no lançamento de dois dados são números primos?

1 + 5 = 6
6 NÃO É PRIMO

10. Escreva os números primos entre:
a) 20 e 30.
b) 30 e 40.
c) 40 e 50.
d) 50 e 60.

> Primo quer dizer primeiro: os números primos geram os números compostos! Você vai ver como!

Como reconhecer se um número é primo?

Dividimos, sucessivamente, o número dado pelos números primos 2, 3, 5, 7, 11, 13, 17, ..., até que o quociente seja **menor ou igual** ao divisor. Se a divisão não for exata, o número dado é primo.

Exemplo:

Verificar se o número 163 é primo.

A. 163 é divisível por 2? Não.
B. 163 é divisível por 3? Não.
C. 163 é divisível por 5? Não.
D. 163 é divisível por 7?
E. 163 é divisível por 11?
F. 163 é divisível por 13?

Para respondermos às três últimas perguntas, devemos efetuar as divisões:

```
163 | 7         163 | 11        163 | 13
 23   23         53   14         33   12
  2                9              7
maior que 7    maior que 11    menor que 13
```

Observe:
- Nenhuma dessas divisões é exata.
- O quociente 12 é **menor que** o divisor 13.
- Logo: 163 é primo.

EXERCÍCIOS DE FIXAÇÃO

11. Observe estes números e responda:

56	78	104
372	774	896
1002	5000	6384

Algum desses números é primo? Por quê?

12. Quais destes números são primos?

a) 69
b) 83
c) 93
d) 97
e) 113
f) 121
g) 169
h) 191
i) 288
j) 397
k) 1029
l) 6775

13. Observe estes números e responda:

75	105	235
445	665	725
1005	5555	8095

a) Algum desses números é primo?
b) Por que não existe número primo terminado em 5 formado por mais de um algarismo?

14. Usando os algarismos 2, 5 e 8, sem repeti-los, você pode formar números de três algarismos.

a) Quais são esses números?
b) Desses números, há algum que seja primo?

Decomposição em fatores primos

Um número composto sempre pode ser decomposto em um produto de dois ou mais números primos. Vamos ver como se faz?

Acompanhe:

A. Vamos decompor o número 90 em fatores primos.

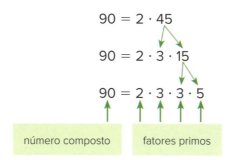

Na prática, para decompor um número em fatores primos, você pode usar o processo a seguir:

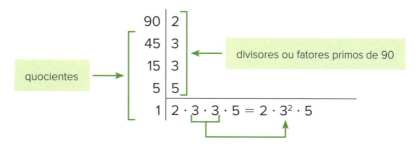

Logo: $90 = 2 \cdot 3^2 \cdot 5$.

Dividimos 90 sucessivamente por seus divisores primos. Os divisores foram colocados à direita do traço vertical e os quocientes obtidos, à esquerda.

Veja estes outros exemplos:

B. Decompor em fatores primos o número 294.

294	2	← dividindo por 2
147	3	← dividindo por 3
49	7	← dividindo por 7
7	7	← dividindo por 7
1	$2 \cdot 3 \cdot 7 \cdot 7 = 2 \cdot 3 \cdot 7^2$	

> Para organizar os cálculos, dividimos pelos números primos na ordem crescente, mas poderíamos começar dividindo 294 por 7, por exemplo.

C. Decompor em fatores primos o número 3 465.

3 465	3
1 155	3
385	5
77	7
11	11
1	$3 \cdot 3 \cdot 5 \cdot 7 \cdot 11 = 3^2 \cdot 5 \cdot 7 \cdot 11$

> 3 é o menor número primo que divide 3 465

EXERCÍCIOS COMPLEMENTARES

15. Decomponha em fatores primos os seguintes números:
- a) 36
- b) 40
- c) 48
- d) 72
- e) 80
- f) 45
- g) 120
- h) 135
- i) 360
- j) 616
- k) 900
- l) 440

16. Qual é o número cuja fatoração é

$$2 \cdot 3^2 \cdot 11?$$

17. Considere $30 = 2 \cdot 3 \cdot 5$ e responda:
- a) 2 é divisor de 30?
- b) 3 é divisor de 30?
- c) 5 é divisor de 30?
- d) $2 \cdot 3 = 6$ é divisor de 30?
- e) $2 \cdot 5 = 10$ é divisor de 30?
- f) $3 \cdot 5 = 15$ é divisor de 30?
- g) 1 e 30 são divisores de 30?
- h) Podemos encontrar os divisores de um número por meio de sua fatoração prima?

18. Fatore 60 e encontre seus divisores por meio dos fatores primos.

19. O produto de dois números primos é um número primo?

20. Sou número primo. Sou divisor de 66. Não sou divisor de 6. Quem sou eu?

21. Quais destes números são primos?
- a) 37
- b) 103
- c) 221
- d) 113
- e) 127
- f) 543
- g) 997
- h) 1001
- i) 263

22. Quais são os divisores do número natural S se $S = 2 \cdot 3^2 \cdot 7$?
- a) 1, 2, 3, 7
- b) 1, 2, 3, 7, 9, 126
- c) 1, 2, 3, 6, 7, 9, 14, 18, 63
- d) 1, 2, 3, 6, 7, 9, 14, 18, 21, 42, 63, 126
- e) 2, 3, 6, 7, 9, 14, 18, 42, 63

23. Nas alternativas abaixo, qual é o número representado como um produto de **fatores primos**?
- a) $2 \cdot 3 \cdot 4$
- b) $2 \cdot 3 \cdot 7$
- c) $3 \cdot 5 \cdot 10$
- d) $2 \cdot 3 \cdot 15$

24. A fatoração completa de 1572 é:
- a) $2 \cdot 3 \cdot 13$.
- b) $2 \cdot 3^2 \cdot 131$.
- c) $2^2 \cdot 3 \cdot 131$.
- d) $2 \cdot 3 \cdot 11 \cdot 13$.

25. O número 2 040 é igual a:
- a) $2^4 \cdot 3 \cdot 5$.
- b) $2^2 \cdot 3 \cdot 17$.
- c) $2^3 \cdot 3 \cdot 5 \cdot 17$.
- d) $2^2 \cdot 3^2 \cdot 5 \cdot 17$.

26. Qual é o número cuja fatoração é $2^3 \cdot 5^2 \cdot 7^2$?
- a) 1400
- b) 4900
- c) 1960
- d) 9800

27. Se $m = 2^2 \cdot 3 \cdot 7^3$, então a afirmação correta é:
- a) m é um número ímpar.
- b) m é um número primo.
- c) o número 24 é um divisor de m.
- d) o número 49 é um divisor de m.

PANORAMA

FAÇA AS ATIVIDADES A SEGUIR E REVEJA O QUE VOCÊ APRENDEU.

28. (OM-SP) Um número primo tem:
   a) só dois divisores.
   b) apenas um divisor.
   c) nenhum divisor.

29. Qual destas sequências é constituída somente de números primos?
   a) 2, 5, 9, 47
   b) 3, 7, 19, 21
   c) 2, 7, 11, 17, 23
   d) 7, 17, 27, 47, 97

30. (UFMT) Das sequências abaixo, aquela que não contém números primos é:
   a) 13, 427, 1029.
   b) 189, 300, 529.
   c) 2, 111, 169.
   d) 11, 429, 729.

31. Quais são os números primos entre 40 e 50?
   a) {41, 43, 49}
   b) {43, 47, 49}
   c) {41, 43, 46}
   d) {41, 43, 47}

32. Qual dos números abaixo é primo?
   a) 101   b) 111   c) 1001   d) 1111

33. (PUC-SP) Qual dos números abaixo é primo?
   a) 123   b) 143   c) 153   d) 163

34. Se $A = 2^3 \cdot 5 \cdot 11$ e $B = 3^2 \cdot 5 \cdot 7$, que número diferente de 1 é divisor de ambos?
   a) 11   b) 7   c) 5   d) 3

35. (OM-SP) Se A é o conjunto dos números primos, então:
   a) todo número par pertence a A.
   b) todos os elementos de A são ímpares.
   c) qualquer número ímpar pertence a A.
   d) existe somente um número par pertencente a A.

36. (PUC-SP) Quantos são os números primos compreendidos entre 10 e 50?
   a) 10   b) 11   c) 12   d) 13

37. Qual dos números a seguir não aparece na fatoração prima de 936?
   a) 8   b) 9   c) 13   d) 19

38. (UMC-SP) O número de elementos do conjunto dos divisores primos de 60 é:
   a) 3.   b) 4.   c) 5.   d) 10.

39. (PUC-SP) Utilizando-se os algarismos 1, 2 e 3, formam-se todos os números com 3 algarismos distintos. Quantos desses números são primos?

   a) 1   c) 3
   b) 2   d) nenhum

40. Qual das faixas a seguir tem três números primos e todos os divisores de 18 maiores que 1 e menores que 18?

   a) 5 2 7 3 9
   b) 3 9 7 5 6
   c) 2 4 8 6 9
   d) 3 7 6 9 2
   e) 6 3 1 9 2

CAPÍTULO 12 — Máximo divisor comum

O maior dos divisores comuns de dois ou mais números chama-se **máximo divisor comum** (m.d.c.) desses números.

Qual é o m.d.c. de 8 e 12? Temos:
- Divisores de 8: ①, ②, ④, 8.
- Divisores de 12: ①, ②, 3, ④, 6, 12.
- Divisores comuns de 8 e 12: 1, 2, 4.

Então: m.d.c. (8, 12) = 4.

O maior desses divisores comuns é 4.

Processos práticos para determinação do m.d.c.

Por decomposição em fatores primos (fatoração completa)

Qual é o m.d.c. de 84 e 90?

84	2
42	2
21	3
7	7
1	

90	3
45	3
15	3
5	5
1	

Assim:
$$84 = 2^2 \cdot 3 \cdot 7$$
$$90 = 2 \cdot 3^2 \cdot 5$$
$$\text{m.d.c. }(84, 90) = 2 \cdot 3 = 6$$

O m.d.c. é o produto dos fatores comuns com os menores expoentes.

Por divisões sucessivas

1. Divide-se o número maior pelo menor. Se a divisão for exata, o m.d.c. será o menor deles.
2. Se a divisão não for exata, divide-se o menor pelo resto, e assim sucessivamente até encontrar uma divisão exata. O último divisor será o m.d.c.

Exemplo:

Determine o m.d.c. de 382 e 120:

382 | 120   120 | 22   22 | 10   10 | 2   m.d.c. (382, 120) = 2
 22 | 3   10 | 5   2 | 2   0 | 5

Na prática, esses cálculos são dispostos assim:

	3	5	2	5	quocientes
382	120	22	10	2	divisores
22	10	2	0		restos

Esse dispositivo é conhecido como **algoritmo de Euclides**.

Para o cálculo do m.d.c. de mais de dois números, calculamos o m.d.c. de dois dos números, depois calculamos o m.d.c. entre o terceiro número e o m.d.c. dos dois primeiros, e assim por diante.

EXERCÍCIOS
DE FIXAÇÃO

1. Responda:
   a) Quais são os divisores de 12?
   b) Quais são os divisores de 18?
   c) Quais são os divisores de 12 e também de 18?
   d) Qual é o maior (máximo) divisor comum de 12 e 18?

2. Determine o m.d.c. dos números a seguir usando qualquer processo estudado.
   a) m.d.c. (6, 12)
   b) m.d.c. (9, 12)
   c) m.d.c. (8, 20)
   d) m.d.c. (10, 15)
   e) m.d.c. (35, 10)
   f) m.d.c. (30, 18)
   g) m.d.c. (15, 40)
   h) m.d.c. (46, 22)

3. Determine o m.d.c. destes números usando qualquer processo estudado.
   a) m.d.c. (6, 12, 15)
   b) m.d.c. (12, 20, 24)
   c) m.d.c. (48, 80, 72)
   d) m.d.c. (28, 16, 12)

4. Sejam os números A, B e C dados por suas fatorações completas:
   - $A = 5^3 \cdot 7 \cdot 11^2$
   - $B = 2 \cdot 3 \cdot 7^2 \cdot 11$
   - $C = 2 \cdot 5^2 \cdot 7 \cdot 13$

   Encontre os valores de:
   a) m.d.c. (A, B);
   b) m.d.c. (A, C);
   c) m.d.c. (B, C);
   d) m.d.c. (A, B, C).

5. O senhor Alípio tem uma padaria. Nela há uma bandeja com 18 pães e outra com 24. Ele quer dividir os pães das duas bandejas em pacotes iguais. Qual é o maior número possível de pães em cada pacote?

6. Dois rolos de corda, um de 200 metros e outro de 240 metros de comprimento, precisam ser cortados em pedaços iguais e no maior comprimento possível.

   Responda:
   a) Quanto medirá cada pedaço?
   b) Quantos pedaços serão obtidos?

7. Três peças de tecido medem, respectivamente, 12 m, 30 m e 54 m. Todas devem ser cortadas em pedaços de mesmo comprimento e do maior tamanho possível, sem que haja sobra em nenhuma delas. Quanto medirá cada pedaço?

8. Todos os alunos de uma escola de Ensino Médio participarão de uma gincana. Para essa competição, cada equipe será formada por alunos do mesmo ano e com o mesmo número de participantes. Veja no quadro a distribuição de alunos por ano:

Ano	Número de alunos
1º	120
2º	108
3º	100

Responda:
a) Qual é o número máximo de alunos por equipe?
b) Quantas serão as equipes do 1º ano?
c) Quantas serão as equipes do 2º ano?
d) Quantas serão as equipes do 3º ano?

EXERCÍCIOS COMPLEMENTARES

9. Determine o m.d.c. dos números a seguir usando qualquer processo estudado.

a) m.d.c. (9, 16)
b) m.d.c. (30, 42)
c) m.d.c. (18, 30)
d) m.d.c. (36, 84)
e) m.d.c. (90, 120)
f) m.d.c. (22, 36)
g) m.d.c. (132, 120)
h) m.d.c. (320, 65)

10. Determine o m.d.c. destes números usando qualquer processo estudado.

a) m.d.c. (18, 36, 54)
b) m.d.c. (125, 100, 175)
c) m.d.c. (36, 60, 90)
d) m.d.c. (70, 35, 21)

11. Qual é o maior número que divide 28, 56, 70 e 140?

12. Responda:

a) Quais são os divisores de 5?
b) Quais são os divisores de 8?
c) Qual é o único divisor comum de 5 e 8?
d) Qual é o m.d.c. (5, 8)?

> Quando o m.d.c. de dois ou mais números é igual a 1, dizemos que eles são **primos entre si**.

13. Quais dos números a seguir são primos entre si?

a) 4 e 9
b) 8 e 15
c) 6 e 10
d) 12 e 15
e) 13 e 14
f) 20 e 27
g) 17 e 34
h) 21 e 63
i) 33 e 77

14. Três fios de cobre, respectivamente de 75 metros, 90 metros e 120 metros de comprimento, precisam ser cortados em pedaços iguais e no maior comprimento possível. Quanto medirá cada pedaço?

15. A alternativa verdadeira é:

a) 5 é primo e 9 é primo.
b) 5 e 9 são primos entre si.
c) 5 e 9 não têm divisores comuns.
d) 5 e 9 têm dois divisores comuns.

16. Uma empresa pretende armazenar 350 kg de sabão em pó fazendo o melhor aproveitamento do espaço. Que modelo de caixa apresentado abaixo a empresa deve utilizar e quantas caixas serão necessárias?

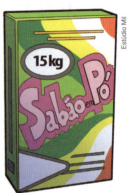

17. Uma editora recebeu os seguintes pedidos de três livrarias:

Livraria	Número de exemplares
A	1 300
B	1 950
C	3 900

A editora deseja remeter os três pedidos com a mesma quantidade de livros e com o menor número possível de pacotes.

Responda:

a) Quantos livros terá cada pacote?
b) Quantos serão os pacotes da livraria A?
c) Quantos serão os pacotes da livraria B?
d) Quantos serão os pacotes da livraria C?

PANORAMA

FAÇA AS ATIVIDADES A SEGUIR E REVEJA O QUE VOCÊ APRENDEU.

NO CADERNO

18. Os divisores comuns de 12 e 20 são:
   a) 2, 4.
   b) 1, 2, 4.
   c) 1, 2, 3, 4, 6.
   d) 60, 120, 180, 240.

19. (Cesgranrio-RJ) O máximo divisor de 20 e 32 é:
   a) 1.   b) 2.   c) 4.   d) 8.

20. (UGF-RJ) O m.d.c. entre os números 72 e 172 é:
   a) 2.   b) 4.   c) 6.   d) 8.

21. O m.d.c. dos números 36, 40 e 56 é:
   a) 4.   b) 6.   c) 8.   d) 9.

22. O máximo divisor comum dos números 36, 48 e 72 é:
   a) 12.   b) 36.   c) 48.   d) 72.

23. O máximo divisor comum de 6, 12, 24 e 48 é:
   a) 6.   b) 12.   c) 24.   d) 48.

24. São primos entre si os números:
   a) 8, 10 e 30.
   b) 9, 12 e 15.
   c) 13, 26 e 39.
   d) 10, 21 e 63.

25. (UEL-PR) O máximo divisor comum dos números A e B é 12. Esses números podem ser:
   a) 6 e 12.
   b) 144 e 228.
   c) 176 e 240.
   d) 360 e 400.

26. Considere este dispositivo de divisões sucessivas:

	1	3
x	y	12
z	0	

O valor de x é:
   a) 12.   b) 36.   c) 48.   d) 60.

27. Considere $A = 2^3 \cdot 3^2 \cdot 5$ e $B = 2 \cdot 3^3 \cdot 5^2$.
O m.d.c. de A e B vale:
   a) $2 \cdot 3^2 \cdot 5$.
   b) $2 \cdot 3^2 \cdot 5^2$.
   c) $2 \cdot 3 \cdot 5$.
   d) $2^2 \cdot 3^2 \cdot 5$.

28. Três peças de tecido que medem, respectivamente, 24 metros, 30 metros e 48 metros devem ser cortadas em pedaços de mesmo comprimento e do maior tamanho possível, sem que haja sobra em nenhuma peça. Cada pedaço deve medir:
   a) 2 metros.
   b) 3 metros.
   c) 6 metros.
   d) 12 metros.

29. Três fios que medem respectivamente 24 m, 84 m e 90 m foram cortados em pedaços iguais e do maior tamanho possível. Então, o número de pedaços obtidos é:
   a) 28.   b) 30.   c) 31.   d) 33.

30. Um proprietário quer plantar palmeiras na frente e na lateral de um terreno de esquina cujas medidas são 140 m e 112 m.

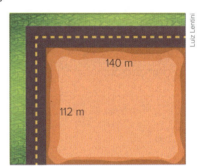

Ele deseja que a distância entre cada palmeira seja a maior possível. Então, o número de palmeiras necessárias para o plantio é:
   a) 7.   b) 8.   c) 9.   d) 10.

31. (PUC-RJ) Um terreno retangular de 108 m × 51 m vai ser cercado com arame farpado fixado em estacas igualmente espaçadas. Se existe uma estaca em cada vértice, então o número mínimo de estacas a usar é:

   a) 102.   b) 104.   c) 106.   d) 108.

CAPÍTULO 13
Mínimo múltiplo comum

Múltiplos de um número natural

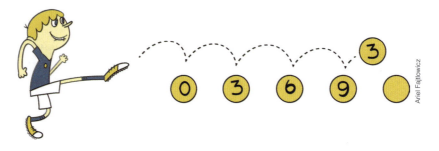

Para obtermos os múltiplos do número 3, multiplicamos cada elemento do conjunto dos números naturais pelo número 3.

$3 \times$
- 0 = 0
- 1 = 3
- 2 = 6
- 3 = 9
- 4 = 12
- 5 = 15
- 6 = 18
- ⋮   ⋮

Os múltiplos de 3 são: 0, 3, 6, 9, 12, 15, 18, ...

Você pode facilmente perceber que nessa sequência há infinitos elementos.

Convém lembrar que:
- o **zero** é múltiplo de qualquer número;
- todo número é **múltiplo de um** e de **si mesmo**;
- o único **múltiplo de zero** é o **próprio zero**.

São expressões equivalentes:
- 18 é múltiplo de 3;
- 18 é divisível por 3;
- 3 é fator de 18;
- 3 é divisor de 18.

100

EXERCÍCIOS DE FIXAÇÃO

1. Escreva os múltiplos de:
   a) 2
   b) 5
   c) 10
   d) 13

2. Complete com os números que faltam.

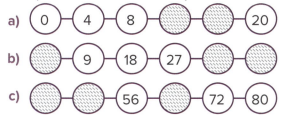

3. Qual é o menor múltiplo de qualquer número?

4. Qual é o maior múltiplo de qualquer número?

5. Observe o quadro abaixo.

425	707	1011
374	640	3072
7935	4128	1645

Identifique:
   a) quatro números que são múltiplos de 2;
   b) quatro números que são múltiplos de 3;
   c) quatro números que são múltiplos de 5.

6. Qual é a sentença verdadeira?
   a) 240 é múltiplo de 50
   b) 240 é múltiplo de 20 e 25
   c) 240 é divisível por 2, 3 e 6
   d) 240 é divisível por 8, 9 e 10

7. O número 24 é múltiplo de quais números?

8. Para caçar o rato, o gato só pode passar pelas casas em que há múltiplos de 7. Descubra o caminho.

14	46	24	39	107
35	62	96	66	48
91	18	28	49	105
84	0	42	72	70
17	71	82	94	

9. Determine:
   a) os múltiplos de 7 menores que 40;
   b) os múltiplos de 11 menores que 60;
   c) os múltiplos de 3 menores que 10;
   d) os múltiplos de 5 maiores que 10 e menores que 40;
   e) os múltiplos de 7 compreendidos entre 20 e 30.

10. Os números de cada linha são múltiplos de que número?

    a) 15 | 39 | 18 | 27
    b) 50 | 24 | 30 | 78
    c) 28 | 49 | 21 | 63
    d) 45 | 20 | 90 | 65

11. A soma de três múltiplos consecutivos de 7 é 84. O maior deles é:
    a) 28.   b) 35.   c) 42.   d) 49.

12. (Uece) A soma do menor com o maior dos múltiplos de 15 entre 1003 e 2003 é:
    a) 2985.   c) 2995.
    b) 2990.   d) 3000.

13. (UFRJ) Maria quer fazer um colar usando contas azuis e brancas de tal forma que sejam intercaladas 3 contas brancas com 4 contas azuis. Se Maria usar um total de 91 contas para fazer esse colar, o total de contas azuis usadas será igual a:
    a) 48.   b) 52.   c) 56.   d) 60.

Mínimo múltiplo comum

O menor dos múltiplos comuns (excluído o zero) de dois ou mais números chama-se **mínimo múltiplo comum** (m.m.c.) desses números.

Exemplo:

Qual é o m.m.c. de 2 e 3? Temos:
- múltiplos de 2: 0, 2, 4, 6, 8, 10, 12, ...
- múltiplos de 3: 0, 3, 6, 9, 12, 15, ...

- múltiplos comuns de 2 e 3: 0, 6, 12, ...

Excluindo o zero, o menor múltiplo comum é 6. Então: m.m.c. (2, 3) = 6

Cálculo do m.m.c. – processos práticos

Por decomposição de cada número

Exemplo:

Vamos determinar o m.m.c. de 315 e 60.

315	3		60	2
105	3		30	2
35	5		15	3
7	7		5	5
1			1	

Assim:

$315 = 3^2 \cdot 5 \cdot 7$

$60 = 2^2 \cdot 3 \cdot 5$

m.m.c. $(315, 60) = 2^2 \cdot 3^2 \cdot 5 \cdot 7 =$
$= 4 \cdot 9 \cdot 5 \cdot 7 =$
$= 1260$

> O m.m.c. é o produto dos fatores comuns e não comuns com os maiores expoentes.

Por decomposição simultânea

Exemplos:

A.

315, 60	2	← Apenas 60 é divisível por 2.
315, 30	2	← Apenas 30 é divisível por 2.
315, 15	3	← Os números 315 e 15 são divisíveis por 3.
105, 5	3	← Apenas 105 é divisível por 3.
35, 5	5	← Os números 35 e 5 são divisíveis por 5.
7, 1	7	← Apenas 7 é divisível por 7.
1, 1	$2 \cdot 2 \cdot 3 \cdot 3 \cdot 5 \cdot 7 = 1260$	

Logo: m.m.c. (315, 60) = 1260

> Os processos práticos são úteis para determinar o m.m.c. entre os números maiores. Em muitos casos, determinamos o m.m.c. mentalmente.

B. Determine o m.m.c. de 10, 15 e 8.

10, 15, 8	2
5, 15, 4	2
5, 15, 2	2
5, 15, 1	3
5, 5, 1	5
1, 1, 1	$2 \cdot 2 \cdot 2 \cdot 3 \cdot 5 = 120$

Logo: m.m.c. (10, 15, 8) = 120

EXERCÍCIOS DE FIXAÇÃO

14. Calcule mentalmente:
a) m.m.c. (2, 6)
b) m.m.c. (8, 2)
c) m.m.c. (4, 6)
d) m.m.c. (6, 9)
e) m.m.c. (7, 21)
f) m.m.c. (3, 10)

15. Determine:
a) m.m.c. (50, 75)
b) m.m.c. (60, 24)
c) m.m.c. (5, 10, 15)
d) m.m.c. (10, 12, 45)
e) m.m.c. (6, 10, 30, 45)
f) m.m.c. (6, 8, 12, 15)

16. Se $A = 2^3 \cdot 5 \cdot 7$, $B = 2 \cdot 3^2 \cdot 5$ e $C = 2^2 \cdot 3 \cdot 11$, determine:
a) m.m.c. (A, B)
b) m.m.c. (A, C)
c) m.m.c. (B, C)
d) m.m.c. (A, B, C)

17. José Quintino toma:
- um comprimido de 4 em 4 horas;
- um xarope de 6 em 6 horas.

Às 8 horas da manhã, ele tomou os dois remédios. A que horas voltará a tomar os dois remédios juntos?

18. Três viajantes de uma firma sairão a serviço no mesmo dia.

Sabe-se que:
- o primeiro viajará de 12 em 12 dias;
- o segundo viajará de 16 em 16 dias;
- o terceiro viajará de 20 em 20 dias.

Depois de quantos dias, os três sairão juntos novamente?

19. (Vunesp) Renato pratica exercícios em uma academia a cada 2 dias. Otávio frequenta a mesma academia a cada 6 dias. Finalmente, Ivan só vai a essa academia aos domingos. No dia 1º de maio, os três se encontram na academia. A próxima vez que os três se encontrarão na academia será no dia:
a) 12 de junho.
b) 19 de junho.
c) 26 de junho.
d) 3 de julho.
e) 10 de julho.

20. (OM-SP) Em uma classe existem menos de 40 alunos. Se o professor de Educação Física resolve formar grupos de 6 em 6 alunos, ou de 10 em 10 alunos, ou de 15 em 15 alunos, sempre sobra um aluno. Quantos alunos tem a classe?

EXERCÍCIOS COMPLEMENTARES

21. Quais são os múltiplos de 12 com dois algarismos?

22. Observe a sequência dos múltiplos de 6 somados com 1.

1, 7, 13, 19, ...

Quais são os próximos cinco números dessa sequência?

23. Observe a sequência de lâmpadas.

a) Qual é a cor da 27ª lâmpada?
b) Qual é a cor da 64ª lâmpada?

24. Uma prateleira de supermercado estava cheia de caixas de copos, cada uma contendo 12 copos. Qual é o total de copos na prateleira sabendo-se que esse número é maior que 500 e menor que 510?

25. Qual o menor número de maçãs que podem ser distribuídas igualmente tanto para 4 como para 6 pessoas?

26. Carla trabalha todas as noites em um restaurante. Ela tem somente uma noite livre em cada 15 noites. Toninho também trabalha à noite, em um posto de gasolina, e folga apenas uma noite em cada 18. Em determinado dia, ambos tiveram a noite livre.

Depois de quantos dias, no mínimo, ambos terão a mesma noite livre?

27. Numa turma há menos de 50 alunos. Eles podem sair em grupos de 2, 3 e 7 pessoas sem que sobre nem falte alguém. Quantos alunos há na turma?

28. Numa corrida em pista circular, sabe-se que:
- o primeiro corredor completa cada volta em 18 minutos;
- o segundo corredor completa cada volta em 24 minutos;
- o terceiro corredor completa cada volta em 30 minutos.

Depois de quantos minutos após a partida os três estarão juntos pela primeira vez?

29. Um número natural:
- está compreendido entre 299 e 400;
- tem como algarismo das dezenas o 7;
- é múltiplo de 5;
- não é múltiplo de 2.

30. Uma caixa está cheia de laranjas.
- Se tirarmos de 2 em 2, sobra 1 laranja.
- Se tirarmos de 3 em 3, sobra 1 laranja.
- Se tirarmos de 4 em 4, sobra 1 laranja.
- Se tirarmos de 5 em 5, sobra 1 laranja.
- Se tirarmos de 6 em 6, sobra 1 laranja.

Qual é o menor número de laranjas que essa caixa pode conter?

PANORAMA

31. O número 60 é:
  a) múltiplo de 8 e divisor de 120.
  b) múltiplo de 4 e divisor de 120.
  c) múltiplo de 5 e divisor de 100.
  d) múltiplo de 9 e divisor de 180.

32. O total dos múltiplos de 11 compreendidos entre 20 e 100 é:
  a) 5.   b) 6.   c) 7.   d) 8.

33. No mês de março, Celso jogou tênis nos dias ímpares e Rodrigo, nos dias múltiplos de 3. Quantas vezes ambos jogaram tênis no mesmo dia?

DOM.	SEG.	TER.	QUA.	QUI.	SEX.	SÁB.
			1	2	3	4
5	6	7	8	9	10	11
12	13	14	15	16	17	18
19	20	21	22	23	24	25
26	27	28	29	30	31	

  a) 4   b) 5   c) 6   d) 8

34. (Ufal) Considere todos os múltiplos comuns de 18 e 24. O menor desses múltiplos que supera 500 é:
  a) 504.   c) 572.
  b) 518.   d) 524.

35. (Cesgranrio-RJ) O m.m.c. entre os números 2^m, 3 e 5 é 240. O expoente m é:
  a) 2.   b) 3.   c) 4.   d) 5.

36. O menor número divisível por 30, 36 e 48 é:
  a) 600.   c) 360.
  b) 720.   d) 1440.

37. O menor número que, dividido por 10, 12 e 15, deixa sempre resto 5 é:
  a) 65.   c) 125.
  b) 95.   d) 245.

38. (FGV-SP) Sejam A e B o m.d.c. e o m.m.c. de 180 e 150, respectivamente. Então $B : A$ é igual a:
  a) 30.   c) 120.
  b) 60.   d) 180.

39. Dois ônibus partem de uma rodoviária no mesmo dia. Sabendo-se que o primeiro parte de 4 em 4 dias e o segundo, de 6 em 6, depois de quantos dias eles partirão juntos novamente?

  a) 8   b) 10   c) 12   d) 16

40. Três torneiras estão com vazamento. Da primeira, cai uma gota de 4 em 4 minutos; da segunda, uma de 6 em 6 minutos; e da terceira, uma de 10 em 10 minutos. Exatamente às 2 horas cai uma gota de cada torneira. A próxima vez em que pingarão juntas será às:
  a) 3 horas.
  b) 4 horas.
  c) 2 horas e 30 minutos.
  d) 3 horas e 30 minutos.

41. Numa cesta, há menos de 150 frutas. Elas podem ser separadas em grupos de 5, 8 e 12 unidades, sem que sobre nem falte alguma. Quantas frutas há na cesta?
  a) 100   c) 120
  b) 132   d) 144

105

CAPÍTULO 14 — Números fracionários

Noção de fração

No dia a dia, usamos frases como:

ANDEI METADE DO CAMINHO.

COMPREI UM QUARTO DE QUILO DE QUEIJO.

TOMEI TRÊS QUARTOS DE UM LITRO DE LEITE.

Nas situações acima, são mencionadas quantidades que, em Matemática, são representadas por frações.

A fração indica em quantas partes iguais o inteiro foi dividido e quantas dessas partes foram consideradas.

Acompanhe a explicação a seguir.

A figura foi dividida em partes iguais:

- Total de partes iguais: 15.
- Partes iguais coloridas: 4.
- Fração que representa a parte colorida: $\frac{4}{15}$.

DENOMINADOR É AQUELE QUE DÁ NOME.

Uma fração representa o quociente exato entre duas quantidades. Ela tem dois termos: o **numerador** e o **denominador**.

numerador ← 4 número de partes consideradas
denominador ← 15 número de partes iguais em que o inteiro foi dividido (é sempre diferente de zero)

Veja como são lidas algumas frações:

- $\frac{1}{2}$ um meio
- $\frac{1}{3}$ um terço
- $\frac{1}{4}$ um quarto
- $\frac{1}{5}$ um quinto
- $\frac{1}{6}$ um sexto

- $\frac{1}{7}$ um sétimo
- $\frac{1}{8}$ um oitavo
- $\frac{1}{9}$ um nono
- $\frac{1}{10}$ um décimo
- $\frac{1}{11}$ um onze avos

- $\frac{3}{8}$ três oitavos
- $\frac{5}{9}$ cinco nonos
- $\frac{1}{100}$ um centésimo
- $\frac{31}{10}$ trinta e um décimos
- $\frac{47}{1000}$ quarenta e sete milésimos

EXERCÍCIOS
DE FIXAÇÃO

1. A figura foi dividida em partes iguais.

   a) Escreva a fração que representa a parte colorida da figura.
   b) Escreva como se deve ler essa fração.
   c) Indique o numerador dessa fração.
   d) Indique o denominador dessa fração.
   e) Escreva como se lê a fração que representa a parte não colorida da figura.

2. Observe a figura e responda:

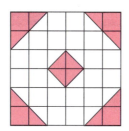

   a) Quantos quadradinhos há na figura?
   b) Que fração representa a parte colorida do desenho?

3. Um grupo de 15 pessoas é formado por 8 engenheiros, 5 médicos e os demais são matemáticos. Qual é a fração do conjunto de pessoas representada pelos matemáticos?

4. Observe o mês de novembro no calendário.

NOVEMBRO						
D	S	T	Q	Q	S	S
	1	2	3	4	5	6
7	8	9	10	11	12	13
14	15	16	17	18	19	20
21	22	23	24	25	26	27
28	29	30				

   a) Quantos dias são feriados?
   b) Que fração do mês os feriados representam?
   c) Escreva como se deve ler essa fração.

5. Que fração
   a) representa 15 dias do mês de maio?
   b) representa uma semana no mês de abril?
   c) do ano representa 7 meses?
   d) do dia representa 13 horas?
   e) da semana representa 5 dias?

6. A soma dos termos de uma fração é 19. O numerador é 7. Como se lê essa fração?

7. Escreva na forma fracionária:
   a) três sétimos
   b) cinco nonos
   c) um quarto
   d) seis oitavos
   e) oito décimos
   f) quinze milésimos
   g) onze quarenta avos

8. Escreva como se deve ler cada fração.
   a) $\dfrac{1}{3}$ c) $\dfrac{4}{5}$ e) $\dfrac{1}{10}$ g) $\dfrac{11}{30}$
   b) $\dfrac{7}{9}$ d) $\dfrac{5}{6}$ f) $\dfrac{31}{100}$ h) $\dfrac{7}{108}$

9. (Vunesp) O quadrado ABCD foi dividido em outros quadrados conforme mostra a figura apresentada. A parte escura da figura representa uma fração do quadrado ABCD. A fração que representa a parte escura é:

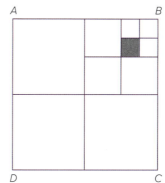

   a) $\dfrac{1}{64}$ c) $\dfrac{1}{16}$ e) $\dfrac{1}{4}$
   b) $\dfrac{1}{32}$ d) $\dfrac{1}{8}$

Frações de uma quantidade

Veja algumas situações em que podemos aplicar a ideia da fração.

A. Numa turma de 40 alunos, compareceram $\frac{3}{4}$ deles. Quantos alunos compareceram?

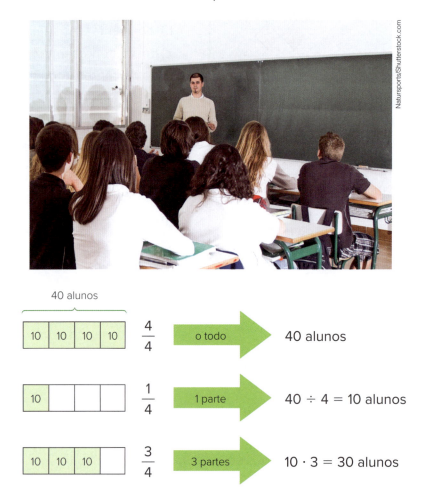

Resposta: Compareceram 30 alunos.

B. Se $\frac{2}{3}$ de uma corda medem 14 metros, qual é o comprimento total dessa corda?

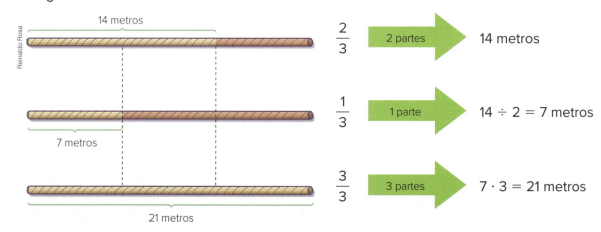

Resposta: A corda mede 21 metros.

EXERCÍCIOS
DE FIXAÇÃO

10. Calcule:

a) $\dfrac{1}{3}$ de 45 reais.

b) $\dfrac{1}{4}$ de 100 quilogramas.

c) $\dfrac{2}{3}$ de 900 reais.

d) $\dfrac{2}{5}$ de 300 maçãs.

11. Calcule:

a) um quinto de 60 peras.

b) dois terços de 42 maçãs.

12. O retângulo desenhado no quadriculado representa $\dfrac{1}{5}$ do bolo de Rita.

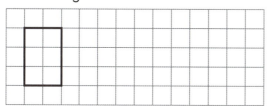

Represente em um papel quadriculado o bolo inteiro.

13. Responda:

a) $\dfrac{1}{2}$ dos livros de Paulo é 6. Quantos livros Paulo tem?

b) 5 reais são $\dfrac{1}{6}$ de meu dinheiro. Quantos reais eu tenho?

c) $\dfrac{2}{7}$ das minhas figurinhas são 14. Quantas figurinhas eu tenho?

d) Gastei 12 reais, que eram $\dfrac{3}{5}$ de meu dinheiro. Qual quantia eu tinha?

14. Quantos minutos têm $\dfrac{3}{4}$ de hora?

15. Para encher $\dfrac{2}{5}$ de um tanque de gasolina são necessários 16 litros. Qual é a capacidade desse tanque?

16. Zélia gastou $\dfrac{1}{5}$ de seu dinheiro na compra de um tênis. O tênis custou R$ 175,00. Quanto tinha Zélia antes de comprá-lo?

17. Se $\dfrac{2}{9}$ de uma estrada correspondem a 72 km, quantos quilômetros tem essa estrada?

18. Carolina tem uma coleção de 54 selos. A coleção de Juliana tem $\dfrac{2}{3}$ do número de selos da coleção de Carolina. Quantos selos têm as duas juntas?

19. Luísa usou $\dfrac{5}{6}$ de uma dúzia de ovos para fazer um bolo de aniversário. Quantos ovos restaram?

20. Em um torneio de basquete de uma escola, o time campeão ganhou $\dfrac{3}{4}$ dos jogos que disputou. Se esse time venceu 24 jogos, o total de partidas que perdeu é:

a) 4. b) 6. c) 8. d) 10.

21. (Vunesp) Observe as afirmações de Pedrinho e Ana.

> Pedrinho: Tenho $\dfrac{1}{6}$ de 300 reais.
>
> Ana: Tenho $\dfrac{3}{8}$ de 320 reais.

A diferença entre a quantia de Ana e a de Pedrinho é de:

a) 70 reais. d) 120 reais.

b) 80 reais. e) 170 reais.

c) 100 reais.

22. (Saresp) Num campeonato de boliche, os pontos que Ana, Lia, Rui e Zeca marcaram aparecem na tabela a seguir.

Jogador	Pontos
Ana	8
Lia	32
Rui	8
Zeca	16

Verifique qual gráfico mostra a correta distribuição desses pontos.

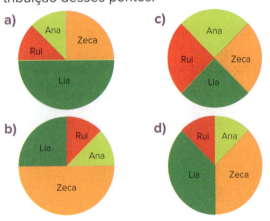

23. (Saresp) Numa escola foi aplicada uma prova em que os alunos obtiveram notas inteiras de 1 até 10. No gráfico abaixo mostramos a distribuição de notas.

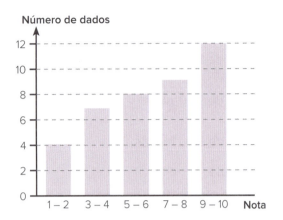

Com base nesse gráfico, podemos afirmar que:

a) mais de um terço tirou 1, 2, 3 ou 4.
b) metade dos alunos tirou 1, 2, 3, 4, 5 ou 6.
c) menos de um quinto tirou 7 ou 8.
d) mais de um quarto tirou 9 ou 10.

! CURIOSO É...

Os egípcios já usavam frações no século XX a.C. Curiosamente, eles só escreviam frações de numerador 1; o denominador era escrito com um símbolo por cima.

Para representar a fração $\frac{1}{2}$, eles desenhavam esta figura:

Por que usavam esse estranho símbolo?

A figura representava um pão e o número de homens entre os quais o pão seria dividido.

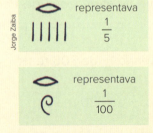 representava $\frac{1}{5}$

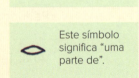 representava $\frac{1}{12}$

representava $\frac{1}{100}$

Este símbolo significa "uma parte de".

Quem representou, pela primeira vez, "um meio" tal como você conhece foi o matemático italiano Leonardo Fibonacci. Por volta do ano 1200 d.C., ele publicou um livro no qual apareceu pela primeira vez $\frac{1}{2}$.

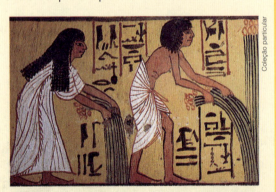

↑ Pintura que representa a colheita de linho no Antigo Egito. A civilização egípcia contribuiu bastante para o conhecimento matemático.

Tipos de frações

1. **Fração própria** é aquela cujo numerador é **menor** que o denominador.

    Exemplos:

    $$\frac{9}{10}, \frac{1}{3}, \frac{5}{8}$$

    Veja:

    A fração $\frac{9}{10}$ representa parte de um inteiro (número menor que 1).

2. **Fração imprópria** é aquela cujo numerador é **maior** ou **igual** ao denominador.

    Exemplos:

    $$\frac{13}{10}, \frac{6}{5}, \frac{9}{6}$$

    Veja:

    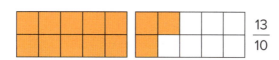

    A fração $\frac{13}{10}$ representa um inteiro mais uma parte dele.

3. **Fração aparente** é aquela cujo numerador é divisível pelo denominador.

    Exemplos:

    $$\frac{4}{4}, \frac{6}{3}, \frac{0}{5}$$

    Essas frações representam números naturais. Ilustrando:

    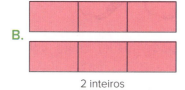

    A. $\frac{4}{4} = 1$ (4 é múltiplo de 4)

    1 inteiro

    B. $\frac{6}{3} = 2$ (6 é múltiplo de 3)

    2 inteiros

    C. $\frac{0}{5} = 0$ (0 é múltiplo de 5)

    O inteiro foi dividido em 5 partes, mas nenhuma foi considerada.

Número misto

O VIDRACEIRO JÁ COBRIU $\frac{5}{4}$ DAS JANELAS.

$\frac{5}{4}$ É O MESMO QUE 1 JANELA MAIS $\frac{1}{4}$ DE JANELA.

NA FRAÇÃO IMPRÓPRIA $\frac{7}{4}$, "CABE" UM INTEIRO E SOBRAM $\frac{3}{4}$.

Toda fração imprópria, que não seja aparente, pode ser transformada em **número misto**.

Exemplos:

A. $\frac{7}{4} = 1\frac{3}{4}$

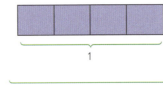
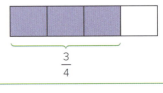

Lê-se: um inteiro e três quartos.

B. Comi cinco metades de maçã.

       $\frac{5}{2}$

Outra maneira de indicar é $2\frac{1}{2}$, que podemos ler assim: dois inteiros e um meio.

$2\frac{1}{2}$ É UM NÚMERO MISTO, OU SEJA, ELE É FORMADO POR UM NÚMERO INTEIRO (2) E UMA FRAÇÃO $\left(\frac{1}{2}\right)$.

2 unidades

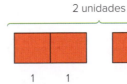

$\frac{1}{2}$ $\frac{1}{2}$ $\frac{1}{2}$ $\frac{1}{2}$ $\frac{1}{2}$ $\frac{1}{2}$

EXERCÍCIOS DE FIXAÇÃO

24. Considere as frações a seguir e responda:

| $\frac{63}{7}$ | $\frac{5}{10}$ | $\frac{18}{9}$ | $\frac{8}{8}$ |
| $\frac{2}{9}$ | $\frac{3}{6}$ | $1\frac{3}{7}$ | $\frac{6}{8}$ |

a) Quais frações representam a metade do inteiro?

b) Qual fração representa a unidade?

c) Qual fração representa dois inteiros?

d) Quais frações representam números naturais?

e) Quais frações representam números menores que 1?

f) Quais frações representam números maiores que 1?

25. Situe $\frac{7}{2}$ entre dois números naturais consecutivos.

26. Responda:
a) Em cinco limões e meio $\left(5\frac{1}{2}\right)$, quantas metades de limão há?

b) Em dois inteiros e um quarto $\left(2\frac{1}{4}\right)$, quantos quartos há?

27. Escreva a quantidade representada pela parte colorida na forma de fração imprópria e de número misto.

a)
b)

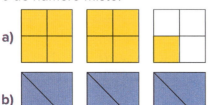

28. Transforme as frações impróprias em números mistos.

| $\frac{7}{4}$ | Quantas vezes 4 "cabe" em 7? |

numerador → 7 | 4 ← denominador
3 | 1 ← parte inteira

Assim: $\frac{7}{4} = 1\frac{3}{4}$

a) $\frac{7}{3}$ e) $\frac{19}{3}$

b) $\frac{3}{2}$ f) $\frac{17}{5}$

c) $\frac{9}{7}$ g) $\frac{14}{3}$

d) $\frac{8}{3}$ h) $\frac{35}{4}$

29. Transforme os números mistos em frações impróprias conforme o exemplo.

$$3\frac{1}{4} = \frac{3 \cdot 4 + 1}{4} = \frac{13}{4}$$

a) $3\frac{1}{5}$ e) $3\frac{6}{7}$

b) $2\frac{1}{4}$ f) $5\frac{3}{4}$

c) $1\frac{2}{7}$ g) $3\frac{3}{8}$

d) $8\frac{1}{2}$ h) $5\frac{5}{9}$

30. Que fração falta:

a) a $\frac{8}{9}$ para completar um inteiro?

b) a $\frac{7}{4}$ para completar dois inteiros?

c) a $\frac{10}{3}$ para completar quatro inteiros?

31. Qual o maior número: $\frac{23}{5}$ ou $4\frac{3}{5}$?

Frações na reta numérica

Assim como os números naturais, toda fração pode ser representada por um ponto na reta numérica. Vamos construir exemplos.

A. Trace uma reta, marque o ponto que representa o zero e, usando 4 cm como unidade, marque os pontos correspondentes ao 1, 2, 3 e 4.

B. Divida a unidade em duas partes iguais e localize as frações $\frac{1}{2}, \frac{2}{2}, \frac{3}{2}, \frac{4}{2}, \frac{5}{2}, \frac{6}{2}, \frac{7}{2}, \frac{8}{2}$ na reta.

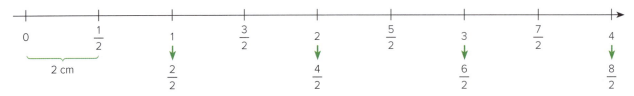

Dividindo a unidade em quatro partes iguais, localize os pontos que representam as frações $\frac{1}{4}, \frac{2}{4}, \frac{3}{4}, \frac{4}{4}, \frac{5}{4}, \frac{6}{4}, \frac{7}{4}, \frac{8}{4}$.

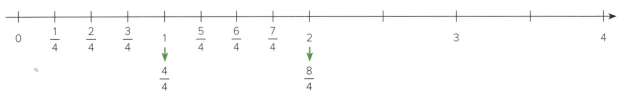

C. Localizamos os pontos correspondentes às frações $\frac{1}{3}, \frac{2}{3}, \frac{3}{3}, \frac{4}{3}, \frac{5}{3}, \frac{6}{3}, \frac{7}{3}, \frac{8}{3}, \frac{9}{3}$ na reta dividindo a unidade em 3 partes iguais.

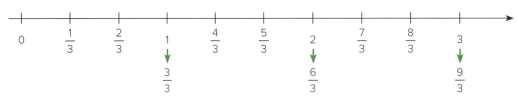

EXERCÍCIOS DE FIXAÇÃO

32. Trace a reta numérica no caderno, marque o ponto correspondente ao zero e, escolhendo a unidade adequada, indique os pontos que representam as frações abaixo:

$$\frac{1}{5}, \frac{2}{5}, \frac{3}{5}, \frac{4}{5}, \frac{5}{5}, \frac{6}{5}, \frac{7}{5}, \frac{8}{5}, \frac{9}{5}, \frac{10}{5}$$

114

EXERCÍCIOS
COMPLEMENTARES

33. Observe a figura e responda:

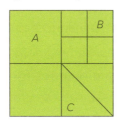

a) Qual é a fração que representa a parte A da figura?

b) Qual é a fração que representa a parte B da figura?

c) Qual é a fração que representa a parte C da figura?

34. (Saeb-MEC) Para fazer uma horta, Marcelo dividiu um terreno em 7 partes iguais. Em cada uma das partes, ele plantará um tipo de semente. Que fração representará cada uma das partes dessa horta?

a) $\dfrac{1}{7}$ b) $\dfrac{7}{1}$ c) $\dfrac{2}{7}$ d) $\dfrac{7}{7}$

35. Observe a reta numérica e descubra as frações que estão representadas pelas letras A e B.

36. Responda:

a) Que fração do dia representa 19 horas?

b) Qual é a fração que representa uma semana do mês de janeiro?

37. Responda:

a) $\dfrac{1}{5}$ do número de chaveiros de Gustavo é 6. Quantos chaveiros tem Gustavo?

b) $\dfrac{2}{3}$ do número de cadernos de Paula são 12. Paula tem quantos cadernos?

38. Situe $\dfrac{17}{2}$ entre dois números naturais consecutivos.

39. O preço de uma melancia é igual à metade do preço de uma dúzia de maçãs. Quantas maçãs eu poderia comprar com o valor correspondente a cinco melancias?

40. Considere as frações a seguir.

$\dfrac{2}{5}$ $\dfrac{1}{8}$ $\dfrac{7}{6}$ $\dfrac{5}{2}$ $\dfrac{8}{8}$

$\dfrac{5}{5}$ $\dfrac{4}{9}$ $\dfrac{9}{4}$ $\dfrac{3}{5}$

a) Quais delas representam números menores que 1?

b) Quais representam o número 1?

c) Quais representam números maiores que 1?

41. Uma escola tem 1 350 alunos assim distribuídos:

- no 6º ano, estuda $\dfrac{1}{3}$ dos alunos;
- no 7º ano, estudam $\dfrac{2}{5}$ dos alunos;
- no 8º ano, estuda $\dfrac{1}{6}$ dos alunos;
- os demais alunos estudam no 9º ano.

Quantos alunos há em cada ano?

42. (Olimpíada de Matemática-CE) Eu e mais três amigos fomos a um passeio e gastamos juntos R$ 15,00. Gastei R$ 3,00, o primeiro amigo gastou o dobro do que gastei e o segundo amigo gastou um terço do que gastei. Quanto gastou o terceiro amigo?

a) R$ 4,00   c) R$ 5,00

b) R$ 6,00   d) R$ 7,00

EXERCÍCIOS SELECIONADOS

43. (OBMEP) Em qual das alternativas aparece um número que fica entre $\dfrac{19}{3}$ e $\dfrac{55}{7}$?

a) 2
b) 4
c) 5
d) 7
e) 9

44. Na reta numérica ilustrada, os números $\dfrac{3}{2}$ e $\dfrac{7}{2}$ estão representados respectivamente pelas letras:

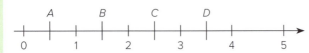

a) A e B.
b) B e C.
c) C e D.
d) A e D.
e) B e D.

45. (OBMEP) A figura mostra um quadrado dividido em 16 quadradinhos iguais. A área em preto corresponde a que fração da área do quadrado?

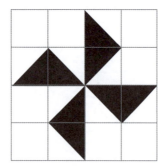

a) $\dfrac{1}{2}$
b) $\dfrac{1}{3}$
c) $\dfrac{1}{4}$
d) $\dfrac{1}{8}$
e) $\dfrac{1}{16}$

46. (Unesp) Duas empreiteiras farão conjuntamente a pavimentação de uma estrada, cada uma trabalhando a partir de uma das extremidades. Se uma delas pavimentar $\dfrac{2}{5}$ da estrada e a outra os 81 km restantes, a extensão dessa estrada é de:

a) 125 km
b) 135 km
c) 142 km
d) 145 km
e) 160 km

47. Daniela recortou um círculo em papel e o dobrou exatamente ao meio. Então, dobrou o papel ao meio mais duas vezes, como mostram as figuras abaixo. Que fração do círculo a última figura representa?

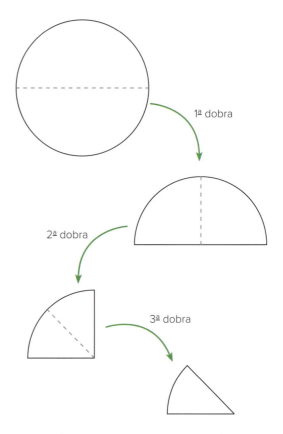

48. Quantos números naturais se localizam entre as frações $\dfrac{19}{5}$ e $\dfrac{37}{6}$?

PANORAMA

FAÇA AS ATIVIDADES A SEGUIR E REVEJA O QUE VOCÊ APRENDEU.

49. A fração que representa três sétimos é:

a) $\dfrac{7}{3}$. b) $\dfrac{3}{7}$. c) $3\dfrac{1}{7}$. d) $7\dfrac{3}{7}$.

50. A fração que representa a parte colorida da figura é:

a) $\dfrac{1}{3}$. c) $\dfrac{1}{4}$.
b) $\dfrac{3}{4}$. d) $\dfrac{5}{6}$.

51. A fração que representa a parte rosa da figura é:

a) $\dfrac{1}{4}$. c) $\dfrac{3}{16}$.
b) $\dfrac{3}{10}$. d) $\dfrac{5}{16}$.

52. A fração que representa uma semana no mês de dezembro é:

a) $\dfrac{1}{4}$. b) $\dfrac{1}{5}$. c) $\dfrac{7}{30}$. d) $\dfrac{7}{31}$.

53. (SEE-SP) De uma dívida de R$ 500,00, já foram pagos R$ 300,00. A fração da dívida que ainda resta a pagar é:

a) $\dfrac{5}{2}$. b) $\dfrac{5}{3}$. c) $\dfrac{3}{5}$. d) $\dfrac{2}{5}$.

54. Podemos representar o número natural 5 por:

a) $\dfrac{5}{5}$. b) $\dfrac{1}{5}$. c) $\dfrac{5}{1}$. d) $\dfrac{5}{0}$.

55. (Saresp) Marcos dividiu 30 cartas de um jogo entre 5 crianças. Essa divisão pode ser representada pela fração:

a) $\dfrac{30}{5}$. b) $\dfrac{35}{30}$. c) $\dfrac{30}{35}$. d) $\dfrac{5}{30}$.

56. (SEE-SP) Em uma cesta de frutas, havia 6 maçãs que deveriam ser repartidas em pedaços iguais entre 12 crianças. Cada criança recebeu:

a) uma maçã.
b) a metade de uma maçã.
c) mais da metade de uma maçã.
d) menos da metade de uma maçã.

57. A alternativa correta é:

a) $\dfrac{0}{6} = 0$. c) $\dfrac{8}{0} = 8$.
b) $\dfrac{6}{0} = 0$. d) $\dfrac{2}{6} = 3$.

58. $\dfrac{5}{2}$ é:

a) maior que 5
b) maior que 1
c) menor que 2
d) menor que 1

59. O número $\dfrac{7}{8}$ está compreendido entre:

a) 0 e 1. c) 5 e 6.
b) 3 e 4. d) 7 e 8.

60. O número $\dfrac{5}{4}$ pertence ao intervalo:

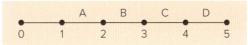

a) A. b) B. c) C. d) D.

61. A fração $\dfrac{23}{3}$ pode ser escrita na forma:

a) $7\dfrac{2}{3}$. b) $7\dfrac{1}{3}$. c) $3\dfrac{2}{7}$. d) $3\dfrac{1}{7}$.

62. O número misto $7\dfrac{3}{8}$ é igual a:

a) $\dfrac{10}{8}$. b) $\dfrac{21}{8}$. c) $\dfrac{59}{8}$. d) $\dfrac{59}{7}$.

63. Na reta numérica:

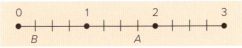

a) A representa $\dfrac{5}{3}$ e B representa $\dfrac{1}{3}$.
b) A representa $\dfrac{1}{4}$ e B representa $\dfrac{7}{4}$.
c) A representa $\dfrac{7}{4}$ e B representa $\dfrac{1}{4}$.
d) A representa $\dfrac{1}{5}$ e B representa $\dfrac{9}{5}$.

CAPÍTULO 15 Frações equivalentes

O que são frações equivalentes?

EQUIVALENTE
Igual / valor

> **O que significa equivalente?**
> Significa "de igual valor".

Frações que representam a mesma quantidade são chamadas frações equivalentes.

Veja:

$\dfrac{1}{2}$

$\dfrac{2}{4}$

$\dfrac{2}{3}$

$\dfrac{4}{6}$

Escrevemos:

$\dfrac{1}{2} \sim \dfrac{2}{4}$ Lê-se: $\dfrac{1}{2}$ é equivalente a $\dfrac{2}{4}$.

Escrevemos:

$\dfrac{2}{3} \sim \dfrac{4}{6}$ Lê-se: $\dfrac{2}{3}$ é equivalente a $\dfrac{4}{6}$.

Costuma-se usar o símbolo = no lugar de ∼.

Obtenção de frações equivalentes

Como obter frações equivalentes à fração $\dfrac{1}{2}$?

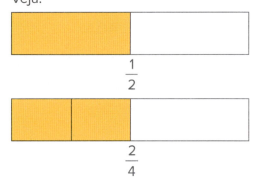

O que você descobriu?

Multiplicamos o numerador e o denominador da fração $\dfrac{1}{2}$ por um mesmo número natural diferente de zero.

Encontramos: $\dfrac{1}{2}, \dfrac{2}{4}, \dfrac{3}{6}, \dfrac{4}{8}, \dfrac{5}{10}$, ..., frações equivalentes a $\dfrac{1}{2}$.

EXERCÍCIOS DE FIXAÇÃO

1. Observe as figuras e responda:

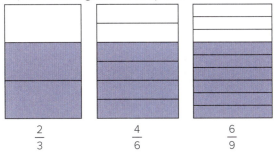

$\frac{2}{3}$ $\frac{4}{6}$ $\frac{6}{9}$

a) As frações $\frac{2}{3}$ e $\frac{4}{6}$ são equivalentes?

b) As frações $\frac{4}{6}$ e $\frac{6}{9}$ são equivalentes?

c) As frações $\frac{2}{3}$ e $\frac{6}{9}$ são equivalentes?

2. Responda:

a) Qual é a fração equivalente a $\frac{1}{2}$ de denominador 14?

b) Qual é a fração equivalente a $\frac{3}{5}$ de denominador 25?

c) Qual é a fração equivalente a $\frac{5}{7}$ de numerador 15?

d) Qual é a fração equivalente a $\frac{5}{3}$ de numerador 20?

3. Responda:

a) Qual é a fração equivalente a $\frac{2}{9}$ cuja soma dos termos é 33?

b) Qual é a fração equivalente a $\frac{3}{4}$ cuja soma dos termos é 35?

4. Complete os termos das frações de modo que sejam obtidas frações equivalentes.

a) $\frac{1}{\square} = \frac{\square}{9} = \frac{6}{\square} = \frac{12}{36}$

b) $\frac{24}{96} = \frac{\square}{32} = \frac{2}{\square} = \frac{\square}{4}$

5. Ronaldo dividiu um bolo em 18 fatias iguais e comeu 3. Qual teria sido o modo equivalente de dividir o bolo em menos fatias e comer a mesma quantidade?

6. (SEE-SP) Professor Otávio sabe da importância de trabalhar com um conceito em diferentes situações. Em uma atividade que envolvia o conceito de fração, ele apresentou o seguinte problema a seus alunos:

> A Ana divide seu chocolate em 2 partes iguais e come 1 delas.
>
> A Marta divide seu chocolate em 4 partes iguais e come 2 delas.
>
> Os chocolates são idênticos.
>
> Marque com um **X** a alternativa correta:
>
> Ana comeu mais do que Marta. ☐
>
> Marta comeu mais do que Ana. ☐
>
> Ana comeu tanto quanto Marta. ☐
>
> Justifique a sua resposta.

Mirna, Kátia, Bia, Sandra, Bete, alunas do professor Otávio, marcaram a alternativa correta do problema e apresentaram as seguintes justificativas:

Mirna: Uma parte do chocolate de Marta é o dobro de uma parte do chocolate de Ana.

Kátia: O chocolate de Ana é metade do chocolate de Marta.

Bia: Uma parte do chocolate de Ana é igual a duas partes do chocolate de Marta.

Sandra: O chocolate de Ana é o dobro do chocolate de Marta.

Bete: Duas partes do chocolate de Marta são iguais a duas partes do chocolate de Ana.

A única aluna que justificou corretamente sua resposta foi:

a) Mirna.
b) Kátia.
c) Bia.
d) Sandra.
e) Bete.

Simplificação de frações

Em muitos casos, é possível simplificar uma fração ao escrever uma fração equivalente a ela que tenha termos menores.

Como simplificar uma fração?

> Dividimos seus termos por um mesmo número, diferente de zero e de 1.

Exemplos:

A. $\dfrac{48}{84} \xrightarrow{:2} \dfrac{24}{42} \xrightarrow{:2} \dfrac{12}{21} \xrightarrow{:3} \dfrac{4}{7}$ ⟶ fração irredutível

B. $\dfrac{90}{150} \xrightarrow{:2} \dfrac{45}{75} \xrightarrow{:3} \dfrac{15}{25} \xrightarrow{:5} \dfrac{3}{5}$ ⟶ fração irredutível

Repare que fomos dividindo, sucessivamente, ambos os termos da fração pelo mesmo número.

Quando uma fração não admite mais simplificação, ela é chamada **irredutível**. Nesse caso, o único divisor comum do numerador e do denominador é 1.

Exemplos:

- $\dfrac{10}{15} \xrightarrow{:5} \dfrac{2}{3}$

- $\dfrac{21}{28} \xrightarrow{:7} \dfrac{3}{4}$

- $\dfrac{12}{48} \xrightarrow{:2} \dfrac{6}{24} \xrightarrow{:2} \dfrac{3}{12} \xrightarrow{:3} \dfrac{1}{4}$

ou

$\dfrac{12}{48} \xrightarrow{:12} \dfrac{1}{4}$

OS DOIS MODOS LEVAM AO MESMO RESULTADO.

Veja a simplificação de $\dfrac{18}{24}$ ilustrada a seguir.

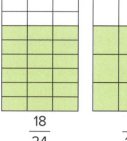 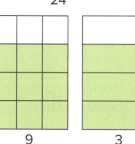

$\dfrac{18}{24}$ $\dfrac{9}{12}$ $\dfrac{3}{4}$

$\dfrac{18}{24} \xrightarrow{:2} \dfrac{9}{12} \xrightarrow{:3} \dfrac{3}{4}$

Podemos obter diretamente a fração irredutível dividindo os termos da fração pelo seu m.d.c.

Simplificamos a fração $\dfrac{48}{84}$ pelo m.d.c.

m.d.c. (48, 84) = 12

Logo: $\dfrac{48}{84} \xrightarrow{:12} \dfrac{4}{7}$

EXERCÍCIOS
DE FIXAÇÃO

7. Indique a fração irredutível correspondente à parte colorida.

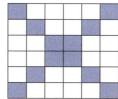

8. A *pizza* estava boa. Eu comi $\frac{1}{4}$ e meu tio comeu $\frac{2}{8}$. Quem comeu mais?

9. Em cada caso, escreva na forma irredutível a fração que representa:

a) 9 horas em relação a um dia;

b) 21 dias em relação ao mês de abril;

c) 25 minutos em relação a uma hora;

d) 42 horas em relação a uma semana;

e) 5 trimestres em relação a um ano.

10. Simplifique as frações.

a) $\frac{3}{6}$

b) $\frac{6}{3}$

c) $\frac{18}{32}$

d) $\frac{90}{12}$

e) $\frac{36}{48}$

f) $\frac{90}{120}$

g) $\frac{100}{25}$

h) $\frac{81}{108}$

i) $\frac{196}{210}$

j) $\frac{360}{270}$

k) $\frac{135}{189}$

l) $\frac{231}{924}$

11. Verdadeiro ou falso?

a) O denominador de uma fração nunca pode ser zero.

b) Na fração irredutível, o numerador e o denominador são primos entre si.

12. As frações $\frac{180}{210}$ e $\frac{144}{168}$ são equivalentes?

13. Escreva uma fração equivalente a $\frac{39}{91}$, sendo 20 a soma do numerador com o denominador.

14. Simplificando a fração $\frac{1100}{4004}$, obtemos:

a) $\frac{25}{91}$.   b) $\frac{50}{91}$.   c) $\frac{11}{101}$.   d) $\frac{55}{202}$.

15. Em um grupo de 60 pessoas, 10 são torcedoras do São Paulo; 15, do Palmeiras e as demais, do Corinthians. A fração do conjunto de pessoas que corresponde aos corintianos é:

a) $\frac{1}{12}$.   b) $\frac{1}{6}$.   c) $\frac{1}{4}$.   d) $\frac{7}{12}$.

16. Numa pesquisa realizada com os alunos de uma escola sobre a disciplina preferida de cada um, obtiveram-se os resultados expressos no gráfico abaixo.

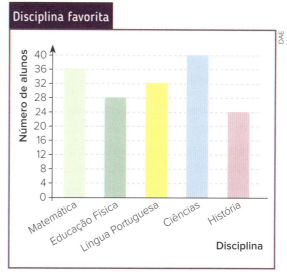

Fonte: Alunos da escola.

a) No total, quantos alunos responderam à pesquisa?

b) Qual é a fração irredutível correspondente a cada disciplina em relação ao total de alunos que respondeu à pesquisa?

Comparação de números fracionários

Frações com denominadores iguais

Observe a figura.

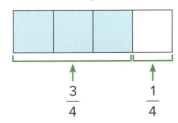

Então:

- $\frac{3}{4}$ é maior que $\frac{1}{4}$ Simbolicamente: $\frac{3}{4} > \frac{1}{4}$

- $\frac{1}{4}$ é menor que $\frac{3}{4}$ Simbolicamente: $\frac{1}{4} < \frac{3}{4}$

Quando os denominadores são iguais, a maior fração é a que tem maior numerador.

Frações com numeradores iguais

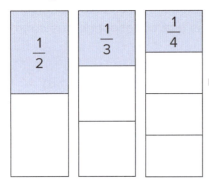

Observando as figuras, percebemos que $\frac{1}{2} > \frac{1}{3}$ e $\frac{1}{3} > \frac{1}{4}$.

Quando os numeradores são iguais, a maior fração é a que tem menor denominador.

Frações com numeradores diferentes e denominadores diferentes

Qual fração é maior: $\frac{2}{3}$ ou $\frac{3}{5}$?

Para podermos comparar, precisamos ter partes de mesmo tamanho. Podemos encontrar frações equivalentes às dadas que tenham o mesmo denominador.

Esse denominador deve ser um múltiplo comum de 3 e de 5. O m.m.c. (3, 5) é conveniente, pois é o menor desses múltiplos comuns.

Dizemos que as frações serão **reduzidas ao menor denominador comum**.

EM UMA DAS FRAÇÕES, O INTEIRO FOI DIVIDIDO EM 3 PARTES IGUAIS. NA OUTRA, FOI DIVIDIDO EM 5 PARTES IGUAIS. AS PARTES TÊM TAMANHOS DIFERENTES.

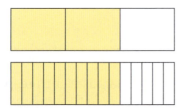

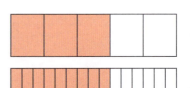

$\frac{10}{15} > \frac{9}{15}$, ou seja, $\frac{2}{3} > \frac{3}{5}$

EXERCÍCIOS
DE FIXAÇÃO

17. Luís leu $\frac{2}{7}$ de um livro e Denise leu $\frac{5}{7}$ do mesmo livro. Quem leu mais?

18. Observe as figuras e responda.

Qual é a maior fração: $\frac{2}{3}$ ou $\frac{2}{5}$?

19. Reduza ao menor denominador comum.

a) $\frac{1}{2}$ e $\frac{2}{3}$

b) $\frac{1}{4}$ e $\frac{1}{5}$

c) $\frac{1}{3}$ e $\frac{1}{6}$

d) $\frac{3}{5}$ e $\frac{7}{10}$

e) 1 e $\frac{5}{6}$

f) $\frac{2}{3}$ e 2

g) $\frac{3}{2}$, $\frac{3}{4}$ e $\frac{3}{8}$

h) 3, $\frac{1}{4}$, $\frac{1}{6}$ e $\frac{5}{2}$

20. Qual dos sinais < ou > pode ser escrito entre os números fracionários estabelecendo uma relação correta?

a) $\frac{2}{5}$ e $\frac{1}{2}$

b) $\frac{3}{8}$ e $\frac{1}{5}$

c) $\frac{1}{2}$ e $\frac{4}{10}$

d) $\frac{2}{4}$ e $\frac{3}{7}$

e) $\frac{2}{3}$ e $\frac{1}{4}$

f) $\frac{7}{4}$ e $\frac{1}{8}$

21. Coloque os seguintes pesos em ordem crescente.

22. Escreva em ordem crescente (do menor para o maior).

a) $\frac{3}{5}$, 2, $\frac{9}{10}$, $\frac{1}{2}$

b) $\frac{3}{4}$, 1, $\frac{1}{2}$, $\frac{2}{3}$

23. Luciana faz, para vender, uma mistura de cereais para o café da manhã. Ela prepara uma lata de cada vez, colocando:

- $\frac{2}{5}$ de aveia;
- $\frac{1}{4}$ de flocos de milho;
- $\frac{1}{5}$ de fibras de trigo;
- $\frac{1}{10}$ de uvas-passas.

a) Qual produto aparece em maior quantidade?

b) Qual produto aparece em menor quantidade?

24. (Prominp) Ricardo comprou uma barra de chocolate e levou para dividir com seus amigos: Fabrício, Marcelo, Armando e Ronaldo. Fabrício comeu $\frac{3}{9}$ da barra; Marcelo comeu $\frac{4}{16}$; Ronaldo, $\frac{2}{24}$; Armando, $\frac{1}{12}$; e Ricardo, $\frac{5}{20}$. Quem comeu mais chocolate?

a) Ricardo. c) Fabrício. e) Ronaldo.

b) Marcelo. d) Armando.

EXERCÍCIOS
COMPLEMENTARES

25. (OBM) Dezoito quadrados iguais são construídos e sombreados como mostra a figura. Qual fração da área total é sombreada?

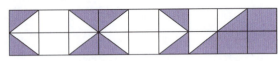

a) $\frac{7}{18}$ b) $\frac{4}{9}$ c) $\frac{1}{3}$ d) $\frac{5}{9}$

26. Em uma praça há 56 homens, 24 mulheres e 16 crianças. A fração que representa a quantidade de homens é:

a) $\frac{5}{7}$ b) $\frac{1}{4}$ c) $\frac{7}{12}$ d) $\frac{5}{12}$

27. Para comprar um bolo, João, Sílvia e Lauro deram R$ 9,00, R$ 15,00 e R$ 21,00, respectivamente. Que fração do bolo coube a cada um?

a) João: $\frac{1}{3}$; Sílvia: $\frac{3}{5}$; Lauro: $\frac{1}{4}$.

b) João: $\frac{1}{5}$; Sílvia: $\frac{1}{3}$; Lauro: $\frac{7}{15}$.

c) João: $\frac{1}{5}$; Sílvia: $\frac{1}{3}$; Lauro: $\frac{1}{2}$.

d) João: $\frac{1}{6}$; Sílvia: $\frac{1}{4}$; Lauro: $\frac{2}{5}$.

28. Complete os termos das frações de modo que se obtenham frações equivalentes.

$\frac{1}{\square} = \frac{7}{28} = \frac{21}{\square} = \frac{\square}{140} = \frac{\square}{280}$

29. (OM-CE) Quando os números $\frac{4}{7}, \frac{4}{8}, \frac{1}{3}, \frac{2}{5}, \frac{3}{5}$ são colocados do menor para o maior, qual é o número do meio?

30. Numa escola, $\frac{2}{10}$ dos alunos vão à aula pela manhã, $\frac{2}{5}$ à tarde e $\frac{4}{10}$ à noite. Qual é o período menos frequentado?

31. $\frac{4}{5}$ é maior que:

a) $\frac{2}{3}$ b) $\frac{6}{7}$ c) $\frac{7}{8}$ d) $\frac{9}{10}$

32. Simplificando a fração $\frac{605}{363}$, obtemos:

a) $\frac{5}{4}$ b) $\frac{4}{5}$ c) $\frac{5}{3}$ d) $\frac{3}{5}$

33. Entre as frações seguintes, qual é equivalente a $\frac{3}{21}$?

a) $\frac{5}{35}$ b) $\frac{9}{64}$ c) $\frac{18}{49}$ d) $\frac{7}{42}$

34. (OM-SP) Pedro, Paulo e João construíram um clube recreativo. Pedro mora a $\frac{2}{3}$ de quilômetro do clube, João a $\frac{7}{5}$ e Paulo a $\frac{5}{8}$ de quilômetro. No diagrama abaixo, A representa a casa do que mora mais próximo do clube, B a seguinte e C a do que mora mais longe.

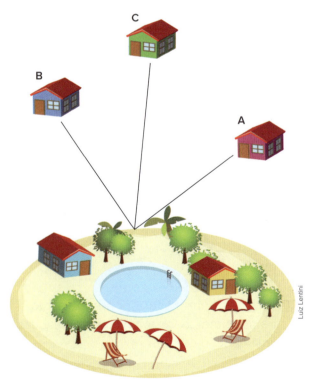

Responda:

a) Quem mora em A?

b) Quem mora em B?

c) Quem mora em C?

PANORAMA

FAÇA AS ATIVIDADES A SEGUIR E REVEJA O QUE VOCÊ APRENDEU.

35. A fração equivalente a $\frac{5}{11}$ cujo numerador é 35 tem a soma dos termos igual a:

a) 80.   b) 96.   c) 102.   d) 112.

36. Veja este anúncio:

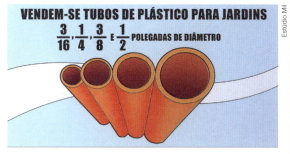

A fração de polegada que corresponde ao tubo de plástico mais fino é:

a) $\frac{1}{4}$ b) $\frac{3}{8}$ c) $\frac{3}{16}$ d) $\frac{1}{2}$

37. Se $A = \frac{3}{2}$ e $B = \frac{x}{16}$, então $A = B$ se:

a) $x = 18$.   c) $x = 24$.
b) $x = 20$.   d) $x = 30$.

38. (UFG-GO) Uma fração equivalente a $\frac{3}{4}$ cujo denominador é um múltiplo dos números 3 e 4 é:

a) $\frac{6}{8}$ b) $\frac{9}{12}$ c) $\frac{15}{24}$ d) $\frac{12}{16}$

39. Representados dois números na reta numérica, o maior é o que se localiza à direita do outro. Se $A = \frac{9}{10}$, $B = \frac{10}{11}$ e $C = \frac{11}{12}$, então na reta:

a) B está à direita de C.
b) A está à direita de C.
c) A está à direita de B.
d) C está à direita de B.

40. (Saeb-MEC) Quatro amigos, João, Pedro, Ana e Maria, saíram juntos para fazer um passeio por um mesmo caminho. Depois de uma hora, João andou $\frac{6}{8}$ do caminho; Pedro, $\frac{9}{12}$; Ana, $\frac{3}{8}$; e Maria, $\frac{4}{6}$. Os amigos que se encontraram no mesmo ponto do caminho são:

a) João e Pedro.
b) João e Ana.
c) Ana e Maria.
d) Pedro e Ana.

41. Dadas as frações $\frac{3}{4}, \frac{5}{6}, \frac{4}{5}$ e $\frac{2}{3}$, a maior é:

a) $\frac{4}{5}$ b) $\frac{2}{3}$ c) $\frac{5}{6}$ d) $\frac{3}{4}$

42. (IBGE) Para nos mantermos saudáveis, é preciso fazer exercícios regularmente. O gráfico abaixo apresenta a quantidade de calorias queimadas em uma hora de exercícios dependendo da atividade realizada.

Corrida	576
Bicicleta	420
Caminhada	360

Todos os dias, Marcelo corre durante 20 minutos. Quantas calorias ele queima diariamente?

a) 120   b) 140   c) 192   d) 288

43. Um pai dividirá uma caixa de doces entre os filhos. Se Luís receber $\frac{1}{8}$ da caixa, Ari, $\frac{2}{6}$, Carla, $\frac{2}{7}$ e Lia, $\frac{1}{4}$, então quem receberá mais doces será:

a) Lia.   b) Carla.   c) Ari.   d) Luís.

125

CAPÍTULO 16
Adição e subtração de frações

Frações com denominadores iguais

Exemplos:

A. Vamos calcular $\frac{1}{5} + \frac{2}{5}$.

Pela figura: $\frac{1}{5} + \frac{2}{5} = \frac{3}{5}$ → a soma dos numeradores
→ o mesmo denominador

> Para adicionar frações de mesmo denominador, somamos os numeradores e conservamos o denominador.

B. Vamos calcular $\frac{5}{7} - \frac{2}{7}$.

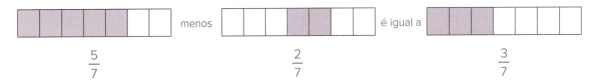

Pela figura: $\frac{5}{7} - \frac{2}{7} = \frac{3}{7}$ → a diferença entre os numeradores
→ o mesmo denominador

> Para subtrair frações de mesmo denominador, subtraímos os numeradores e conservamos o denominador.

Frações com denominadores diferentes

Reduzimos as frações ao menor denominador comum e procedemos como no primeiro caso.

Exemplos:

A. $\frac{3}{5} + \frac{1}{2} = \frac{6}{10} + \frac{5}{10} = \frac{11}{10}$

10 é o denominador comum

B. $\frac{7}{3} - \frac{2}{5} = \frac{35}{15} - \frac{6}{15} = \frac{29}{16}$

15 é o denominador comum

EXERCÍCIOS DE FIXAÇÃO

1. Determine a soma que as partes coloridas de cada figura indicam:

a)
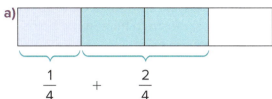

b)
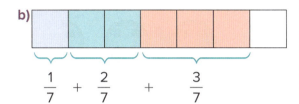

2. Determine a diferença entre as duas frações representadas nas figuras A e B.

A
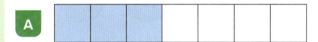

B
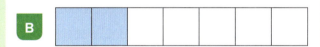

3. Calcule e simplifique os resultados, quando possível.

a) $\dfrac{2}{6} + \dfrac{3}{6}$

b) $\dfrac{5}{6} - \dfrac{2}{6}$

c) $\dfrac{3}{4} + \dfrac{5}{4} - \dfrac{1}{4}$

d) $\dfrac{9}{7} - \dfrac{3}{7} + \dfrac{1}{7}$

4. Calcule e simplifique os resultados, quando possível.

a) $\dfrac{1}{2} + \dfrac{2}{3}$

b) $\dfrac{1}{2} + \dfrac{1}{4}$

c) $\dfrac{5}{6} + \dfrac{2}{3}$

d) $\dfrac{9}{2} + \dfrac{7}{4} + \dfrac{2}{3}$

e) $\dfrac{2}{5} + \dfrac{1}{10} + \dfrac{1}{2}$

f) $\dfrac{2}{4} + \dfrac{5}{6} + \dfrac{1}{8}$

5. Efetue as subtrações e simplifique os resultados, quando possível.

a) $\dfrac{1}{2} - \dfrac{1}{3}$

b) $\dfrac{5}{6} - \dfrac{1}{3}$

c) $\dfrac{7}{8} - \dfrac{1}{6}$

d) $\dfrac{1}{2} - \dfrac{1}{4}$

6. Observe o exemplo e efetue as adições e subtrações a seguir.

$$2 + \dfrac{1}{4} = \dfrac{8}{4} + \dfrac{1}{4} = \dfrac{9}{4}$$

a) $7 + \dfrac{2}{3}$

b) $\dfrac{3}{7} + 4$

c) $\dfrac{7}{2} - 1$

d) $3 - \dfrac{2}{5}$

7. Observe o exemplo e efetue as adições e subtrações a seguir.

$$2\dfrac{1}{3} + \dfrac{5}{6} = \dfrac{7}{3} + \dfrac{5}{6} = \dfrac{14}{6} + \dfrac{5}{6} = \dfrac{19}{6}$$

a) $\dfrac{9}{2} + 1\dfrac{3}{4}$

b) $3\dfrac{1}{2} + \dfrac{2}{5}$

c) $2\dfrac{1}{3} - \dfrac{3}{5}$

d) $2\dfrac{3}{5} - \dfrac{3}{10}$

8. Calcule o valor das expressões.

a) $\dfrac{5}{6} - \dfrac{1}{4} + \dfrac{2}{3}$

b) $\dfrac{3}{5} + \dfrac{1}{2} - \dfrac{2}{4}$

c) $\dfrac{4}{5} + \dfrac{3}{4} - \dfrac{1}{2}$

d) $8 + \dfrac{1}{3} - \dfrac{3}{4}$

e) $1\dfrac{3}{4} - \dfrac{2}{3} + \dfrac{4}{5}$

f) $5 - \dfrac{1}{2} + 1\dfrac{1}{3}$

9. (UFC-CE) Três irmãos, Maria, José e Pedro, receberam, respectivamente, $\dfrac{1}{2}$, $\dfrac{1}{3}$ e $\dfrac{1}{9}$ de determinada herança.

Qual é a fração dessa herança que não foi distribuída entre esses irmãos?

EXERCÍCIOS COMPLEMENTARES

10. Calcule e simplifique o resultado, quando possível.

a) $\dfrac{5}{9} + \dfrac{2}{9}$

b) $\dfrac{3}{4} - \dfrac{1}{2}$

c) $\dfrac{3}{5} + \dfrac{3}{4} + \dfrac{3}{10}$

d) $\dfrac{8}{5} - \dfrac{1}{4} - \dfrac{3}{10}$

11. Calcule e simplifique o resultado, quando possível.

a) $1 + \dfrac{5}{6} - \dfrac{7}{8}$

b) $2 - \dfrac{1}{3} - \dfrac{1}{5}$

c) $\dfrac{23}{7} + \dfrac{1}{3} - 2 + \dfrac{1}{6}$

12. Calcule e simplifique o resultado, quando possível.

a) $1 + \dfrac{3}{40} + \dfrac{7}{60}$

b) $\dfrac{0}{10} + \dfrac{3}{20} + \dfrac{11}{30}$

c) $\dfrac{3}{5} + 2 + 1\dfrac{1}{4}$

13. Se $x = \dfrac{1}{2}$ e $y = \dfrac{2}{3}$, calcule:

a) $x + y$;

b) $y - x$;

c) $x - \dfrac{1}{2} + y$;

d) $x + y + 5$.

14. Se $x = \dfrac{5}{3}$, $y = \dfrac{1}{2}$ e $z = \dfrac{3}{8}$, calcule o valor da expressão $x - y + z + 1$.

15. Rafael comeu $\dfrac{1}{5}$ da torta de palmito e sua irmã, Sandra, comeu $\dfrac{1}{4}$. Que fração da torta sobrou?

16. Numa parede foram colocados azulejos. Metade dos azulejos é vermelha, $\dfrac{1}{3}$ é amarelo e o restante, branco. Que fração do número total de azulejos é branca?

17. Numa confeitaria foram vendidos 2 400 bolos de março a junho. O pictograma (gráfico em que desenhos ou símbolos representam números) mostra o número de bolos vendidos em cada mês.

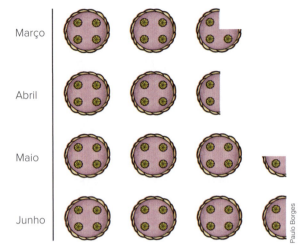

a) Que valor representa cada círculo?

b) Em que mês foram vendidos menos bolos?

c) Em que mês foram vendidos 650 bolos?

d) Quantos bolos precisariam ser vendidos em março para totalizar 600 bolos?

18. Seu Antônio colheu a produção de pimentões de sua horta e colocou-os em 3 sacolas. Veja como ele fez:

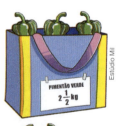

a) Será que a colheita atingiu cinco quilos?

b) A colheita de pimentão verde foi maior do que a de pimentão vermelho? Quanto a mais?

c) A colheita de pimentão vermelho foi maior do que a de pimentão amarelo? Quanto a mais?

PANORAMA

FAÇA AS ATIVIDADES A SEGUIR E REVEJA O QUE VOCÊ APRENDEU.

 NO CADERNO

19. (Fuvest-SP) $\dfrac{9}{7} - \dfrac{7}{9}$ é igual a:

a) 0. b) $\dfrac{2}{23}$. c) 1. d) $\dfrac{32}{63}$.

20. Um professor pediu a dois alunos que efetuassem a adição $\dfrac{2}{5} + \dfrac{3}{10}$.

$$\dfrac{2}{5} + \dfrac{3}{10}$$

- Sílvio encontrou como resposta $\dfrac{7}{10}$.
- Cláudio encontrou como resposta $\dfrac{14}{20}$.

Como o professor aceita o desenvolvimento incompleto da resposta, podemos afirmar que:

a) apenas Sílvio acertou.
b) apenas Cláudio acertou.
c) os dois erraram.
d) os dois acertaram.

21. O valor de $2 + \dfrac{0}{5} + \dfrac{1}{4}$ é:

a) $\dfrac{3}{9}$. b) $\dfrac{9}{4}$. c) $\dfrac{49}{20}$. d) $\dfrac{29}{10}$.

22. O valor de $\dfrac{1}{6} + \dfrac{1}{3} - \dfrac{1}{2}$ é:

a) 0. b) 1. c) $\dfrac{1}{6}$. d) $\dfrac{1}{7}$.

23. Qual das quatro expressões é a correta?

a) $\dfrac{20 + 25 - 30}{5} = \dfrac{20}{5} + \dfrac{25}{5} + \dfrac{30}{5}$

b) $\dfrac{20 + 25 - 30}{5} = \dfrac{5}{20} + \dfrac{5}{25} + \dfrac{5}{30}$

c) $\dfrac{20 + 25 - 30}{5} = \dfrac{5}{20} + \dfrac{5}{25} - \dfrac{5}{30}$

d) $\dfrac{20 + 25 - 30}{5} = \dfrac{20}{5} + \dfrac{25}{5} - \dfrac{30}{5}$

24. A diferença $3\dfrac{1}{4} - 1\dfrac{3}{8}$ é:

a) $2\dfrac{1}{8}$. b) $1\dfrac{7}{8}$. c) $5\dfrac{1}{4}$. d) $4\dfrac{5}{8}$.

25. Qual é o número natural que, somado com $\dfrac{1}{3}$, resulta em $\dfrac{40}{3}$?

a) 39 b) 19 c) 17 d) 13

26. (PUC-SP) A parte sombreada representa que fração do círculo?

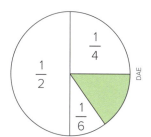

a) $\dfrac{1}{3}$ b) $\dfrac{1}{10}$ c) $\dfrac{1}{12}$ d) $\dfrac{1}{24}$

27. Um funcionário recebeu uma tarefa. Pela manhã, ele fez $\dfrac{1}{4}$ da tarefa e, à tarde, $\dfrac{1}{3}$ do total. Qual é a fração da tarefa que ainda precisa ser feita?

a) $\dfrac{5}{12}$ b) $\dfrac{7}{12}$ c) $\dfrac{5}{7}$ d) $\dfrac{3}{7}$

28. (Saeb-MEC) Sara fez um bolo e o repartiu com os quatro filhos. João comeu 3 pedaços, Pedro comeu 4, Marta comeu 5 e Jorge não comeu nenhum pedaço. Sabendo-se que o bolo foi dividido em 24 pedaços iguais, que parte do bolo foi consumida?

a) $\dfrac{1}{2}$ b) $\dfrac{1}{3}$ c) $\dfrac{1}{4}$ d) $\dfrac{1}{24}$

29. Uma torneira enche um tanque em 2 horas e outra torneira enche o mesmo tanque em 3 horas. Se ambas funcionarem juntas durante 1 hora, encherão que fração do tanque?

a) $\dfrac{5}{6}$ b) $\dfrac{4}{5}$ c) $\dfrac{7}{10}$ d) $\dfrac{9}{10}$

CAPÍTULO 17
Análise de tabelas e gráficos

Gráficos e suas aplicações

No dia a dia, temos contato com tabelas e vários tipos de gráficos em jornais, internet, TV etc. Os gráficos ajudam a visualizar e interpretar dados, permitindo analisar situações e problemas.

Vamos ver alguns exemplos.

Gráficos de barras

A. O gráfico ilustrado é chamado **gráfico de barras**. A fábrica de *skates* que o elaborou pode tirar conclusões depois de analisar os dados e utilizá-las para tomar decisões.

Um gráfico deve conter:
- um título que indique o assunto do qual ele trata;
- a fonte dos dados.

Os meses estão listados no eixo horizontal e o número de unidades foi registrado no eixo vertical, em intervalos iguais (nesse exemplo, de 40 em 40).

Analisando o gráfico, podemos perceber que:
- cada mês tem uma barra correspondente a ele, e a altura da barra mostra quantas unidades foram vendidas no mês;

Fonte: Skates S.A.

- o mês de maior venda foi fevereiro e o de menor, junho;
- em março e em abril, o número de unidades vendidas foi o mesmo: 200.

É possível calcular quantas unidades foram vendidas no semestre somando as quantidades indicadas pela altura de cada barra:

280 + 320 + 200 + 200 + 280 + 100 = 1380 unidades

Também podemos calcular quantas unidades foram vendidas por mês, **em média,** nesse semestre fazendo 1380 unidades : 6 meses = 230

Em média, foram vendidos 230 *skates* por mês no 1º semestre de 2020.

Gráficos de barras são eficientes quando queremos comparar as partes entre si.

B. Observe a tabela ao lado. Ela apresenta o número de alunos matriculados no Ensino Fundamental de certa escola.

Período	6º ano	7º ano	8º ano	9º ano
Manhã	120	100	160	140
Tarde	100	80	100	120

Essa é uma **tabela de dupla entrada**. Para cada ano, há dois períodos: manhã e tarde. Para representar os dados, foi escolhido um **gráfico de barras duplas**.

Para cada ano marcado na horizontal, há duas barras com cores diferentes, indicadas por uma legenda:

- azul para o número de alunos matriculados no período da manhã;
- laranja para os alunos matriculados no período da tarde.

O gráfico tem título, os eixos estão nomeados e a fonte dos dados está disponível.

A graduação do eixo vertical foi marcada de 20 em 20 alunos, a partir do zero.

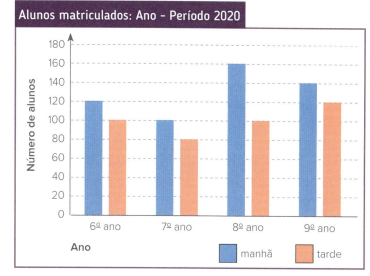

Fonte: Secretaria da Escola Estadual Ana Silva.

Podemos perceber facilmente, por exemplo, que o número de alunos matriculados no período da manhã é maior em todos os anos do Ensino Fundamental.

EXERCÍCIOS
DE FIXAÇÃO

1. Observando o gráfico do exemplo **B** acima, determine mentalmente o total de alunos matriculados no período:

a) da manhã;　　　b) da tarde.

2. As turmas do 6º ano de certa escola plantaram mudas de flores nos jardins do pátio. Os alunos registraram numa tabela a quantidade de mudas de cada espécie.

Espécie de flor	Número de mudas
margaridas	48
lírios	24
tulipas	32

Faça dupla com um colega. Vocês devem construir o gráfico de barras que ilustra a tabela usando papel quadriculado, régua e lápis de cor.

3. Marcelo representou, por meio de um gráfico, o número de visitantes da exposição de fotos que ele e os colegas fizeram na escola.

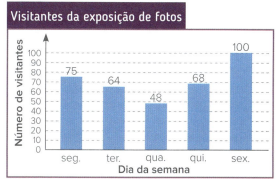

Fonte: dados obtidos pela escola.

a) Quantos foram os visitantes?

b) Em média, a exposição recebeu quantos visitantes por dia?

131

Gráficos de setores

O gráfico ao lado mostra os dados de uma pesquisa de mercado em que as pessoas entrevistadas escolheram, entre 4 marcas de sabonete, a preferida delas.

Esse é um **gráfico de setores**. O formato dele é um círculo dividido em "fatias"; cada fatia é um setor do gráfico.

O gráfico tem título, fonte dos dados e uma legenda que permite identificar os dados referentes a cada setor.

Podemos observar facilmente que o sabonete da marca *B* foi o mais escolhido pelos entrevistados, pois no setor que corresponde a essa marca há 200 respostas e ele é o maior setor do gráfico.

Fonte: Instituto de Pesquisas A. Pesquisa realizada em 12 de março de 2019.

Já a marca *C* foi escolhida somente por 50 pessoas.

Calculamos o número total de entrevistados efetuando:

$$200 + 100 + 150 + 50 = 500.$$

Gráficos de setores permitem comparar mais facilmente as partes com o todo.

 AQUI TEM MAIS

Pesquisas estatísticas são bastante comuns atualmente. O tema delas pode ser a aceitação de um novo produto pelos consumidores, a qualidade dos serviços prestados por um restaurante, uma loja, um banco, entre muitos outros possíveis. As pesquisas eleitorais, por exemplo, costumam ser divulgadas com frequência em anos de eleição. Em geral, a pesquisa mostra o resultado das entrevistas de um grupo de pessoas, chamado **amostra**, pois, na maior parte das vezes, não é possível entrevistar todas as pessoas envolvidas. Por exemplo, se a pesquisa é sobre a intenção de voto para presidente do Brasil, não há como entrevistar, em pouco tempo, todos os eleitores, em todos os lugares do país. Por isso, a pesquisa é feita com uma **amostra** da população, escolhida de modo a representar o todo, que, nesse exemplo, seria o total de eleitores brasileiros. Daí chamarmos esse tipo de pesquisa de **pesquisa por amostragem**.

EXERCÍCIOS
DE FIXAÇÃO

4. Ao término de uma seção de cinema, os espectadores opinaram sobre o filme. O resultado está no gráfico abaixo.

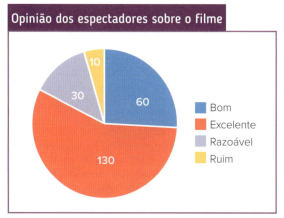

Fonte: dados do cinema.

a) Ao observar o gráfico, podemos perceber qual é a opinião com maior número de respostas. Qual é ela?

b) Quantos espectadores consideraram o filme razoável?

c) Quantas pessoas responderam à pesquisa?

5. O aluno que fez o gráfico abaixo não identificou os setores. Observe a tabela de dados e registre, no caderno, que cor do gráfico representa os votos de cada esporte.

Esporte preferido	futebol	voleibol	tênis
Número de votos	40	22	14

6. Observe a tabela a seguir, com os dados coletados sobre a frequência a certa biblioteca em uma semana.

Dia	segunda-feira	terça-feira	quarta-feira	quinta-feira	sexta-feira
Número de visitas	60	40	80	80	100

Fonte: Biblioteca Leia Mais. Dados coletados na primeira semana de abril de 2019.

a) Em papel quadriculado, elabore um gráfico de barras para representar os dados coletados. Coloque título, escolha uma escala adequada e registre a fonte dos dados.

b) Em qual dia foi registrado o menor número de visitantes?

c) Calcule o número médio de visitantes por dia nessa semana.

7. No estoque de uma loja de roupas, mais da metade das peças são camisetas. Qual dos gráficos abaixo pode representar a distribuição do estoque?

a)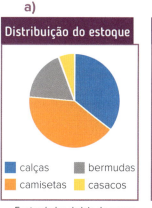

Fonte: dados da loja de roupas.

b)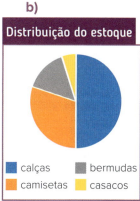

Fonte: dados da loja de roupas.

c)

Fonte: dados da loja de roupas.

133

Tarefa especial

8. Que tal você e os colegas de turma elaborarem uma pesquisa estatística?

O tema pode ser, por exemplo, acesso à internet. A pesquisa envolverá entrevistas.

Vocês devem selecionar uma amostra – de preferência na comunidade escolar – e entrevistar as pessoas, anotando as respostas numa tabela. Lembrem-se de que a amostra precisa ser escolhida de modo a representar o todo. Mesclem os entrevistados abordando alunos, professores, funcionários, pais de alunos, homens e mulheres, todos de diversas faixas etárias.

Ao terminarem a coleta de dados, elaborem gráficos com base nas tabelas usando papel quadriculado, régua e lápis de cor.

Lembrem-se de que cada gráfico deve estar na escala adequada e ter título, fonte dos dados e legenda, se necessário.

Sugerimos as perguntas a seguir, mas vocês podem alterá-las ou criar outras.

1. Que equipamento você usa para acessar a internet?
   - Celular.
   - *Tablet*.
   - *Notebook* ou microcomputador.
   - Não tenho acesso à internet.

> Observem que esta pergunta é um filtro para a pesquisa. Se o entrevistado responder que não acessa a internet, a entrevista termina nessa questão.

2. Com que finalidade principal você acessa a internet?
   - Trocar mensagens de texto/voz.
   - Assistir a vídeos, filmes etc.
   - Fazer pesquisas e estudar.
   - Jogar *on-line*.

3. Você utiliza a internet:
   - até 2 horas por dia.
   - de 2 a 4 horas por dia.
   - mais de 4 horas por dia.

Feitos os gráficos, reúnam-se em grupos para analisá-los e tirar conclusões, escrevendo um parágrafo que resume o que os dados mostraram.

EXERCÍCIOS COMPLEMENTARES

9. Este gráfico apresenta o resultado de uma pesquisa feita com alunos de certa escola.

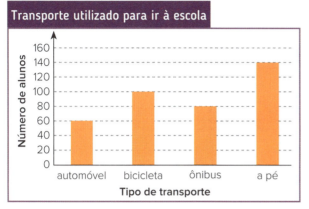

Pesquisa realizada pela direção da escola ABC, em fevereiro de 2019.

Observe o gráfico e responda:

a) Qual é o título do gráfico?

b) Qual é a fonte dos dados e em que ano foram obtidos?

c) Qual é o meio de transporte mais utilizado pelos alunos para ir à escola?

d) Quantos alunos vão à escola de ônibus?

e) Quantos alunos responderam a essa pesquisa?

10. O gráfico abaixo apresenta dados sobre o número de escolas no Brasil em 2017. Analise os dados e responda:

Nota: a mesma escola pode ofertar mais de uma etapa de ensino.

Fonte: Brasil. MEC. Inep. Censo escolar 2017: notas estatísticas. Brasília, jan. 2018. Disponível em: <http://download.inep.gov.br/educacao_basica/censo_escolar/notas_estatisticas/2018/notas_estatisticas_Censo_Escolar_2017.pdf>. Acesso em: abr. 2019.

a) O maior número de escolas nesse ano se destinava a qual etapa de ensino?

b) Qual era o número de creches nesse ano?

c) Arredonde os números para a centena exata mais próxima e estime o total de escolas no Brasil em 2017.

11. Veja o gráfico que André fez para analisar suas notas escolares bimestrais:

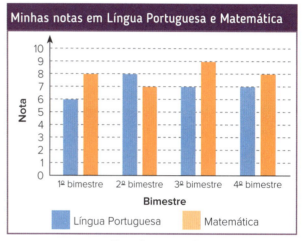

Fonte: Secretaria da Escola Estadual Ana Silva.

Com base nos dados, responda:

a) Qual foi a nota de Língua Portuguesa do 2º bimestre?

b) Qual foi a maior nota de André em Matemática?

c) Em quais bimestres a nota de Matemática foi maior que a nota de Língua Portuguesa?

d) As notas de Matemática e de Língua Portuguesa foram iguais em algum bimestre?

e) Qual foi a média anual de André em cada um dos dois componentes escolares?

PANORAMA

12. (Saeb) A professora Lisiane de Matemática realizou um levantamento para saber a preferência musical dos alunos das 7ªs séries A e B. O gráfico mostra o resultado obtido por ela:

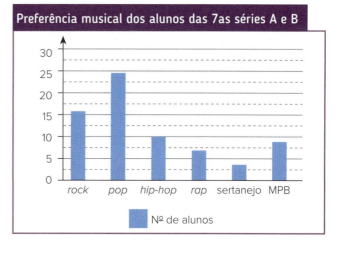

Com base no gráfico é possível dizer que:

a) O estilo musical preferido pela maioria dos alunos é *hip-hop*.

b) A maioria dos alunos prefere sertaneja.

c) O estilo musical preferido pela maioria dos alunos é *pop*.

d) O estilo musical menos ouvido é MPB.

13. (Saresp) As notas de Carlos, Márcio e Joel na última prova de Matemática estão indicadas no gráfico ao lado. A nota de:

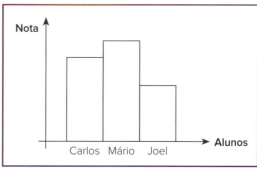

a) Carlos foi igual à de Mário.

b) Mário foi menor do que a de Joel.

c) Joel foi maior do que a de Carlos.

d) Mário foi a maior das três.

14. O gráfico abaixo representa o resultado de uma pesquisa feita com os 500 alunos do Ensino Fundamental ao 3º ano do Ensino Médio em um colégio. É correto afirmar que:

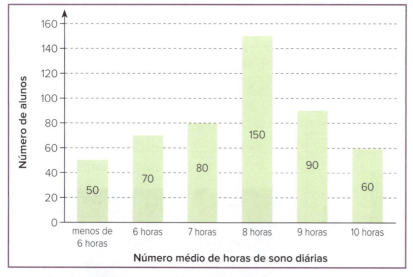

Fonte: Dados obtidos pelos alunos do colégio.

a) Exatamente a metade dos entrevistados dorme 8 horas ou mais.

b) Mais da metade dos entrevistados dorme 8 horas ou mais.

c) 80 entrevistados dormem menos do que 7 horas.

d) 150 entrevistados dormem mais do que 8 horas.

15. Mariane construiu um gráfico de setores para representar as vendas de frutas em sua barraca em certo dia. Observando os dados, ela percebeu que:

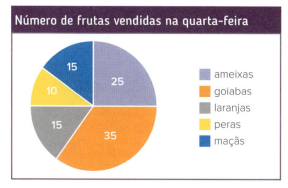

a) a metade do número de frutas vendidas corresponde às laranjas.

b) as maçãs foram as frutas mais vendidas.

c) a metade do total de frutas vendidas corresponde ao número de maçãs somado com o de goiabas.

d) vendeu mais de uma centena de frutas.

16. (Obmep) O gráfico de barras mostra a distribuição dos alunos de uma escola conforme o tempo diário dedicado à leitura. Qual é o gráfico de setores que melhor representa, em amarelo, a fração de alunos que dedicam à leitura no máximo 40 minutos por dia?

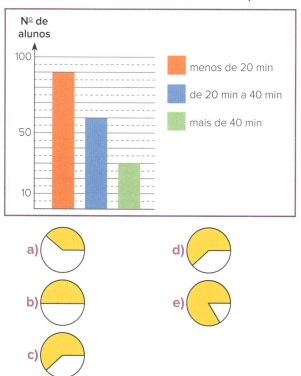

17. A professora Margarida anotou na lousa a fruta preferida de cada um de seus alunos, montou uma tabela com os votos e elaborou um gráfico.

pera	maçã	maçã	uva	laranja	laranja	maçã	laranja
laranja	uva	laranja	laranja	maçã	mamão	maçã	uva
maçã	pera	mamão	maçã	maçã	pera	maçã	laranja

Qual dos gráficos abaixo representa os dados da pesquisa?

a)
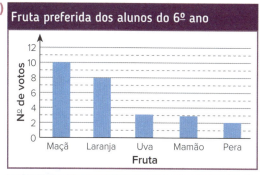

b)

c)
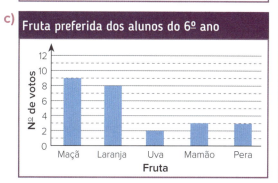

d)

Fonte: dados da professora Margarida.

137

CAPÍTULO 18 — Números decimais

Os números escritos com vírgula, ou seja, os números decimais, são bastante utilizados. Veja, a seguir, algumas situações do dia a dia em que os empregamos.

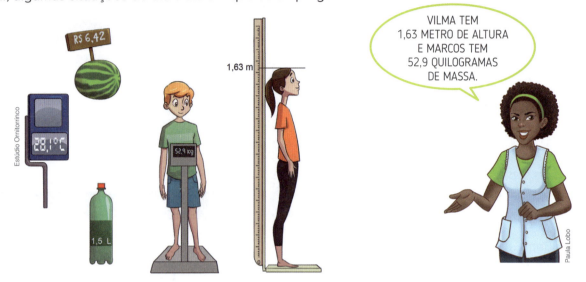

VILMA TEM 1,63 METRO DE ALTURA E MARCOS TEM 52,9 QUILOGRAMAS DE MASSA.

No século XVI, os números com vírgula começaram a ser utilizados para representar frações. A ideia veio das regras do sistema de numeração decimal, no qual cada ordem vale a décima parte da ordem que está imediatamente à esquerda.

Unidades de milhar	Centenas	Dezenas	Unidades
1	10	100	1000

Seguindo essa ideia, a ordem imediatamente à direita da ordem das unidades vale a décima parte da unidade.

Registramos assim: 0,1 $\left(0,1 = \dfrac{1}{10}\right)$. Essa é a ordem dos décimos.

Podemos prosseguir escrevendo ordens à direita da unidade:

Unidade	décimos	centésimos	milésimos	décimos de milésimos	...
1	10	100	1000	10 000	...

A vírgula separa a parte inteira da parte decimal do número.

Em países como a Inglaterra e os Estados Unidos, bem como em outros de língua inglesa, os números decimais são escritos com um ponto em vez de vírgula. Nas calculadoras também utilizamos o ponto.

Frações decimais

Chamamos de **frações decimais** as frações de denominador 10, 100, 1 000 etc. ou que são equivalentes a uma fração com um desses denominadores.

Exemplos:

A. $\dfrac{3}{10}$ B. $\dfrac{21}{100}$ C. $\dfrac{37}{1000}$

As frações decimais podem ser escritas sob a forma de números decimais. Assim:

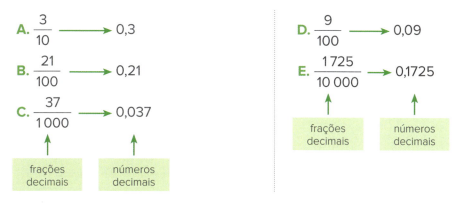

A. $\dfrac{3}{10} \longrightarrow 0,3$

B. $\dfrac{21}{100} \longrightarrow 0,21$

C. $\dfrac{37}{1000} \longrightarrow 0,037$

D. $\dfrac{9}{100} \longrightarrow 0,09$

E. $\dfrac{1725}{10000} \longrightarrow 0,1725$

Vimos que a vírgula separa a **parte inteira** da **parte decimal** do número, e o número de casas à direita da vírgula é igual ao número de zeros da potência de base dez que está no denominador da fração.

Com os dez algarismos e uma vírgula podemos representar qualquer número decimal.

O valor de cada algarismo depende de sua posição em relação à vírgula. Veja:

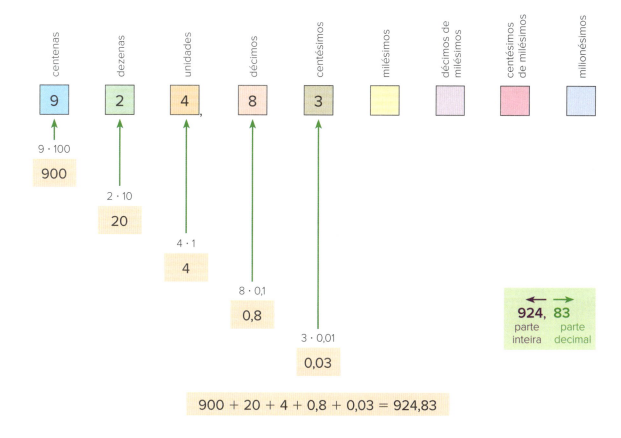

$900 + 20 + 4 + 0,8 + 0,03 = 924,83$

Leitura de um número decimal

No número decimal, temos:

3,52   parte inteira, parte decimal
vírgula

Para ler um número decimal, procede-se do seguinte modo:

1º) leem-se os inteiros;

2º) lê-se a parte decimal, seguida da palavra:

- **décimos** – se houver uma casa decimal;
- **centésimos** – se houver duas casas decimais;
- **milésimos** – se houver três casas decimais;

e assim por diante.

Exemplos:

A. 1,7 ⟶ um inteiro e sete décimos ⟶ Também é comum ler este número como: "um vírgula sete".

B. 5,23 ⟶ cinco inteiros e vinte e três centésimos

C. 12,006 ⟶ doze inteiros e seis milésimos

Quando a parte inteira for zero, lê-se apenas a parte decimal.

D. 0,8 ⟶ oito décimos ⟶ Também podemos ler assim: "zero vírgula oito".

E. 0,08 ⟶ oito centésimos

Colocando 54,3287 no quadro de ordens:

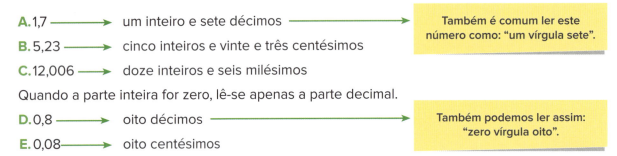

Centenas	Dezenas	Unidades	décimos	centésimos	milésimos	décimos de milésimos	centésimos de milésimos
	5	4,	3	2	8	7	

Lê-se: cinquenta e quatro inteiros, três mil duzentos e oitenta e sete décimos de milésimos.

Representamos, por exemplo, doze inteiros e cinco centésimos como 12,05.

Repare que utilizamos o algarismo zero para indicar a ausência de décimos. Veja mais um exemplo:

0,007 lê-se sete milésimos.

O número não tem unidades, décimos e centésimos. O algarismo zero nestas ordens garante a leitura correta.

- Quando a parte inteira do número é zero, o número é menor que a unidade.

0,9 é menor que 1

- Quando a parte decimal do número é nula, o número é inteiro.

17,00 = 17 (que é um número inteiro)

EXERCÍCIOS
DE FIXAÇÃO

1. Quais das frações abaixo são decimais?

   a) $\dfrac{1}{9}$ e) $\dfrac{1}{100}$ i) $\dfrac{13}{10^2}$

   b) $\dfrac{135}{1\,000}$ f) $\dfrac{100}{7}$ j) $\dfrac{17}{1\,000}$

   c) $\dfrac{5}{10}$ g) $\dfrac{11}{8}$ k) $\dfrac{9}{10^3}$

   d) $\dfrac{10}{3}$ h) $\dfrac{9}{10}$ l) $\dfrac{7}{10\,000}$

2. Copie e complete as sequências abaixo.

   a)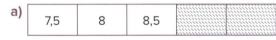

   b)

3. Escreva por extenso os números.

   a) 0,8
   b) 0,27
   c) 0,003
   d) 1,9
   e) 2,63
   f) 10,245

4. Represente com algarismos os números decimais a seguir.

   a) sete centésimos
   b) nove milésimos
   c) dois inteiros e quatro décimos
   d) seis inteiros e vinte e um centésimos
   e) quinze milésimos
   f) cinco décimos de milésimos
   g) nove inteiros e dois centésimos
   h) oito inteiros e vinte e oito milésimos

5. Quais dos seguintes números são maiores que uma unidade?

   | 8,5 | 0,85 | 0,99 | 1,01 | 0,901 |

6. Indique o número decimal correspondente à marcação do ponteiro.

   a)

   b)

7. Qual número falta em cada ▭?

   a)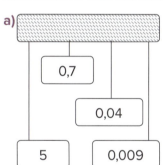

   b)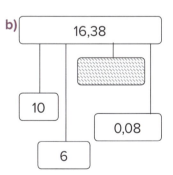

   c)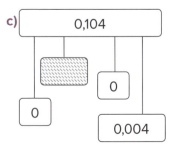

Transformação de fração decimal em número decimal

Para transformarmos uma fração decimal em número decimal, escrevemos o numerador e separamos, à direita da vírgula, tantas casas quantos são os zeros do denominador.

Exemplos:

A. $\dfrac{49}{10} = 4,9$ ⟶ denominador 10 – um algarismo depois da vírgula

B. $\dfrac{234}{100} = 2,34$ ⟶ denominador 100 – dois algarismos depois da vírgula

C. $\dfrac{5\,786}{1\,000} = 5,786$ ⟶ denominador 1000 – três algarismos depois da vírgula

Quando a quantidade de algarismos do numerador não é suficiente para colocar a vírgula, acrescentamos zeros à esquerda do número.

$$\dfrac{23}{1\,000} = \dfrac{0023}{1\,000} = \dfrac{0{,}023}{1\,000} = 0,023$$

Veja mais exemplos:

D. $\dfrac{29}{1\,000} = 0,029$

E. $\dfrac{7}{1\,000} = 0,007$

Transformação de número decimal em fração decimal

Para transformarmos um número decimal em fração decimal, escrevemos uma fração cujo:

- numerador é o número decimal sem a vírgula;
- denominador é o número 1 seguido de tantos zeros quantos forem os algarismos do número decimal depois da vírgula.

Exemplos:

A. $1,7 = \dfrac{17}{10}$ ⟶ um algarismo depois da vírgula ⟶ um zero

B. $2,34 = \dfrac{234}{100}$ ⟶ dois algarismos depois da vírgula ⟶ dois zeros

C. $5,481 = \dfrac{5\,481}{1\,000}$ ⟶ três algarismos depois da vírgula ⟶ três zeros

O número de casas depois da vírgula é igual ao número de zeros do denominador.

EXERCÍCIOS
DE FIXAÇÃO

8. Escreva a fração decimal e o número decimal correspondentes a cada uma destas figuras.

a)

b)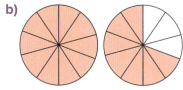

c)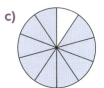

d)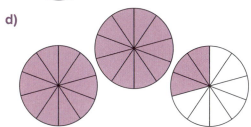

e)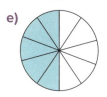

9. Transforme estas frações decimais em números decimais.

a) $\dfrac{3}{10}$

b) $\dfrac{27}{10}$

c) $\dfrac{519}{10}$

d) $\dfrac{3\,127}{10}$

e) $\dfrac{87}{100}$

f) $\dfrac{249}{100}$

g) $\dfrac{1\,364}{100}$

h) $\dfrac{698}{1\,000}$

i) $\dfrac{5\,116}{1\,000}$

j) $\dfrac{1\,586}{1\,000}$

k) $\dfrac{4\,762}{10\,000}$

l) $\dfrac{12\,538}{10\,000}$

10. Escreva a fração decimal e o número decimal correspondentes a cada uma das figuras abaixo.

a)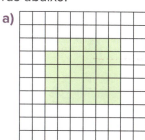

b)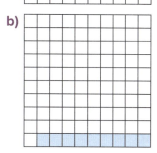

11. Transforme as frações decimais a seguir em números decimais.

a) $\dfrac{9}{100}$

b) $\dfrac{5}{1\,000}$

c) $\dfrac{45}{1\,000}$

d) $\dfrac{67}{1\,000}$

e) $\dfrac{3}{10\,000}$

f) $\dfrac{19}{10\,000}$

12. Transforme estes números decimais em frações decimais.

a) 0,9

b) 7,1

c) 3,29

d) 0,573

e) 16,3

f) 0,05

g) 2,468

h) 49,37

i) 0,023

j) 74,09

k) 5,016

l) 148,33

13. Transforme os números decimais em frações decimais e calcule as expressões.

a) $\dfrac{1}{2} + 0{,}5 + \dfrac{1}{4}$

b) $\left(\dfrac{1}{5} + 1{,}6\right) - \left(\dfrac{1}{8} + \dfrac{3}{20}\right)$

Propriedade fundamental dos números decimais

O valor de um número decimal não se altera quando acrescentamos ou retiramos um ou mais zeros à direita de sua parte decimal.

Exemplo:

0,3 = 0,30 = 0,300 = ...

$$\frac{3}{10} = \frac{30}{100} = \frac{300}{1000} = ...$$

EXERCÍCIOS DE FIXAÇÃO

14. Qual é o maior: 0,4 ou 0,40? Justifique sua resposta.

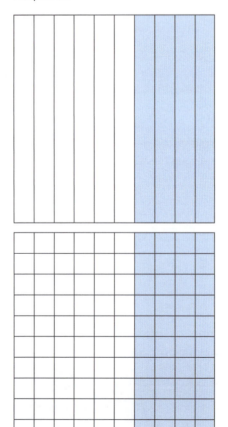

15. Escreva os números que representam a mesma quantidade. Veja o exemplo:

3,61	0,72	8,4	8,04
36,10	5,7	0,57	36,01
5,70	3,6100	0,720	8,40

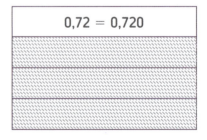

0,72 = 0,720

16. Quais das igualdades abaixo são verdadeiras?

a) 0,7 = 0,70
b) 3,6 = 0,36
c) 8,9 = 8,90
d) 2,0 = 2,000
e) 0,6 = 0,6000
f) 6,07 = 60,7
g) 0,41 = 0,401
h) 0,90 = 0,09
i) 4,02 = 4,002
j) 3,45 = 3,450

Números decimais na reta numérica

Os números decimais podem ser representados na reta numérica. Acompanhe:

- Traçamos a reta numérica, escolhemos o ponto correspondente ao zero e localizamos os números naturais 1, 2, 3, 4 etc., usando a mesma distância entre dois números naturais.
- Dividimos igualmente cada unidade em dez partes iguais a um décimo (0,1).
- A partir do zero, contamos 4 partes de 0,1 para marcar 0,4 na reta.
- Como 2,3 = 2 + 0,3, marcamos 2,3 no 3º tracinho de 1 décimo à direita do 2 na reta.

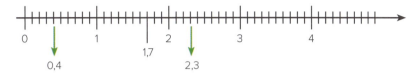

Dados dois números, o maior é o que está representado à direita do outro na reta numérica.

Então: 2,3 > 0,4

Outros exemplos: 1 > 0,7

3,7 < 3,8

Imagine a divisão de cada décimo marcado na reta numérica em dez partes iguais. Cada parte será um centésimo, ou seja, 0,01. Podemos dividir cada centésimo em 10 partes, obtendo milésimos (0,001), e assim por diante.

Demos um *zoom* em um trecho da reta numérica para mostrar que o ponto da reta correspondente a 8,94 está entre os pontos correspondentes a 8,9 e 9,0.

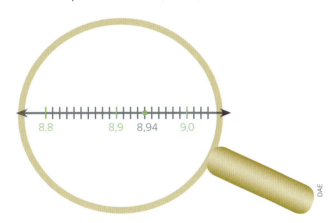

Também podemos comparar dois números decimais verificando a ordem dos números.

Qual é maior: 2,408 ou 2,45?

Ordem das unidades: 2 = 2.

Como houve igualdade, comparamos a ordem dos décimos: 4 = 4.

Comparamos a ordem dos centésimos: 0 < 5. E então concluímos que:

2	4	0	8
2	4	5	0

2,45 > 2,408

Vamos escrever como exemplo os números 12,05; 13,1; 12,52; 13,09 em ordem crescente, ou seja, do menor para o maior:

12,05 < 12,52 < 13,09 < 13,1

145

EXERCÍCIOS
DE FIXAÇÃO

17. Observe o trecho de reta numérica ilustrado a seguir e escreva os números representados pelas letras.

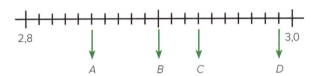

18. Em cada item, escreva entre quais dois números naturais consecutivos representados na reta numérica está o ponto correspondente a:

a) 2,009.

b) 0,045.

c) 19,91.

19. Posicione uma vírgula entre os algarismos do número 61 945, de modo a obter um número:

a) maior do que 1 e menor do que 10;

b) maior que 10 e menor que 100;

c) maior que 100 e menor que 1 000.

20. Qual é o maior número?

a) 1 ou 0,9999999?

b) 0,876 ou 0,9?

21. O ponto P está localizado exatamente na metade da distância entre os pontos que representam os números 3,3 e 3,4. O ponto P representa que número?

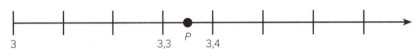

 AQUI TEM MAIS

Quando comparamos números naturais, a quantidade de algarismos dos números, por si só, indica qual deles é o maior. Por exemplo:

17 223 > 9 999

- 5 algarismos / 5 ordens / Dezena de milhar
- 4 algarismos / 4 ordens / Unidade de milhar

500 > 86

- 3 algarismos / 3 ordens / Centena
- 2 algarismos / 2 ordens / Dezena

No entanto, com números decimais isso não se aplica. Veja exemplos:

0,9 > 0,12321   4 > 3,957   3,4 > 3,10203

EXERCÍCIOS
COMPLEMENTARES

22. Uma loja mostra na vitrine algumas peças de roupa com os seguintes preços:

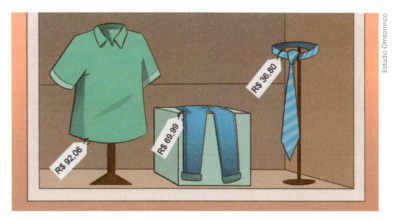

Escreva por extenso o preço de cada produto.

23. Observe a figura e complete a tabela:

Parte da figura	Fração	Número decimal
A		
B		
C		
D		
E		
F		
G		

24. Compare os números do exercício anterior usando os símbolos < ou >.

a) 0,1 ▢ 0,12

b) 0,06 ▢ 0,12

c) 0,1 ▢ 0,06

d) 0,16 ▢ 0,19

e) 0,22 ▢ 0,19

f) 0,15 ▢ 0,16

25. A tabela a seguir contém a altura, em metros, de algumas pessoas:

Nome	Luís	Tiago	Roberto	Carla	César
Altura (m)	1,43	1,09	1,61	1,60	1,34

a) Qual das pessoas é a mais alta?

b) Qual das pessoas é a mais baixa?

c) Escreva os cinco números em ordem crescente.

> Para comparar números decimais:
> 1º) compare a parte inteira de cada número;
> 2º) se as partes inteiras forem iguais, compare os décimos;
> 3º) quando os décimos coincidirem, compare os centésimos, e assim por diante.

26. Escreva um número decimal maior que:

a) 3,6 e menor que 3,7;

b) 0,45 e menor que 0,46.

27. (Saresp-SP) O boletim de Gustavo mostra o seu desempenho na escola neste ano:

Disciplina	Notas do 1º trimestre	Notas do 2º trimestre	Notas do 3º trimestre
Português	7,0	8,0	9,0
Matemática	5,5	5,5	5,5
Ciências	6,0	6,5	6,0
Geografia	6,5	6,5	6,0
História	7,0	6,5	6,5

Analisando a tabela com as notas de Gustavo, é correto dizer que:

a) ele melhorou seu desempenho em Português ao longo do ano.

b) houve variação no seu desempenho em Matemática.

c) seu desempenho em Geografia foi crescente no ano.

d) a sua nota de Ciências no 1º trimestre foi maior que a sua nota de Ciências no 2º trimestre.

28. Ordene os preços a seguir do mais barato para o mais caro.

29. Observe a reta numérica e escreva o número que cada letra representa.

30. Complete:

a) 7 reais = ▒▒▒ centavos

b) 200 centavos = ▒▒▒ reais

c) 6 reais e 40 centavos = ▒▒▒ centavos

d) 6 reais e 40 centavos = ▒▒▒ reais

e) 1300 centavos = ▒▒▒ reais

f) 1350 centavos = ▒▒▒ reais

g) 0,5 reais = ▒▒▒ centavos

h) 12,8 reais = ▒▒▒ centavos

31. Complete:

a) ▒▒▒ unidades = 40 décimos

b) 700 décimos = ▒▒▒ unidades

c) ▒▒▒ décimos = 53 unidades

d) 500 centésimos = ▒▒▒ décimos

e) 300 milésimos = ▒▒▒ centésimos

f) 8 000 milésimos = ▒▒▒ unidades

EXERCÍCIOS

SELECIONADOS

32. O que vale mais:
- a) 8 reais e 3 centavos ou 8,30 reais?
- b) 7,49 reais ou 7 reais e 50 centavos?
- c) 0,40 reais ou 40 centavos?
- d) 2 reais e meio ou 300 centavos?

33. Qual dos leites ao lado contém mais gordura? Justifique.

(Colégio Pedro II-RJ) Em notícias de jornais e revistas, é comum encontrarmos números muito grandes escritos da seguinte maneira: **O faturamento da empresa, neste ano, foi de 5,64 milhões de reais.**

Essa é uma forma abreviada de se escrever números grandes. Uma de suas principais vantagens é facilitar a leitura. Veja o que significa: 5,64 milhões = 5 640 000.

Mostre que você compreendeu este tipo de escrita e responda às duas próximas questões.

34. O número 2,8 mil é igual a:
- a) 280.
- b) 2 800.
- c) 28 000.
- d) 2 800 000.

35. O número 2,54 milhões é igual a:
- a) 2540.
- b) 25 400.
- c) 254 000.
- d) 2 540 000.

36. Em uma prova de arremesso de dardo, os resultados foram os seguintes:

Competidor	Distância alcançada
Edson	87,43 metros
José	86,5 metros
Lucas	87,39 metros
Vítor	86,45 metros

Utilizando esses resultados, preencha esta outra tabela:

Classificação	Nome
1º lugar	
2º lugar	
3º lugar	
4º lugar	

37. Faça o que se pede a seguir.
- a) Escreva um número:
  - maior que 0,1 e menor que 0,2;
  - maior que 0,23 e menor que 0,24;
  - maior que 0,312 e menor que 0,313.
- b) Quantos números decimais há entre 0 e 1?

38. O número mais próximo de 13 é:
- a) 13,5.
- b) 13,05.
- c) 13,005.
- d) 13,555.

39. O número 7 300 000 000 é igual a:

a) 730 mil.   b) 73 bilhões.   c) 7,3 milhões.   d) 7,3 bilhões.

40. A escrita 7,3 bilhões é lida como:

a) sete bilhões e três mil.
b) sete bilhões e trinta mil.
c) sete bilhões e trezentos mil.
d) sete bilhões e trezentos milhões.

41. Quais dos números abaixo podem ser transformados em frações decimais?

a) $\dfrac{1}{3}$ b) $\dfrac{1}{4}$ c) $\dfrac{1}{5}$ d) $\dfrac{1}{7}$

42. Complete as sequências.

a) 0,01   0,05   0,09   0,13   0,17   ▨   ▨

b) 4   4,6   5,2   5,8   6,4   ▨   ▨

43. Escreva cada número usando algarismos.

A	3 unidades / 5 décimos / 4 centésimos / 1 milésimo
B	2 dezenas / 8 unidades / 3 centésimos / 1 milésimo
C	6 dezenas / 1 décimo / 9 milésimos

44. Ordene os números a seguir do menor para o maior:

6,606   6,006   6,6   6,666   6,6006   6,06   6,66   6,066

45. Observe a figura e responda:

(reta numérica de 0 a 2 com pontos A, B, 1, C, D)

Qual letra representa o número:

a) 0,8?   b) 1,6?   c) 0,2?   d) 1,4?

46. Indique entre quais números naturais consecutivos se situam os números a seguir.

a) ▨ 2,19 ▨
b) ▨ 8,73 ▨
c) ▨ 15,418 ▨
d) ▨ 0,6 ▨

47. Considere os números:

8,01   0,38   0,065   0,704   2,7   1,002   20,01   4,019

a) Quais deles são menores que 1?
b) Quais deles são maiores que 1?
c) Quais deles estão entre 0,5 e 1?
d) Quais deles são menores que 0,1?

48. Regina comeu dois décimos de um bolo, e seu irmão Rodrigo comeu dez centésimos.

a) Qual deles comeu a maior porção do bolo?
b) Que porção do bolo os dois comeram?
c) Que parte do bolo sobrou?

PANORAMA

FAÇA AS ATIVIDADES A SEGUIR E REVEJA O QUE VOCÊ APRENDEU.
NO CADERNO

49. Cinco inteiros e oito milésimos é igual a:
   a) 5,8.
   b) 5,08.
   c) 5,008.
   d) 5,0008.

50. A leitura correta de 4,03 é:
   a) quatro inteiros e três décimos.
   b) quatro inteiros e três centésimos.
   c) quatro inteiros e três milésimos.
   d) quatro inteiros e trinta centésimos.

51. A fração $\frac{101}{100}$ é igual a:
   a) 1,01.
   b) 10,1.
   c) 0,101.
   d) 0,0101.

52. O número 0,14 é igual a:
   a) $\frac{7}{10}$.
   b) $\frac{14}{10}$.
   c) $\frac{7}{50}$.
   d) $\frac{14}{1000}$.

53. O número 0,0930 é igual a:
   a) $\frac{93}{10}$.
   b) $\frac{93}{100}$.
   c) $\frac{93}{1000}$.
   d) $\frac{93}{10000}$.

54. A fração $\frac{8}{25}$ é igual a:
   a) 32.
   b) 3,2.
   c) 0,32.
   d) 0,032.

55. Os números 0,07 e 1,52 escritos na forma fracionária ficam respectivamente iguais a:
   a) $\frac{7}{10}$ e $\frac{1}{52}$.
   b) $\frac{7}{10}$ e $\frac{38}{25}$.
   c) $\frac{7}{100}$ e $\frac{15}{2}$.
   d) $\frac{7}{100}$ e $\frac{38}{25}$.

56. (Saresp) Roberto deve colocar etiquetas em vidros que contêm certa quantidade de líquido. Observe as etiquetas:

   - 0,5 litro
   - 0,25 litro
   - 0,42 litro
   - 0,315 litro

   A etiqueta que Roberto deve colocar no vidro em que há maior quantidade de líquido é:
   a) 0,5 litro.
   b) 0,25 litro.
   c) 0,42 litro.
   d) 0,315 litro.

57. Camila gastou sete reais e quatro centavos em uma loja. Esse valor é representado por:
   a) R$ 7,40.
   b) R$ 7,04.
   c) R$ 7,004.
   d) R$ 704,00.

58. (Saresp) João escreveu o número decimal 1,25 na forma de fração. Em seguida, João simplificou esta fração, obtendo a forma mais simples. A fração obtida por João foi:
   a) $\frac{5}{4}$.
   b) $\frac{5}{12}$.
   c) $\frac{1}{25}$.
   d) $\frac{25}{100}$.

59. (Ipad-PE) O número de adolescentes com 16 e 17 anos que podiam votar nas eleições de 2006 era de 2,45 milhões. Esse número corresponde a:
   a) 24 500 adolescentes.
   b) 245 000 adolescentes.
   c) 2 450 000 adolescentes.
   d) 24 500 000 adolescentes.

60. (Obmep) Qual dos números abaixo é maior que 0,12 e menor que 0,3?
   a) 0,31
   b) 0,29
   c) 0,013
   d) 0,119

61. O valor de $\frac{1}{3}$ + 2 + 0,75 é:
   a) $\frac{5}{4}$.
   b) $\frac{6}{7}$.
   c) $\frac{13}{10}$.
   d) $\frac{37}{12}$.

62. Como escrevemos 0,75 milhão apenas com algarismos?
   a) 7 500
   b) 75 000
   c) 750 000
   d) 7 500 000

CAPÍTULO 19
Adição e subtração de números decimais

Adição e subtração

Observe as figuras:

A. Qual é a massa, em quilogramas, das duas caixas de peras juntas?
B. Qual é a diferença entre a massa das caixas?

Há duas formas de resolver esses problemas.

A. $5,4 + 3,2 = \dfrac{54}{10} + \dfrac{32}{10} = \dfrac{86}{10} = 8,6$

B. $5,4 - 3,2 = \dfrac{54}{10} - \dfrac{32}{10} = \dfrac{22}{10} = 2,2$

Essas operações também podem ser escritas assim:

A.
```
   5,4
 + 3,2
 ─────
   8,6
```

B.
```
   5,4
 - 3,2
 ─────
   2,2
```

> Devemos somar ou subtrair:
> • décimos com décimos;
> • unidades com unidades.
> Para facilitar, colocamos vírgula debaixo de vírgula.

Agora vamos fazer uma adição e uma subtração com centésimos:

A. Efetuar: $3,54 + 2,19$
```
   3,54
 + 2,19
 ──────
   5,73
```

B. Efetuar: $7,28 - 1,32$
```
   7,28
 - 1,32
 ──────
   5,96
```

> Se o número de casas depois da vírgula for diferente, igualamos colocando zeros à direita da parte decimal.

C. Efetuar: $4,52 + 7,1$
```
   4,52
 + 7,10     ← 7,1 = 7,10
 ──────
  11,62
```

D. Efetuar: $18,3 - 3,42$
```
  18,30     ← 18,3 = 18,30
 - 3,42
 ──────
  14,88
```

EXERCÍCIOS
DE FIXAÇÃO

1. Calcule o valor das expressões.
   a) 4 − 1,8 + 2,1
   b) 3,2 − 1,5 + 0,18
   c) 18,3 + 0,16 − 9
   d) 4,25 − 1,01 − 2,13

2. Calcule o valor das expressões.
   a) (1 + 0,8) − 0,5
   b) 0,45 + (1,4 − 0,6)
   c) 10 + (18 − 12,56)
   d) 1,703 − (1,35 − 1,04)

3. Complete as contas com o número que falta.

   a) 5, 4   b) 1 0   c) 1, 0 8
      +____   −____   −____
       7, 3   1, 3 0 7   0, 3 2 7

4. Uma caixa cheia de maçãs tem massa de 14,95 kg. Vazia, a massa da caixa é de 1,47 kg. Quanto pesam só as maçãs?

5. Esta é a tabela de preços da cantina de uma escola.

SUCO	R$ 4,60
BISCOITO	R$ 3,25
BARRA DE CEREAL	R$ 3,80
SANDUÍCHE	R$ 5,75
PÃO DE QUEIJO	R$ 3,90

   Um aluno comprou 1 sanduíche, 1 suco e 1 biscoito. Quanto gastou?

6. Um relógio custa R$ 48,38 e um liquidificador, R$ 92,62. Luciana tem duas notas de R$ 20,00 e uma nota de R$ 100,00.

   a) Ela pode comprar os dois aparelhos?
   b) Se comprar só o liquidificador, que nota deve entregar ao caixa?
   c) Ela receberá troco? Quanto?

7. Observe a cena:

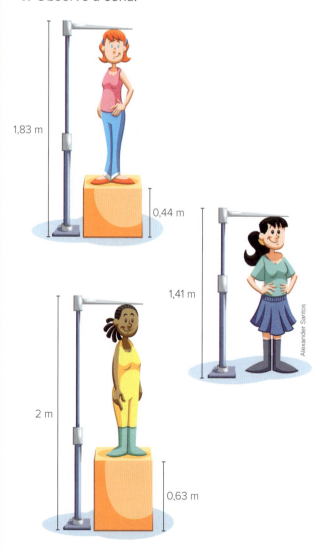

Qual é a soma da altura das três garotas?

EXERCÍCIOS
COMPLEMENTARES

8. Calcule mentalmente as somas.

a) 2 + 0,89
b) 0,7 + 0,6
c) 0,5 + 0,5
d) 3,5 + 0,5 + 1,2
e) 0,8 + 0,8 + 1,4
f) 2 + 0,4 + 1,3

9. Calcule o valor das expressões.

a) 0,64 + (7,5 − 1,9)
b) (6 − 1,25) − 0,12
c) 18 − (6,5 − 4,8)
d) 42,3 − (18,1 + 10,25)

10. A diferença entre dois números é 18,4, e o menor número é 7,4. Qual é o outro número?

11. Veja a seguir uma parte do comprovante de rendimentos que Maria recebeu no mês de maio.

```
NOME: MARIA DA SILVA                    RECIBO DE PAGAMENTO DE SALÁRIO

SALÁRIO...................................................................R$ 1.263,45
ADICIONAL DE TEMPO DE SERVIÇO.............................R$ 118,29
HORAS EXTRAS.....................................................R$ 58,12
DESCONTO DE INSS................................................R$ 113,71
DESCONTO DE EMPRÉSTIMO...................................R$ 106,99
```

Quanto Maria recebeu no mês de maio?

12. Este quadro mostra os pontos de cada candidato num concurso constituído de quatro provas.

	Língua Portuguesa	Matemática	Ciências	Geografia
Sílvia	7,35	8,15	7	8,25
Marta	5,85	9,65	8,15	6,6
Lúcia	8,35	10	7,4	5,25
Plínio	6,5	8,25	8,9	6,1
Magno	10	7,8	6,05	6,9
Gildo	8,25	7,25	8,95	6,05

Responda:

a) Qual foi o total geral de pontos de cada candidato?
b) Qual candidato obteve o melhor resultado?
c) Qual candidato obteve o pior resultado?
d) Houve candidatos que fizeram o mesmo número de pontos? Quais?

PANORAMA

FAÇA AS ATIVIDADES A SEGUIR E REVEJA O QUE VOCÊ APRENDEU.

13. A soma de 4 inteiros e 25 centésimos com 7 inteiros e 6 décimos é:

a) 11,31.
b) 11,85.
c) 11,085.
d) 11,625.

14. O valor da expressão 1 − (0,008 + 0,08 + 0,8) é:

a) 0,012.
b) 0,111.
c) 0,112.
d) 0,113.

15. O valor da expressão (3,2 − 1,5) − (6,24 − 5,7) é:

a) 1,16.
b) 1,26.
c) 1,06.
d) 1,36.

16. Qual é o número que torna a igualdade verdadeira?

$$\frac{7}{10} - \boxed{} = 0,5$$

a) 2
b) 1,2
c) 0,1
d) 0,2

17. (SEE-SP) O menor número decimal que somado a 6,032 resulta em um número natural é:

a) 0,32.
b) 0,968.
c) 0,0008.
d) 0,0068.

18. Alessandra fez compras no mercado e pagou com 3 cédulas de R$ 10,00. Recebeu de troco R$ 2,72. Ela gastou:

Banco Centro do Brasil

a) R$ 27,28.
b) R$ 28,27.
c) R$ 28,28.
d) R$ 27,38.

19. (Saresp) Júlia tinha 5,5 m de tecido. Ela fez uma saia e uma blusa. Para a saia foram necessários 2,45 m de tecido e 1,8 m para a blusa. Quantos metros de tecido restaram?

a) 0,65 m
b) 1,25 m
c) 3,05 m
d) 4,25 m

20. (Saresp) Beto saiu de sua casa na cidade de São Paulo para ver os rodeios em Barretos. Depois de percorrer 374,8 quilômetros, ele parou num posto de gasolina e soube que ainda faltavam 63 quilômetros para chegar ao seu destino. A distância percorrida de sua casa a Barretos é igual a:

a) 311,8 quilômetros.
b) 381,1 quilômetros.
c) 437,8 quilômetros.
d) 1 004,8 quilômetros.

21. Rogério foi ao Banco Modelo pagar uma conta de R$ 63,20. Se ele pagou com uma cédula de 100 reais, o troco que recebeu foi:

a) R$ 36,80.
b) R$ 46,80.
c) R$ 37,20.
d) R$ 47,20.

Estúdio Ornitorrinco

22. A altura dos jogadores de basquete da minha escola são: 1,83 m, 1,78 m, 1,73 m, 1,84 m e 1,68 m. A diferença entre a maior e a menor altura dos alunos da equipe é:

a) 9 cm.
b) 17 cm.
c) 16 cm.
d) 15 cm.

23. Comprei um lanche por R$ 7,20 e dei uma nota de R$ 10,00 ao caixa. Ele me pediu mais R$ 0,70 pois tinha poucas moedas. Quanto recebi de troco?

a) R$ 2,80
b) R$ 3,20
c) R$ 3,30
d) R$ 3,50

CAPÍTULO 20
Multiplicação e potenciação de números decimais

Multiplicação

Pedro gosta de praticar esportes. Duas vezes por dia, ele anda de bicicleta.

Ontem pela manhã, ele percorreu 2,3 quilômetros. À tarde, percorreu uma vez e meia essa distância.

Quantos quilômetros ele percorreu à tarde?

Vamos calcular: 2,3 · 1,5

```
      2, 3   ← décimos
  ×   1, 5   ← décimos
    -------
      1 1 5
  +   2 3
    -------
      3, 4 5 ← décimos × décimos = centésimos
```

Portanto, Pedro percorreu à tarde 3,45 quilômetros.

Para multiplicarmos dois números decimais:

1º) multiplicamos os números decimais como se fossem números naturais;
2º) com a vírgula, separamos no produto, da direita para a esquerda, o total de casas dos dois fatores.

Exemplos:

A. Efetuar: 4,26 · 2,3.

```
      4, 2 6   ← 2 casas depois da vírgula
  ×     2, 3   ← 1 casa depois da vírgula     +
      -------
      1 2 7 8    3 casas depois da vírgula
  +   8 5 2
      -------
      9, 7 9 8
```

O produto terá 3 casas decimais:
centésimos × décimos
milésimos

B. Efetuar: 0,23 · 0,007.

```
      0, 2 3       ← 2 casas depois da vírgula
  ×   0, 0 0 7     ← 3 casas depois da vírgula   +
      ---------
      0, 0 0 1 6 1   5 casas depois da vírgula
```

O produto terá 5 casas decimais:
centésimos × milésimos
centésimos de milésimos

EXERCÍCIOS
DE FIXAÇÃO

1. Calcule mentalmente as multiplicações.
   a) 6 · 0,5
   b) 9 · 0,5
   c) 2 · 1,8
   d) 0,25 · 4
   e) 0,25 · 5
   f) 0,75 · 4
   g) 1,2 · 5
   h) 1,5 · 8
   i) 1,25 · 4

2. Calcule o valor destas expressões.
   a) 3 · 1,5 − 2,5
   b) 8 + 2 · 1,6
   c) 0,6 · 3 + 1,4
   d) 3,9 · 5 − 12,01
   e) 0 · 4,47 · 3,39
   f) 3,5 · 0,02 · 1,83

3. (OM-CE) Qual pilha de moedas tem mais dinheiro?
   a) Uma com 2 moedas de 50 centavos, 4 de 25 centavos e 3 de 10 centavos.
   b) Uma com 5 moedas de 50 centavos.
   c) Uma com 20 moedas de 10 centavos.
   d) Uma com 150 moedas de 1 centavo.
   e) Uma com 9 moedas de 25 centavos e 1 de 10 centavos.

4. (FCC-SP) É mais econômico comprar um frasco de detergente de 1,5 litro por R$ 4,75 do que 3 frascos de 0,5 litro do mesmo detergente pelo preço unitário de R$ 1,75?

5. O preço à vista de um automóvel é R$ 21.335,00. O mesmo automóvel, a prazo, custa R$ 4.740,50 de entrada mais 6 prestações de R$ 3.567,75. Qual é a diferença entre o valor total da compra à vista e a prazo?

6. A mãe de Helena comprou:

- 2 kg de banana a R$ 3,28 o quilo;
- 1,4 kg de pera a R$ 9,00 o quilo;
- 2,5 kg de maçã a R$ 5,80 o quilo.

Quanto gastou a mãe de Helena?

7. (UFPR) Um certo banco oferece a seguinte modalidade de tarifa para uso de cheques: o cliente paga R$ 4,00 para receber o talão de cheques no seu domicílio e paga R$ 0,30 por folha de cheque utilizada, até 20 folhas; a partir da 21ª, paga R$ 1,10 por folha utilizada. Quanto o cliente paga pelo uso de 23 folhas de cheque?

8. (FGV-SP) As tarifas praticadas por duas agências de locação de automóveis para veículos idênticos são:

Agência A
14,40 reais por dia
+
1,67 reais por km rodado

Agência B
14,10 reais por dia
+
1,70 reais por km rodado

Para um percurso diário de 110 km, qual agência oferece o menor preço?

Multiplicação por potências de base 10

Observe:
- $0,75 \cdot 10 = 7,5$
- $1,38 \cdot 100 = 138$
- $0,0024 \cdot 1000 = 2,4$

Quando multiplicamos por 10, os décimos passam a ser unidades, os centésimos passam a ser décimos, as unidades passam a ser dezenas e assim por diante.

Exemplos:

A. $4,768 \cdot 10 = 47,68$

B. $4,768 \cdot 100 = 476,8$

C. $4,768 \cdot 1000 = 4\,768$

Na multiplicação de um número decimal:
- por 10, deslocamos a vírgula uma casa à direita;
- por 100, deslocamos a vírgula duas casas à direita;
- por 1000, deslocamos a vírgula três casas à direita; e assim por diante.

EXERCÍCIOS DE FIXAÇÃO

9. Efetue estas multiplicações.
- a) $5,237 \cdot 10$
- b) $4,169 \cdot 100$
- c) $3,745 \cdot 1000$
- d) $8,63 \cdot 1000$
- e) $0,287 \cdot 100$
- f) $2,08 \cdot 1000$
- g) $0,9 \cdot 1000$
- h) $0,3 \cdot 10$
- i) $5,4 \cdot 1000$
- j) $0,037 \cdot 10$

10. Calcule os produtos a seguir.
- a) $8,5 \cdot 10^2$
- b) $0,362 \cdot 10^2$
- c) $34,27 \cdot 10^3$
- d) $0,486 \cdot 10^4$

11. Responda:
- a) Troquei 2 reais em centavos. Quantos centavos recebi?
- b) Troquei 500 centavos em reais. Quantos reais recebi?

12. Na compra a prazo, qual é o valor total da televisão? Calcule mentalmente.

TV 14" EM 10 (1 + 9) VEZES DE R$ 87,54 SEM ACRÉSCIMO

13. Um comerciante comprou 10 000 latinhas de suco de 0,35 litro cada uma. Quantos litros de suco esse comerciante comprou?

14. Uma pessoa bebe 1,75 litro de água por dia. Se mantido esse consumo de água por pessoa, quanto beberão durante um dia:
- a) 10 pessoas?
- b) 100 pessoas?
- c) 1000 pessoas?
- d) 10 000 pessoas?

Veja esta operação: 4,5 · 2,5 = 11,25
Então, repare:

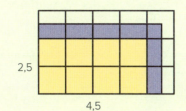

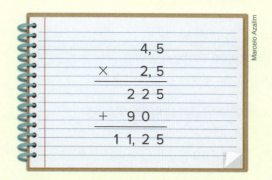

Vamos agora contar os quadradinhos que ocupam o retângulo.

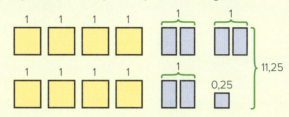

São, ao todo, 11 quadradinhos e um quarto de quadradinho.

Potenciação

A potenciação é uma multiplicação de fatores iguais.

Exemplos:

A. $(1,3)^2 = 1,3 \cdot 1,3 = 1,69$ 　　　　**B.** $(0,4)^3 = 0,4 \cdot 0,4 \cdot 0,4 = 0,064$

Vale observar que são válidas as convenções para os expoentes um e zero.

Exemplos:

A. $(8,72)^1 = 8,72$ 　　　　**B.** $(6,49)^0 = 1$

EXERCÍCIOS

DE FIXAÇÃO

15. Calcule estas potências.

a) $(0,9)^2$
b) $(0,5)^2$
c) $(1,2)^2$
d) $(1,1)^3$
e) $(0,2)^3$
f) $(0,1)^4$
g) $(0,13)^2$
h) $(0,3)^4$
i) $(0,2)^5$
j) $(3,91)^2$
k) $(1,02)^2$
l) $(0,001)^2$

16. Calcule o valor das expressões a seguir.

a) $3 - (0,1)^2$
b) $15,2 - (1,3)^2$
c) $(6,5)^0 + (0,2)^3$
d) $(0,6)^2 + (0,8)^2$
e) $4 \cdot (0,5)^2 - 0,83$
f) $5 + (1,2)^2 - (0,7)^2$

Efetue as potenciações em 1º lugar.

EXERCÍCIOS COMPLEMENTARES

17. Calcule:

a) o dobro de 0,65;

b) o triplo de 4,5;

c) o quádruplo de 9,25;

d) o quíntuplo de 10,42.

18. Calcule o valor destas expressões.

a) $7,4 - 8 \cdot 0,5$

b) $1,3 \cdot 1,3 - 1,69$

c) $2,5 \cdot 13 - 6,8$

d) $20 - 6 \cdot 1,5 + 0,7$

19. Calcule o valor das expressões a seguir.

a) $5 \cdot (0,2 + 1,3)$

b) $1,8 \cdot (1 - 0,6)$

c) $9 - 0,5 \cdot (1 - 0,6)$

d) $(3,2 - 1,5) \cdot (8 - 7,5)$

20. Calcule o valor das expressões abaixo.

a) $15 - (0,3)^2$

b) $(1,7)^2 \cdot 10$

c) $0,04 + (0,1)^2$

d) $(0,2)^3 + (1,1)^2$

e) $(1 - 0,7)^2$

f) $(1,5)^2 - (0,5)^2$

g) $3 + (1,2)^2 + (2,8)^2$

h) $0,2 \cdot 0,3 + (0,5)^2$

i) $(0,04 + 0,08) : (0,2)^2$

21. Um jogo de jarra e copos custa R$ 39,00. Cada copo custa, separadamente, R$ 3,85. Qual é o preço da jarra?

22. Uma escola fez a seguinte encomenda de material:

Quantidade	Material	Preço por unidade	Preço total
15	borracha		
6	caixa de lápis de cor		
35	caneta esferográfica		
8	corretivo líquido		
18	lapiseira		
	Total		

LÁPIS DE COR R$ 15,18

CANETA R$ 5,74

BORRACHA R$ 2,68

LAPISEIRA R$ 8,69

CORRETIVO LÍQUIDO R$ 3,93

Copie a tabela, complete-a e calcule a quantia que a escola pagou pelo total da encomenda.

PANORAMA

FAÇA OS EXERCÍCIOS A SEGUIR E VEJA O QUE VOCÊ APRENDEU.

NO CADERNO

23. O valor de 0,3 · 0,3 · 0,3 é:
   a) 0,001.
   b) 0,003.
   c) 0,027.
   d) 0,333.

24. O valor da expressão 0,5 + 1,27 · 2,03 é:
   a) 4,071.
   b) 3,421.
   c) 3,5931.
   d) 3,0781.

25. Somando o dobro de 1,6 com o triplo de 0,25, obtemos:
   a) 5,3.
   b) 3,95.
   c) 1,07.
   d) 10,7.

26. (PUC-SP) $(0,5)^4$ é igual a:
   a) 0,125.
   b) 0,625.
   c) 0,00625.
   d) n.d.a.

27. O valor de $8 \cdot (0,5)^2$ é:
   a) 2.
   b) 0,2.
   c) 20.
   d) 200.

28. (Cesgranrio-RJ) A representação decimal de $(0,01)^3$ é:
   a) 0,03.
   b) 0,001.
   c) 0,0001.
   d) 0,000001.

29. (Fuvest-SP) O valor de $(0,2)^3 + (0,16)^2$ é:
   a) 0,0264.
   b) 0,0336.
   c) 0,1056.
   d) 0,2568.

30. O valor da expressão $(1 - 0,3) \cdot (3 - 1,4) + 1,83$ é:
   a) 2,95.
   b) 7,25.
   c) 11,07.
   d) 13,03.

31. (UFRJ) Fui até a padaria e comprei 3 litros de leite, cada um custando R$ 2,36, e 5 pães de forma, cada um custando R$ 4,95. Se paguei com uma nota de R$ 100,00, o troco que recebi, em reais, é:
   a) 31,83.
   b) 65,37.
   c) 68,17.
   d) 68,47.

32.

Se 25 amigos de um bairro participarem do passeio anunciado, qual será o custo total, com passagens e alimentação?
   a) R$ 1.780,00
   b) R$ 1.790,00
   c) R$ 1.811,00
   d) R$ 1.990,00

33. (Vunesp) Observe a oferta do dia.

Se o freguês escolher a opção de comprar a prazo, pagará pelos patins:
   a) R$ 175,00.
   b) R$ 166,05.
   c) R$ 160,50.
   d) R$ 150,60.

34. (OMABC-SP) João ganha uma mesada que corresponde a dois terços da do seu irmão. Com a mesada de seu irmão é possível comprar 5 sorvetes de R$ 0,90 cada, 3 chocolates de R$ 1,20 cada e ainda lhe resta metade da mesma. A mesada de João é:
   a) R$ 8,10.
   b) R$ 16,20.
   c) R$ 10,00.
   d) R$ 10,80.

CAPÍTULO 21

Frações e divisões

Divisão de números naturais com quociente decimal

Daniel tem um rolo de arame com 34 m de comprimento.

Precisa dividir esse comprimento em 5 pedaços iguais.

Qual deve ser a medida de cada pedaço?

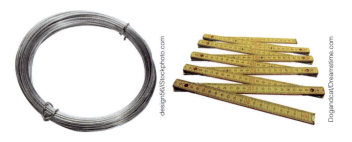

Ao efetuar 34 : 5, ele percebeu que, nos números naturais, essa divisão deixa resto 4. Veja:

$$\begin{array}{r|l} 34 & 5 \\ \hline 4 & 6 \end{array}$$

Como Daniel conhece os números decimais, sabe que 4 unidades = 40 décimos.

Fez a troca, prosseguiu com a divisão de 40 décimos por 5 e obteve 8 décimos.

$$\begin{array}{r|l} 34 & 5 \\ 40 & 6{,}8 \\ 0 & \end{array}$$

> Quando dividimos décimos, o quociente será em décimos. Daniel colocou a vírgula porque o resultado 8 deve estar na ordem dos décimos!

Então, 34 : 5 = 6,8.

Cada pedaço de arame deve medir 6,8 m.

E se a divisão do comprimento fosse feita em 8 partes iguais?

$$\begin{array}{r|l} 34 & 8 \\ \hline 2 & 4 \end{array}$$

O resto é 2. Como 2 unidades = 20 décimos, faremos a troca para prosseguir:

$$\begin{array}{r|l} 34 & 8 \\ 20 & 4{,}2 \end{array}$$

20 décimos : 8 resulta em 2 e sobram 4 décimos. Faremos uma nova troca:

4 décimos = 40 centésimos, e 40 centésimos : 8 = 5 centésimos

$$\begin{array}{r|l} 34 & 8 \\ 20 & 4{,}25 \\ 40 & \end{array}$$

Como 34 : 8 = 4,25, cada pedaço de arame deve medir 4,25 m.

E se o dividendo for menor que o divisor?

4 : 5 = ?

```
4 | 5
4   0
```

4 unidades : 5 resulta em 0 e sobram 4 unidades.
No entanto, 4 unidades = 40 décimos.

Fazemos a troca e dividimos 40 décimos por 5, encontrando 8 décimos.
Então, 4 : 5 = 0,8

```
 4 | 5
40   0,8
 0
```

Dízimas periódicas

Vamos efetuar 2 : 3.

```
 2 | 3
20   0,6666
20
20
 2
```

Podemos prosseguir dividindo indefinidamente. O resto 2 se repete sempre. O quociente tem infinitas casas decimais iguais a 6. Essa divisão gera uma **dízima periódica**. O número que se repete é o **período** da dízima. Neste exemplo, o período é 6. Escrevemos:

2 : 3 = 0,666... ou 2 : 3 = 0,$\overline{6}$

Outros exemplos:

a) 24 : 198 = 0,1212... = 0,$\overline{12}$

```
240 | 198
420   0,1212
240
420
 24
```

b) 115 : 99 = 1,1616... = 1,$\overline{16}$

```
115 | 99
160   1,1616
610
160
610
 16
```

EXERCÍCIOS DE FIXAÇÃO

NO CADERNO

1. Efetue no caderno e depois confira com a calculadora:

a) 28 : 5
b) 51 : 15
c) 171 : 36
d) 1 161 : 45
e) 21 : 25
f) 250 : 15

2. Adriana gastou R$ 133,00 na compra de 35 canetas iguais. Qual é o preço de cada caneta?

3. Um elevador pode transportar até 700 kg. Se 8 pessoas utilizarem esse elevador, qual deve ser o peso médio de cada pessoa para não ultrapassar o limite de 700 kg?

4. Os 24 alunos da professora Liliam compraram um presente de Dia do Professor para ela. O gasto, de R$ 204,00, foi dividido igualmente entre todos. Com quanto contribuiu cada aluno?

Frações e divisões

Camila comprou um chocolate para cada um de seus três filhos.

No entanto, eles chegaram com um amigo da escola e Camila precisou dividir os chocolates igualmente entre os 4.

Sabemos que 3 : 4 não é um número natural. Será preciso repartir os chocolates em pedaços.

Então, ela dividiu cada chocolate em 4 partes iguais.

Cada parte = $\frac{1}{4}$ de chocolate.

Cada criança recebeu 3 partes de $\frac{1}{4}$ de chocolate, ou seja, cada uma recebeu $\frac{3}{4}$ de chocolate.

Esse exemplo mostra que $3 : 4 = \frac{3}{4}$

O traço de fração indica a divisão de dois números naturais.

Acompanhe mais uma situação.

Para dividir igualmente estas duas tortas entre 5 pessoas, dividimos cada uma em quintos:

Cada pessoa recebe 1 pedaço de cada torta.

$\frac{1}{5} + \frac{1}{5} = \frac{2}{5}$

Cada pessoa receberá $\frac{2}{5}$ de torta. $2 : 5 = \frac{2}{5}$

Escrevendo frações na forma de número decimal

Você já viu como escrever frações decimais na forma de número decimal:

$$\frac{3}{10} = 0,3 \qquad \frac{213}{100} = 2,13 \qquad \frac{75}{1000} = 0,075$$

Como o traço de fração indica divisão, podemos escrever qualquer fração na forma de número decimal, dividindo numerador por denominador.

Exemplos:

A. $\frac{7}{2} = 7 : 2 \Rightarrow$

```
7 | 2
10  3,5
 0
```
(divisão exata)

Assim: $\frac{7}{2} = 3,5$, que é um **decimal exato**.

B. $\frac{5}{9} = 5 : 9 \Rightarrow$

```
50 | 9
50   0,555...
50
50
 5
```

Assim: $\frac{5}{9} = 0,5555...$, que é uma **dízima periódica**.

C. $\frac{5}{6} = 5 : 6 \Rightarrow$

```
50 | 6
20   0,8333...
20
20
 2
```

Assim: $\frac{5}{6} = 0,8333...$, que é uma **dízima periódica composta**.

Observe no terceiro exemplo que, logo após a vírgula, aparece o algarismo 8, que não se repete (parte não periódica), para depois aparecer o período 3.

A divisão de dois números naturais só pode ter como resultado uma das três opções abaixo:
- um número natural, como em $\frac{6}{3} = 2$;
- um número decimal exato, como em $\frac{3}{5} = 0,6$;
- uma dízima periódica, como em $\frac{2}{3} = 0,666...$

EXERCÍCIOS DE FIXAÇÃO

5. Escreva na forma de número decimal:

a) $\frac{3}{2}$

b) $\frac{5}{4}$

c) $\frac{9}{5}$

d) $\frac{21}{20}$

e) $\frac{13}{25}$

f) $\frac{15}{4}$

6. Determine a dízima periódica gerada pelas frações:

a) $\frac{2}{3}$

b) $\frac{7}{9}$

c) $\frac{2}{11}$

d) $\frac{1}{6}$

e) $\frac{21}{90}$

f) $\frac{65}{99}$

Divisão de números decimais

Sabemos que $\dfrac{24 \;|\underline{\;6\;}}{0\;\;\;\;4}$.

Vamos efetuar novas divisões obtidas multiplicando o 24 (dividendo) e o 6 (divisor) por um mesmo número natural não nulo para observar o que ocorre com o quociente.

$\dfrac{48\;|\underline{\;12\;}}{0\;\;\;\;4}$ $\dfrac{72\;|\underline{\;18\;}}{0\;\;\;\;4}$ $\dfrac{120\;|\underline{\;30\;}}{0\;\;\;\;4}$ $\dfrac{240\;|\underline{\;60\;}}{0\;\;\;\;4}$

| dividendo e divisor vezes 2 | dividendo e divisor vezes 3 | dividendo e divisor vezes 5 | dividendo e divisor vezes 10 |

O quociente não muda!

Podemos constatar o que observamos acima utilizando as divisões com traço de fração:

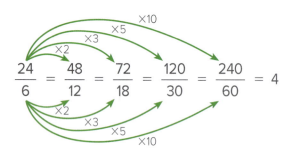

Todas as frações são equivalentes. Representam a mesma quantidade: 4.

Propriedade: numa divisão, quando multiplicamos dividendo e divisor por um mesmo número natural não nulo, o quociente não se altera.

VAMOS USAR ESSA PROPRIEDADE PARA DIVIDIR NÚMEROS DECIMAIS. VEJA:

A. 3,6 : 0,12

Sabemos dividir números naturais.

Multiplicando 3,6 por 100 e 0,12 também por 100, não alteramos o quociente:

3,6 : 0,12 = 360 : 12 = 30
         ×100   ×100

B. 4,48 : 0,8

Multiplicaremos dividendo e divisor por 100 para ficarmos com uma divisão de números naturais.

4,48 : 0,8 = 448 : 80
       ×100   ×100

4,48 : 0,8 = 5,6

$\dfrac{448\;|\underline{\;80\;\;\;\;}}{480\;\;5{,}6}$
0

C. 10,2 : 5

Multiplicaremos o dividendo e o divisor por 10 para ficarmos com uma divisão de números naturais.

10,2 : 5 = 102 : 50
      ×10   ×10

10,2 : 5 = 2,04

$\dfrac{102\;|\underline{\;50\;\;\;\;\;}}{200\;\;2{,}04}$
0

EXERCÍCIOS
DE FIXAÇÃO

7. Efetue estas divisões.
a) 13,5 : 5
b) 7,2 : 1,8
c) 5,6 : 0,7
d) 144 : 0,25
e) 59,5 : 0,7
f) 72 : 0,09
g) 9,112 : 5,36
h) 88,88 : 1,1

8. Calcule o valor das expressões a seguir.
a) 15 − 4,8 : 24
b) 5 · 0,6 − 1,8 : 2
c) 3,9 + 6,4 : 2
d) 8 : (0,5 · 0,4)

9. Qual expressão tem maior valor?
a) 12 : 0,01
b) 25 : 0,1
c) 18 · 0,01
d) 7 · 100

10. Quanto vale a metade de um centésimo?
a) 0,02
b) 0,05
c) 0,002
d) 0,005

11. (CAP-UFPE) Polyana dividiu um número por 4, obteve 634,5 como quociente e resto zero. Luís dividiu esse mesmo número por 4, obteve 634 como quociente e resto diferente de zero. Qual o resto deixado na conta realizada por Luís?

12. (OBM) Laurinha tinha em sua carteira somente notas de 10 reais e moedas de 10 centavos. Ela pagou uma conta de 23 reais com a menor quantidade possível de moedas. Quantas moedas ela usou?
a) 3
b) 6
c) 10
d) 23
e) 30

13. (Obmep) Marcos tem R$ 4,30 em moedas de 10 e 25 centavos. Dez dessas moedas são de 25 centavos. Quantas moedas de 10 centavos Marcos tem?
a) 16
b) 18
c) 19
d) 20
e) 22

14. Para ir ao trabalho e voltar dele, Alexandra gasta, a cada 5 dias, R$ 68,00. Quanto ela gastará em 12 dias, mantido o preço da condução?

15. Quanto se está pagando exatamente por um destes três sabonetes?

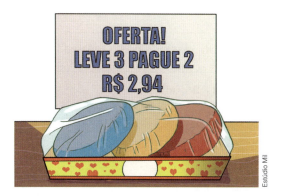

16. Qual informação está faltando na etiqueta do produto embalado do supermercado?

Preço por quilo	"Peso"	Total a pagar
	0,45 kg	R$ 2,70

17. Um saco de amendoins custa R$ 10,24. Se o quilograma desses amendoins custa R$ 12,80, quantos gramas tem o pacote?

18. (Vunesp) Um comerciante vende bananas e laranjas. O preço de uma dúzia de bananas é R$ 4,50 e de uma dúzia de laranjas é R$ 3,50. No final do dia, esse comerciante recebeu pelo total de dúzias vendidas R$ 57,00. Sabendo-se que ele vendeu todas as 8 dúzias de banana que tinha e que ainda restaram 28 laranjas, o número total de laranjas que ele tinha no início do dia era:
a) 100.
b) 90.
c) 85.
d) 70.
e) 65.

Divisão por potências de base 10

Para dividirmos um número decimal:

- por 10, deslocamos a vírgula uma casa à esquerda;
- por 100, deslocamos a vírgula duas casas à esquerda;
- por 1 000, deslocamos a vírgula três casas à esquerda;

e assim por diante.

Exemplos:

A. 873,4 : 10 = 87,34
B. 873,4 : 100 = 8,734
C. 873,4 : 1000 = 0,8734
D. 58,6 : 1000 = 0,0586

EXERCÍCIOS DE FIXAÇÃO

19. Efetue as divisões.

a) 4,83 : 10
b) 59,61 : 10
c) 381,7 : 10
d) 674,9 : 100
e) 85,35 : 100
f) 6 312,4 : 100
g) 7 814,9 : 1000
h) 0,017 : 100
i) 0,08 : 10
j) 789,14 : 1000

20. Efetue as divisões.

a) $85 : 10^2$
b) $62 : 10^3$
c) $6,189 : 10^2$
d) $321,54 : 10^4$

21. Complete:

a) 7 reais = _____ centavos.
b) 0,5 reais = _____ centavos.
c) 14 300 centavos = _____ reais.
d) 27 580 centavos = _____ reais.

22. Calcule mentalmente o valor unitário de cada produto a seguir.

a)

PAPEL HIGIÊNICO
EMBALAGEM COM 10 ROLOS
R$ 9,70

b)

PARAFUSOS
CAIXA COM 100 UNIDADES
R$ 5,00

EXERCÍCIOS
COMPLEMENTARES

23. Calcule as divisões.
   a) 0,76 : 100
   b) 0,76 : 1000
   c) 0,76 : 0,01
   d) 0,76 : 0,001

24. Calcule o valor destas expressões.
   a) 1,9 + 7,2 : 2,4
   b) 7,5 : 3 − 0,51
   c) 4,8 : 2 + 0,1 − 0,6
   d) 9,1 − 1,8 : 0,3
   e) 3,2 : 4 − 0,018
   f) 8,46 : 2 − 1,05

25. Calcule as operações.
   a) $\dfrac{2,4 \cdot 1,2}{0,8 + 0,7}$
   b) $\dfrac{7}{1 - 2 \cdot 0,3}$
   c) $\dfrac{0,6 \cdot 0,3}{7,2 - 6}$
   d) $\dfrac{10 - 1,7 \cdot 3,2}{0,8 - 0,6}$

26. Uma caixa com 16 bombons custou R$ 20,00. Quanto custou cada bombom?

27. Copie, calcule e complete a tabela em seu caderno.

Produto	Preço unitário (R$)	Quantidade	Preço total (R$)
leite		10	14,70
iogurte	1,25	6	
pão		12	2,76
geleia	2,45		7,35

28. (UFRJ) Disponho de um rolo de papel de 2 m de largura por 7 m de comprimento. Quero cortar esse rolo de papel em faixas de 2 m × 0,28 m como mostrado na figura. Qual é o número de faixas que vou obter?

29. Um comerciante compra certo artigo ao preço unitário de R$ 2,10 e vende cinco unidades desse artigo por R$ 17,50. Nessas condições, se vender 85 unidades desse artigo seu lucro será de:
   a) R$ 120,00.
   b) R$ 121,00.
   c) R$ 119,30.
   d) R$ 119,00.

30. (OM-SP) Fábio e Luís compraram chocolates. Fábio comprou 8 chocolates e pagou R$ 9,60. Luís pagou R$ 9,60 e comprou 5 chocolates. Fábio quer trocar 3 dos seus chocolates por 2 chocolates de Luís. Se Luís fizer essa troca, vai lucrar ou perder? Quanto?

31. Um rapaz foi pago para lavar 400 copos que seriam usados em uma festa. Ficou combinado que ele receberia R$ 0,05 por copo que lavasse e, caso quebrasse algum, seria descontado R$ 0,25 por copo danificado. No fim do serviço o rapaz recebeu R$ 18,00. Quantos copos ele quebrou?

Estúdio Ornitorrinco

PANORAMA

FAÇA AS ATIVIDADES A SEGUIR E REVEJA O QUE VOCÊ APRENDEU.

NO CADERNO

32. A fração $\frac{3}{5}$ é igual a:
a) 3,5.
b) 5,3.
c) 0,6.
d) 0,06.

33. O número que dividido por 15 centésimos dá 2,4 é:
a) 2,25.
b) 2,55.
c) 0,36.
d) 0,0625.

34. (OBM) Lucinda manchou com tinta dois algarismos em uma conta que ela tinha feito, como mostra a figura. Qual foi o menor dos algarismos manchados?

```
25 | ▓▓
10   3,12▓
20
 40
  0
```

a) 4
b) 5
c) 6
d) 7
e) 8

35. O valor de $(4 - 2{,}65) : 0{,}9$ é:
a) 1,3.
b) 1,5.
c) 13.
d) 15.

36. (Unip-SP) O valor de $315 : 0{,}0045$ é:
a) 70.
b) 700.
c) 7 000.
d) 70 000.

37. O valor de $3^4 : (1 - 0{,}1)^2$ é:
a) 1.
b) 10.
c) 100.
d) 1 000.

38. (UFRN) Simplificando-se a expressão $(0{,}012 + 1{,}5) : 16{,}8$, obtém-se:
a) 0,09.
b) 0,14.
c) 0,15.
d) 0,28.

39. (Fuvest-SP) O valor de $(0{,}2)^3 + (0{,}16)^2$ é:
a) 0,0264.
b) 0,0336.
c) 0,1056.
d) 0,2568.

40. (FOC-SP) O valor de $\frac{0{,}064}{0{,}008}$ é:
a) 8.
b) 0,8.
c) 80.
d) 800.

41. (PUC-SP) Qual é o valor de $\frac{25 \cdot 12{,}8}{100}$?
a) 16
b) 32
c) 1,6
d) 3,2

42. O valor de $\frac{8}{0{,}2} + 0{,}36 : 0{,}04$ é:
a) 110.
b) 130.
c) 29.
d) 49.

43. (PUC-SP) O valor de $\frac{4 \cdot (0{,}3)^2}{2 - 1{,}4}$ é:
a) 3.
b) 6.
c) 0,6.
d) 0,3.

44. (PUC-SP) O valor de $\dfrac{\frac{1}{2} + 0{,}3}{8}$ é:
a) 0,1.
b) $\frac{1{,}3}{16}$.
c) 0,2.
d) $\frac{3}{16}$.

45. (Mack-SP) O valor de $\frac{0{,}2 \cdot 0{,}7 - 4 \cdot 0{,}01}{0{,}5 \cdot 0{,}2}$ é:
a) 0,1.
b) 0,01.
c) 1.
d) 10.

46. Quando multiplicamos 0,25 por $\frac{8}{13}$, obtemos:

a) $\frac{2}{13}$.

b) $\frac{20}{13}$.

c) $\frac{10}{13}$.

d) $\frac{200}{13}$.

47. (Vunesp) Para encontrar a metade de 1356, posso efetuar:

a) 1356 · 0,5.
b) 1356 : 0,5.
c) 1356 · 2.
d) 1356 : $\frac{1}{2}$.

48. É verdade que:

a) 700 multiplicado por 0,01 é igual a 70 000.
b) 953 multiplicado por 0,972 é menor que 953.
c) 953 dividido por 0,972 é menor que 953.
d) $(0,3)^2$ é igual a 0,9.

49. (UFRJ) Ana comprou 3 litros de água de coco e 2 litros de leite. Pagou a conta com uma nota de R$ 10,00 e recebeu o troco de R$ 3,26. Sabendo que o litro de leite custa R$ 1,12, o preço do litro de água de coco, em reais, é:

a) 1,50.
b) 1,75.
c) 2,25.
d) 3,00.

50. Havia sido realizado um orçamento para a compra de 400 salgadinhos. Ao ser feito o pedido, só foi possível comprar 350, por ter havido um aumento, não previsto, de R$ 0,20 por unidade. Cada salgadinho foi comprado por:

a) 1,40.
b) 1,60.
c) 1,80.
d) 1,50.

51. Em um restaurante que cobra o consumo por quilo, o cliente paga R$ 2,80 para cada 100 gramas de alimento. Almocei e, na saída, paguei R$ 20,20 pela refeição, mas já incluído o valor de R$ 3,40 do suco. Então, a quantidade, em gramas, de meu almoço foi de:

a) 600.
b) 620.
c) 650.
d) 700.

52. (Unirio-RJ) Três dúzias de ovos valem 4 dúzias de maçãs; 5 dúzias de maçãs valem 3 dúzias de peras. Sabendo que uma dúzia de peras custa R$ 6,00, podemos afirmar que uma dúzia de ovos custará:

a) R$ 4,00.
b) R$ 4,80.
c) R$ 5,00.
d) R$ 5,20.

53. (PUC-SP) Um feirante compra maçãs ao preço de R$ 0,75 para cada duas unidades e as vende ao preço de R$ 3,00 para cada seis unidades. O número de maçãs que deverá vender para obter um lucro de R$ 50,00 é:

a) 40.
b) 52.
c) 400.
d) 520.

54. (PUC-SP) Quando colocou 46,2 litros de gasolina no tanque de seu carro, Horácio observou que o ponteiro do marcador, que antes indicava estar ocupando $\frac{1}{5}$ da capacidade do tanque, passou a indicar $\frac{3}{4}$. Nessas condições, é correto afirmar que a capacidade total desse tanque, em litros, é:

a) 70.
b) 84.
c) 90.
d) 96.

Porcentagem

No quadrado ao lado, estão representados 100 quadradinhos.

Desses **100 quadradinhos**, **17 são azuis**, isto é, **17 em cada 100** quadradinhos **são azuis**, ou, de outra forma, **17 por cento** dos quadradinhos são azuis.

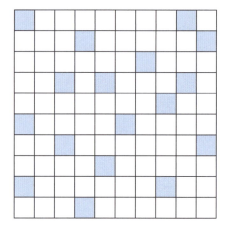

A expressão 17 por cento pode ser representada das seguintes maneiras:

- utilizando o símbolo %: 17%
- na forma de **fração**: $\dfrac{17}{100}$

Se contarmos os quadradinhos brancos, podemos verificar que eles são 83, ou seja, 83 por cento dos quadradinhos são brancos.

$\dfrac{83}{100} = 83\%$ O todo é 100%. → 17% + 83% = 100%

Também podemos representar a fração na forma decimal.

Assim: $\dfrac{83}{100} = 0{,}83 = 83\%$

Leia com atenção as informações dos quadros a seguir.

1. 50 por cento significa 50 em 100, ou seja, é o mesmo que a metade.
Exemplo:
50 por cento de 90 000 habitantes é a metade de 90 000 habitantes, ou seja, são 45 000 habitantes.

2. 10 por cento significa 10 em 100, ou seja, é o mesmo que um décimo.
Exemplo:
10 por cento de 300 reais é um décimo de 300 reais; são 30 reais.

3. 20 por cento significa 20 em 100 e é o mesmo que vinte centésimos ou dois décimos.
Exemplo:
10 por cento de 100 reais são 10 reais; 20 por cento são duas vezes esse número, ou seja, 20 reais.

4. 30 por cento significa 30 em 100 e é o mesmo que trinta centésimos ou três décimos.
Exemplo:
10 por cento de 40 000 laranjas são 4 000 laranjas; 30 por cento são três vezes esse número, ou seja, 12 000 laranjas.

EXERCÍCIOS
DE FIXAÇÃO

1. Qual porcentagem do quadrado maior foi pintada em cada item?

   a)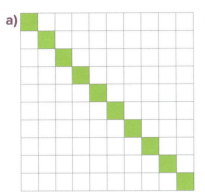
   b)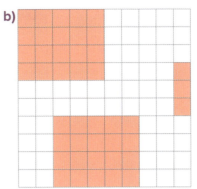
   c)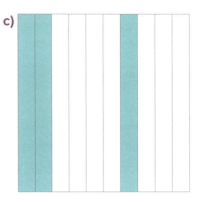

2. Complete a tabela.

Fração	Número decimal	Porcentagem
	0,25	25%
$\frac{37}{100}$		
	0,01	
		75%

3. Complete:
   a) 20% é o ▭ de 10%
   b) 30% é o ▭ de 10%
   c) 5% é a ▭ de 10%
   d) 1% é a ▭ de 10%

4. Calcule mentalmente.
   a) 10% de 6 000
   b) 5% de 6 000
   c) 1% de 6 000
   d) 10% de 500
   e) 20% de 500
   f) 30% de 500
   g) 10% de 800
   h) 1% de 800
   i) 2% de 800

5. Calcule mentalmente:
   a) 50% de 200;
   b) 25% de 200;
   c) 75% de 200;
   d) 10% de 7 239;
   e) 1% de 7 239;
   f) 10% de 300;
   g) 40% de 300;
   h) 1% de 300;
   i) 2% de 300;
   j) 42% de 300.

6. Que quantia é maior: 50% de R$ 300,00 ou 10% de R$ 1.500,00?

7. Rafael recebeu R$ 120,00 de mesada, gastou 25% dessa quantia para comprar um quebra-cabeça. Com quanto ele ficou?

8. Mariana recebe todo dia 15 um adiantamento no valor de 30% de seu salário integral, que é de R$ 2.500,00. Calcule esse adiantamento.

Gráficos e porcentagens

É bastante comum encontrar porcentagens em gráficos de barras ou de setores. Vamos ver alguns exemplos.

A. Os resultados de uma pesquisa feita com pessoas que assistiram a certo filme no cinema foram representados no gráfico de setores ao lado.

Observe que o gráfico indica dados em porcentagem.

Podemos perceber que:
- a resposta mais frequente foi "gostei";
- 23% dos entrevistados responderam que gostaram muito do filme;
- 6% não deram opinião;
- 29% dos entrevistados não gostaram do filme, pois
  42% + 23% + 6% = 71% e 100% − 71% = 29%

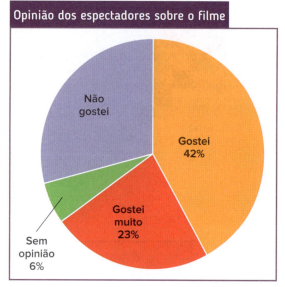

Fonte: dados obtidos pelo cinema.

B. Manoela controla suas despesas mensais de modo a gastar menos do que recebe de salário, reservando sempre uma parte para suas economias. Veja o gráfico que ela montou para certo mês.

Podemos observar que o aluguel e as contas de consumo, como luz, água, telefone etc., consomem mais da metade do valor do salário de Manoela:

27,5% + 25% = 52,5%.

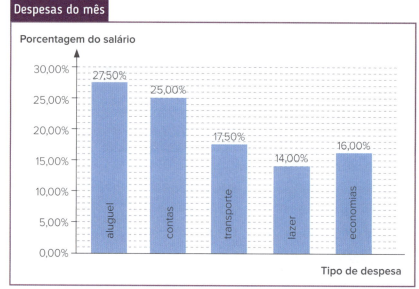

Fonte: dados de Manoela.

A menor parte dos gastos vai para o lazer, e ela economizou nesse mês 16% do total que recebe. Se Manoela recebe por mês R$ 6.000,00, ela pagou pelo aluguel 27,5% de 6 000.

Para calcular esse valor, podemos fazer:

1% de 6 000 = 6 000 : 100 = 60

27,5% de 6 000 = 27,5 · 60 = 1 650

Manoela pagou, nesse mês, R$ 1.650,00 pelo aluguel.

> Podemos calcular mentalmente o gasto com contas de consumo lembrando que:
>
> 25% = 100% : 4
>
> 6 000 : 4 = 1 500
>
> Manoela gastou nesse mês R$ 1.500,00 para pagar as contas de consumo.

AQUI TEM MAIS

Veja como calcular porcentagem usando a calculadora.

- Quanto é 18% de R$ 45,00?
  Digite 45 [×] 18 [%] .
  No visor aparece 8,1 ou seja, 18% de R$ 45,00 são R$ 8,10.

- Quanto é 24,6% de R$ 150,00?
  Digite 150 [×] 24 [·] 6 [%] .
  O resultado é R$ 36,90.

Basta digitar o total, a tecla de multiplicação, o valor da porcentagem e, por fim, a tecla %.

EXERCÍCIOS
DE FIXAÇÃO

9. Determine os valores a seguir utilizando calculadora.

a) 12% de R$ 650,00   b) 95% de R$ 380,00   c) 32,5% de R$ 260,00

10. Gastei 9% do valor de minha mesada num lanche na cantina da escola. Se recebo R$ 80,00 de mesada, quanto custou o lanche?

11. A professora Lia representou, em um gráfico, os conceitos obtidos pelos seus alunos em determinado trabalho. Analise os dados e responda:

a) Que conceito a maioria dos alunos obteve?

b) Que porcentagem do número de alunos obteve conceito ótimo ou bom?

c) Se na turma avaliada há 20 alunos, calcule quantos receberam cada um dos conceitos: ótimo, bom, regular, ruim.

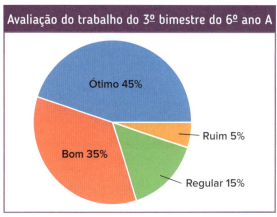

Fonte: dados da professora Lia.

12. O gráfico apresenta dados do Instituto Brasileiro de Geografia e Estatística (IBGE) de 2017 sobre o tipo de acesso da população brasileira à água nos respectivos domicílios.

a) Considerando um número aproximado de 67 milhões de domicílios no Brasil em 2017, calcule mentalmente quantos utilizavam água retirada de poços nesse ano.

b) Use calculadora para determinar quantos domicílios contavam com água encanada, de acordo com o gráfico.

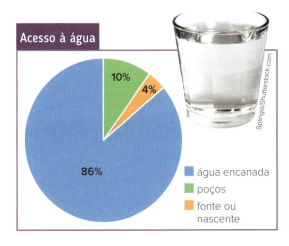

EXERCÍCIOS COMPLEMENTARES

13. Você já deve ter visto na TV ou nos jornais um anúncio como este:

O que significa a expressão "5% de desconto"? Significa que, em cada 100 reais, há 5 reais de desconto.

Podemos calcular o valor do desconto de dois modos:

A. 5% de 800 é o mesmo que $\frac{5}{100}$ de 800 = $\frac{5}{100} \cdot 800 = \frac{4\,000}{100} = 40$

B. 5% de 800 é o mesmo que 0,05 de 800 = 0,05 · 800 = 40

Então, o desconto será de R$ 40,00.

14. Em 1 hora da programação de televisão, 5% dela é composta de anúncios. Quantos minutos são de anúncios?

15. Numa turma de 35 alunos, 60% são meninas. Quantos são os meninos?

16. Uma prova de Matemática tinha 20 questões. Mateus acertou 65%. Quantas questões ele errou?

17. Qual será o preço destas peças de roupa em promoção?

R$ 99,00 Desconto: 14%

R$ 135,00 Desconto: 9%

R$ 380,00 Desconto: 18%

18. Os alunos de uma escola responderam a um questionário indicando o gênero musical que mais lhes agradava. A tabela abaixo mostra alguns resultados dessa pesquisa.

Tipo de música	Quantos o preferem	Porcentagem do total de alunos
Rock		40%
MPB		45%
Sertanejo		5%
Outras	18	10%

Complete a tabela e responda:

a) Quantos alunos preferem *rock*?

b) Quantos alunos preferem MPB?

c) Qual é o número total de alunos da escola?

176

PANORAMA

FAÇA AS ATIVIDADES A SEGUIR E REVEJA O QUE VOCÊ APRENDEU.

19. 12,7% de 5 000 é igual a:
a) 625.   b) 635.   c) 62,5.   d) 63,5.

20. 10% de 12 é igual a:
a) 5% de 6.
b) 30% de 4.
c) 5% de 48.
d) 30% de 36.

21. (SEE-SP) Um funcionário fez uma compra no valor de R$ 220,00. Com o pagamento à vista obteve desconto de 8%. Esse funcionário pagou pela compra:
a) R$ 176,00.
b) R$ 196,40.
c) R$ 200,40.
d) R$ 202,40.

22. (Fumarc-MG) Observe o gráfico:

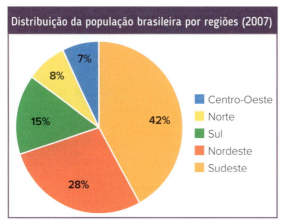

Fonte: IBGE.

Considerando que a distribuição da população se manteve a mesma até hoje e que a população do Brasil é de aproximadamente 180 000 000 de pessoas, o número de habitantes das regiões Sul, Norte e Centro-Oeste é:
a) 36 000 000.
b) 72 000 000.
c) 27 000 000.
d) 54 000 000.

23. (Vunesp) Em determinada residência, o chuveiro e a geladeira consomem aproximadamente 60% da energia elétrica. Sendo a conta de energia elétrica dessa residência R$ 80,00, os demais aparelhos elétricos dessa residência gastam aproximadamente:
a) R$ 32,00.
b) R$ 48,00.
c) R$ 28,00.
d) R$ 24,00.

24. (Obmep) Uma farmácia dá desconto de 30%, sobre o preço de tabela, em todos os medicamentos que vende. Ao adquirir um remédio cujo preço de tabela é 120 reais, quanto uma pessoa irá pagar com esse desconto?

a) 84 reais
b) 64 reais
c) 94 reais
d) Mais de 116 reais.

25. (Cesgranrio-RJ) Entre os funcionários de uma empresa, há 200 mulheres e 180 homens. O presidente dessa empresa resolveu aumentar o número de mulheres em 5% e diminuir o número de homens em 10%. Depois dessa alteração, o total de funcionários será:
a) 354.   b) 362.   c) 369.   d) 372.

26. (SEE-SP) Um produto que, no mês de maio de 2009, custava R$ 85,00, em junho sofreu um aumento de 12% e em julho sofreu um novo aumento de 12%. Dessa forma, passou a custar, aproximadamente:
a) R$ 95,20.
b) R$ 105,40.
c) R$ 106,62.
d) R$ 109,00.

27. (Prominp) Vendendo refrigerantes a R$ 1,60 a lata, o dono de um bar arrecadou R$ 240,00 num sábado. No dia seguinte, resolveu oferecer 20% de desconto no preço do refrigerante e, assim, vendeu 60 latas a mais que no dia anterior. O valor arrecadado no domingo com a venda de refrigerante foi:
a) R$ 288,00.
b) R$ 296,20.
c) R$ 268,80.
d) R$ 456,80.

CAPÍTULO 23

Medidas de comprimento

Medir

Veja algumas perguntas que fazem parte de nosso dia a dia.

- Qual é sua altura?
- Qual é a distância de sua casa até a escola?

Para respondermos a elas, precisamos efetuar uma medição.

Medir uma grandeza é compará-la a outra de mesma espécie, chamada de unidade-padrão. Entre as unidades-padrão mais conhecidas, podemos citar:

- o metro;
- o centímetro;
- o metro quadrado;
- o metro cúbico;
- o litro;
- o grama;
- o quilograma.

> O que significa **medir**?
> **Medir** significa comparar.

Medidas de comprimento

Para medirmos comprimentos, usamos como unidade o **metro**, seus múltiplos e submúltiplos. Representamos o metro pelo símbolo **m** (lê-se: metro).

Múltiplos

Medidas **maiores** que o metro.
1000 m = 1 km (quilômetro)
100 m = 1 hm (hectômetro)
10 m = 1 dam (decâmetro)

Submúltiplos

Medidas **menores** que o metro.
1 m = 10 dm (decímetro)
1 m = 100 cm (centímetro)
1 m = 1000 mm (milímetro)

Observe que o nome dos múltiplos e submúltiplos da unidade indica claramente seu valor. Veja:

quilo ⟶ significa mil vezes;
hecto ⟶ significa cem vezes;
deca ⟶ significa dez vezes;
deci ⟶ significa a décima parte;
centi ⟶ significa a centésima parte;
mili ⟶ significa a milésima parte.

Vamos abreviar corretamente?

Observe que os símbolos são escritos com **letras minúsculas**, **sem ponto** e sem **s** para indicar o plural.

Instrumentos de medida de comprimento

Veja abaixo alguns instrumentos usados para medir comprimento.

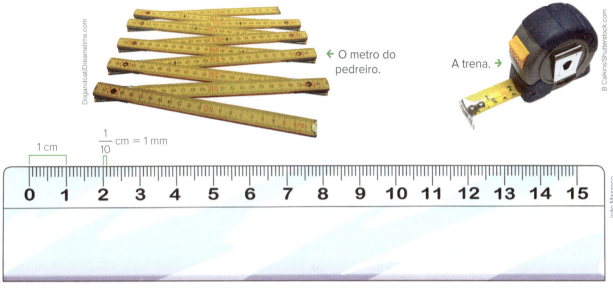

← O metro do pedreiro.

A trena. →

↑ Régua graduada em centímetros e milímetros.

Leitura das medidas de comprimento

Veja como você pode ler alguns comprimentos:

A. 6,245 km → 6 quilômetros e 245 metros
ou
6 vírgula 245 quilômetros

B. 14,7 m → 14 metros e 7 decímetros
ou
14 vírgula 7 metros

C. 0,91 m → 91 centímetros
ou
zero vírgula 91 metro

0,91 METRO!

 AQUI TEM MAIS

O sistema métrico decimal

A necessidade de fazer medições é muito antiga. Durante um grande período da história humana, os padrões usados para medir variavam de uma região para outra e muitas das unidades vinham de partes do corpo, em geral de reis, como a jarda, o pé e a polegada. Com o desenvolvimento do comércio entre civilizações, a padronização tornou-se imprescindível, pois unidades diferentes causavam muitos problemas. Um decreto, assinado na França em 1795, instituiu o Sistema Métrico Decimal (SMD) com padrões para as unidades de medida, que deveriam ser utilizados por todos. No entanto, foram necessários muitos anos para que o sistema passasse a ser utilizado na prática, no cotidiano. No Brasil, esse sistema só foi legalmente reconhecido em 1840.

Mudanças de unidade

Cada unidade de comprimento é 10 vezes maior ou menor que a unidade imediatamente ao lado.

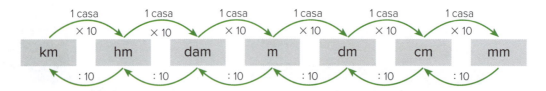

Assim, a mudança de unidade se faz com o deslocamento da vírgula à direita ou à esquerda, conforme seja necessário multiplicar ou dividir por 10, 100, 1000 etc.

Exemplos:

A. Transformar 9,574 km em metros.

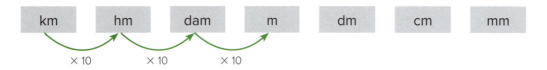

9,574 km = 95,74 hm = 957,4 dam = 9 574 m

Na prática, deslocamos a vírgula três casas à direita porque multiplicamos por 1000.

B. Transformar 0,068 hm em metros.

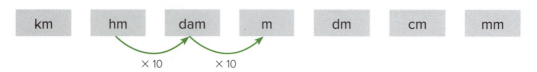

0,068 hm = 0,68 dam = 6,8 m

Na prática, deslocamos a vírgula duas casas à direita porque multiplicamos por 100.

C. Transformar 40 cm em metros.

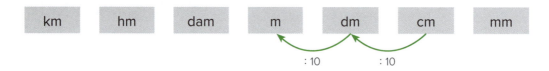

40 cm = 4,0 dm = 0,40 m

Na prática, deslocamos a vírgula duas casas à esquerda porque dividimos por 100.

D. Transformar 85,2 dm em metros.

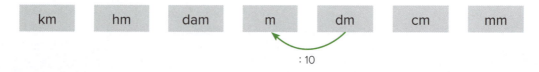

85,2 dm = 8,52 m

Na prática, deslocamos a vírgula uma casa à esquerda porque dividimos por 10.

EXERCÍCIOS
DE FIXAÇÃO

1. A figura mostra uma régua em centímetros, e cada um desses centímetros está dividido em 10 partes (milímetros).

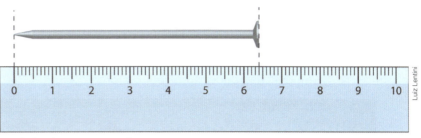

a) Qual é, em centímetros, a medida desse prego?
b) Qual é, em milímetros, a medida desse prego?

2. Indique as representações corretas.
a) cinco metros = 5 m
b) oito quilômetros = 8 kms
c) trezentos metros = 300 ms
d) quarenta centímetros = 40 cm
e) quarenta centímetros = 40 cm.
f) vinte e três milímetros = 23 mm

3. Indique em metros.
a) 5 metros e 38 centímetros
b) 12 metros e 70 centímetros
c) 29 metros e 6 centímetros

4. Faça as seguintes conversões:
a) 1 m em cm
b) 1 cm em m
c) 1 km em m
d) 1 m em mm
e) 1 mm em m
f) 1 cm em mm

5. Escreva em centímetros.
a) 7 m
b) 1,5 m
c) 0,42 m
d) 81,9 m
e) 63 mm
f) 2,8 mm

6. Escreva em metros.
a) 65 cm
b) 138 cm
c) 3,4 cm
d) 9 857 cm
e) 5 cm
f) 0,9 cm

7. Escreva:
a) 4 km em metros;
b) 0,5 km em metros;
c) 4,96 km em metros;
d) 0,07 km em metros;
e) 370 m em quilômetros;
f) 6 940 m em quilômetros;
g) 473 473 m em quilômetros;
h) 2 000 000 m em quilômetros.

8. A placa de trânsito ao lado indica a altura máxima que um veículo pode ter para trafegar no trecho a seguir. Em geral, ela é posta antes de viadutos e túneis.

Um caminhão de carga com 5,82 m de altura excede em quantos centímetros o permitido?

9. O mapa mostra que, para ir da cidade A até a cidade E, há dois caminhos. As distâncias estão indicadas em quilômetros.

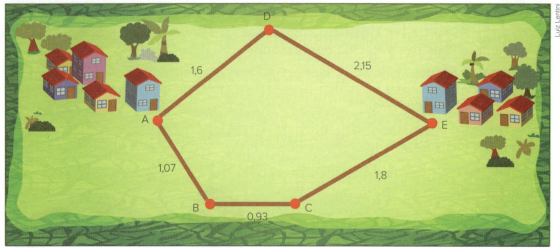

a) Quantos quilômetros há de A até E passando por D?

b) Quantos quilômetros há de A até E passando por B e C?

c) Qual é o trajeto mais comprido? Quantos metros a mais que o outro ele tem?

10. No quadro está registrada a altura de cada uma das quatro crianças da imagem.

Nome	Altura
Marcos	1,28 m
Carla	126 cm
Ana	13,8 dm
Túlio	1049 mm

Escreva o nome de cada criança de acordo com sua altura.

AQUI TEM MAIS

Polegada – uma unidade inglesa de comprimento

A polegada é usada em algumas situações em nosso país. É uma unidade de medida inventada antes do sistema métrico decimal. Uma polegada vale 2,54 cm.

1 polegada = 2,54 cm

Polegada: largura de um **polegar**.

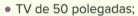

Você ouve falar diariamente em:

- TV de 50 polegadas;
  Isso significa que a medida da diagonal da tela equivale a:
  50 · 2,54 cm = 127 cm

- tubo de **4** polegadas.
  Isso significa que a medida do diâmetro do tubo equivale a:
  4 · 2,54 cm = 10,16 cm

CURIOSO É...

Existem números gravados nas chaves que os mecânicos usam. Esses números indicam a abertura da boca da ferramenta em milímetros.

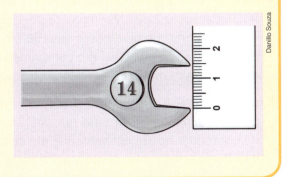

EXERCÍCIOS
COMPLEMENTARES

11. Qual é a unidade de medida mais usada para demarcar as estradas de rodagem?

12. Copie e complete:

a) 4 m = ▨ dm
    = ▨ cm
    = ▨ mm

b) 15 m = ▨ dam
     = ▨ hm
     = ▨ km

c) 10,7 cm = 107 ▨
          = 1,07 ▨
          = 0,107 ▨

d) 9,02 hm = ▨ m
          = 90,2 ▨
          = 90 200 ▨

13. Copie e complete:

a) Um homem de 175 centímetros mede ▨ metro.

b) Um adesivo de 6,5 centímetros mede ▨ milímetros.

c) 900 milímetros de arame são ▨ centímetros.

d) 500 centímetros de corda são ▨ metros.

14. Medi o comprimento de um terreno e anotei 36 passos e 2 pés. Verifiquei depois que o comprimento de meu passo vale 58 cm e o de meu pé 26 cm. Qual é o comprimento do terreno em metros?

15. (Cesgranrio-RJ) Um agente é responsável pelo patrulhamento de uma rua de 125 m de comprimento. Se, diariamente, ele caminha 24 vezes de uma ponta à outra da rua, quantos quilômetros ele caminha por dia?

16. (OBM) Um serralheiro solda varetas de metal para produzir peças iguais que serão juntadas para formar o painel abaixo. O desenho ao lado apresenta as medidas, em centímetros, de uma dessas peças. O serralheiro usa exatamente 20 metros de vareta para fazer o seu trabalho.

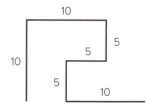

Qual dos desenhos abaixo representa o final do painel?

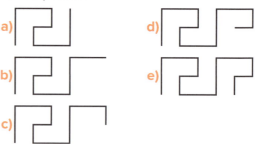

a)   d)
b)   e)
c)

17. O desenho representa a estrada que liga as cidades A e B.

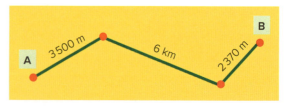

a) Escreva em metros a distância entre as duas cidades.

b) Escreva em quilômetros a distância entre as duas cidades.

18. (FJG-RJ) Num depósito estão empilhadas 240 folhas de compensado, sendo 150 folhas de 5 milímetros e 90 folhas de 15 milímetros de espessura. A altura da pilha corresponde, em metros, a:

a) 1,8.   c) 2,0.
b) 1,9.   d) 2,1.

19. (IBGE) O gráfico a seguir apresenta as alturas, em metros, dos jogadores de uma equipe de vôlei.

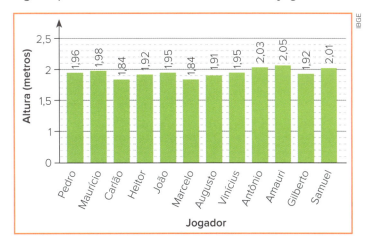

a) Qual é a diferença, em centímetros, entre as alturas de Antônio e de João?

b) O técnico dessa equipe de vôlei vai completar o quadro a seguir com o nome e a altura de cada jogador de sua equipe.

	Nome	Altura (metros)
1º		
2º		
3º		
4º		
5º		
6º		

	Nome	Altura (metros)
7º		
8º		
9º		
10º		
11º		
12º		

Se as alturas forem organizadas em ordem crescente, qual será o nome do jogador que ocupará a 9ª posição desse quadro?

20. O quadro mostra a altura de alguns alunos:

Mário	Joana	Sílvia	Lúcio
150 cm	148 cm	155 cm	162 cm

Escreva em metros:

a) a altura de cada menina;

b) a soma das alturas das meninas;

c) a soma das alturas dos meninos.

21. Para enfeitar um salão, foram pendurados balões em diferentes alturas:
- 90 cm do teto;
- 1,20 m do teto;
- 1,50 m do teto.

Em cada altura foram pendurados 5 balões. Quantos metros de barbante foram gastos?

EXERCÍCIOS
SELECIONADOS

22. Expresse a soma em metros.

a) 7 m + 7 cm

b) 3 m + 18 cm

c) 8,1 m + 146 cm

d) 0,42 km + 135 cm

23. Quantas pessoas formam uma fila de 222 metros de comprimento se cada pessoa ocupa, em média, 60 cm?

24. Um automóvel está no km 33 de uma rodovia e percorre 1,5 quilômetro por minuto no sentido de A até B. Onde estará depois de 6 minutos?

CURIOSO É...

Você já observou como é feita a numeração das residências em sua cidade?

À medida que você sai de um local mais próximo do centro e segue em direção a um bairro, a numeração dos prédios vai sempre crescendo. Podemos ter, por exemplo:

70, 78, 82, 89, ...

Inversamente, quando seguimos o trajeto no sentido bairro-centro, os números diminuem:

1520, 1512, 1497, ...

A distância do início da rua até sua casa é indicada pelo número de sua residência. Assim, se você mora no número 1200 da Rua Marechal Deodoro, sua casa fica situada a uma distância aproximada de 1200 metros do começo dessa rua.

Também é interessante notar que, como 1200 é um número par, então você mora no lado direito da rua; outra pessoa que more no número 1201, ou qualquer outro número ímpar, tem sua residência no lado esquerdo da rua.

Tanto no primeiro caso quanto no segundo, a referência para o lado direito ou esquerdo é sempre de quem segue do início da rua (a ponta da rua situada mais próxima do centro) para o final dela.

PANORAMA

FAÇA AS ATIVIDADES A SEGUIR E REVEJA O QUE VOCÊ APRENDEU.

NO CADERNO

25. Um balconista vendeu 70 centímetros de corda a um freguês. Esse balconista preencheu corretamente a nota fiscal, escrevendo:
a) 0,07 m.
b) 0,70 m.
c) 0,70 cm.
d) 0,070 cm.

26. (SEE-SP) $\frac{3}{4}$ de 1 km são:
a) 75 m.
b) 7,5 km.
c) 750 m.
d) 0,75 m.

27. Numa carpintaria, empilham-se 32 tábuas de 2 cm e outras 18 tábuas de 5 cm de espessura. A altura da pilha é:
a) 144 cm.
b) 164 cm.
c) 154 cm.
d) 196 cm.

28. Uma pessoa percorreu 2 610 metros no primeiro dia e 5,07 km no segundo dia. Nesses dois dias, ela percorreu:
a) 7,68 km.
b) 768 km.
c) 2 615,07 m.
d) 2 615,07 km.

29. (SEE-SP) Se uma peça de fita de 8 m for dividida em laços de 16 cm, vamos obter:
a) 2 laços.
b) 5 laços.
c) 20 laços.
d) 50 laços.

30. Uma agulha é feita com 0,08 m de arame. O número de agulhas que podem ser feitas com 36 m de arame é:
a) 45.
b) 450.
c) 4 500.
d) 45 000.

31. (Vunesp) Uma fita foi fracionada em 4 pedaços de tamanhos iguais. De cada um deles, tiraram-se 2 centímetros, ficando, então, com 185 milímetros de comprimento cada um. O comprimento total da fita era de:
a) 8,2 m.
b) 8,2 cm.
c) 0,82 m.
d) 0,82 cm.

32. (FCC-SP) A milha é uma unidade de medida usada nos Estados Unidos e corresponde a 1,6 km. Assim, uma distância de 80 km corresponde, em milhas, a:
a) 50.
b) 65.
c) 72.
d) 108.

33. (Ufac) Num campo de futebol não oficial, as traves verticais do gol distam entre si 8,15 m. Considerando que 1 jarda vale 3 pés e que 1 pé mede 30,48 cm, a largura mais aproximada desse gol, em jardas, é:
a) 6,3.
b) 8,9.
c) 10,2.
d) 12,5.

34. (PUC-SP) O pêndulo de um relógio cuco faz uma oscilação completa em cada segundo, e a cada oscilação do pêndulo o peso desce 0,02 mm. Em 24 horas, o peso desce aproximadamente:
a) 1,20 m.
b) 1,44 m.
c) 1,60 m.
d) 1,73 m.

35. Quantas pessoas formam uma fila de 192 m de comprimento se cada uma ocupa, em média, 60 cm?

a) 32 pessoas
b) 36 pessoas
c) 320 pessoas
d) 360 pessoas

36. (Cesgranrio-RJ) Uma pessoa, andando normalmente, desenvolve uma velocidade da ordem de 1 metro por segundo. Que distância, aproximadamente, essa pessoa percorrerá andando 15 minutos?
a) Quinze metros.
b) Noventa metros.
c) Um quilômetro.
d) Dez quilômetros.

CAPÍTULO 24
Figuras e formas

As formas da natureza e as formas criadas pelo ser humano

No mundo, existem inúmeras formas que chamam nossa atenção por seu equilíbrio e harmonia.
Estas formas são obras da natureza:

E estas outras foram criadas pelo ser humano:

Na Matemática, as formas são perfeitas. Muitas das formas que vemos acima nos lembram as formas matemáticas a seguir, que são chamadas de **sólidos geométricos**.

cubo — cilindro — esfera — prisma — pirâmide — cone — paralelepípedo

EXERCÍCIOS
DE FIXAÇÃO

1. Que sólidos geométricos estes objetos lembram?

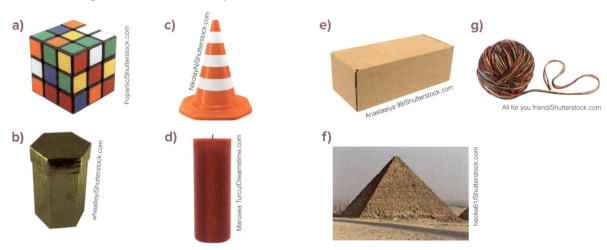

2. Quando a figura geométrica tem todos os seus pontos em um mesmo plano, ela é uma **figura plana**. Caso contrário, ela é uma **figura não plana**.

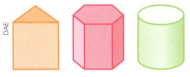

↑ Ilustração de figuras não planas

↑ Figuras planas

Utilizando essa informação, responda:

a) A caixa de fósforos lembra uma figura plana ou uma figura não plana?

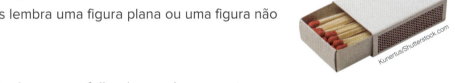

b) O triângulo desenhado em uma folha de papel representa uma figura plana ou uma figura não plana?

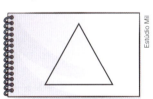

c) Uma bola de voleibol lembra uma figura plana ou uma figura não plana?

d) Uma lata de ervilhas lembra uma figura plana ou uma figura não plana?

189

Sólidos geométricos

Poliedros

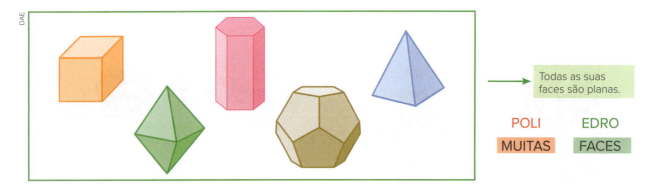

Todas as suas faces são planas.

POLI — EDRO
MUITAS — FACES

Não poliedros

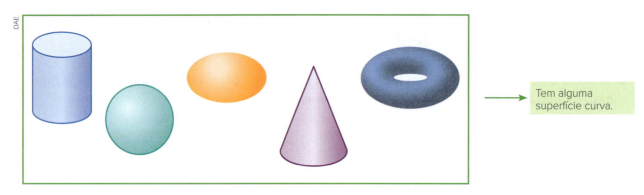

Tem alguma superfície curva.

! ATENÇÃO!

Quando desenhamos sólidos geométricos no papel, fazemos uma representação plana de formas não planas.

Em um poliedro podemos identificar faces, arestas e vértices:

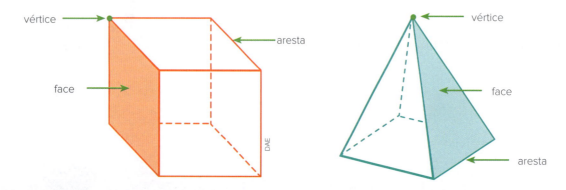

- As **arestas** são os **segmentos de reta** que resultam do encontro de duas faces.
- Os **vértices** são os **pontos** comuns a três ou mais arestas.
- As **faces** são as **superfícies planas** que limitam o sólido.

EXERCÍCIOS
DE FIXAÇÃO

3. Observe as imagens, copie e complete cada frase com a palavra **plana** ou **curva**.

A água, em repouso, sugere uma superfície ▒▒▒.

A antena parabólica dá a ideia de superfície ▒▒▒.

4. Veja as figuras geométricas abaixo:

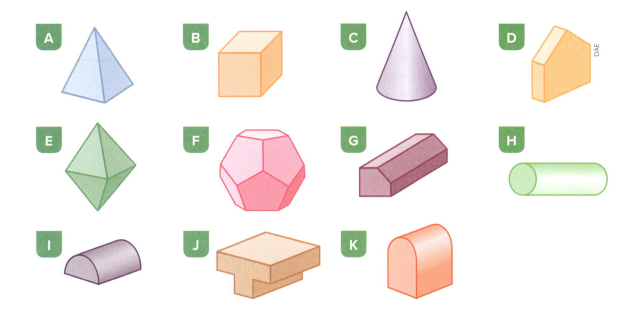

a) Quais são poliedros?

b) Quais não são poliedros?

5. Veja os sólidos ilustrados.

a)
- Há quantas arestas?
- Há quantos vértices?
- Há quantas faces?

b)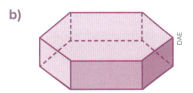
- Há quantas arestas?
- Há quantos vértices?
- Há quantas faces?

191

Ponto, reta e plano

Vimos que um poliedro tem faces, arestas e vértices. Vamos utilizar esses elementos para conhecer entes geométricos importantes.

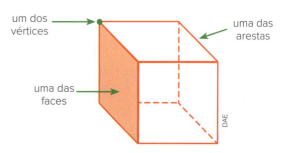

Ponto

Observando um dos vértices do cubo ilustrado, percebemos a ideia de ponto. Nomearemos pontos com letras maiúsculas e, para representá-los no papel, fazemos uma pequena marca. Veja:

Lemos: ponto A; ponto P; ponto Q.

Reta

Se prolongarmos indefinidamente uma aresta em ambos os sentidos, temos a representação de uma **reta**. Para nomear retas usamos letras minúsculas ou, então, dois pontos pelos quais passa a reta:

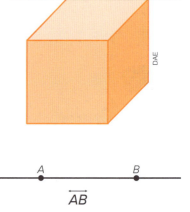

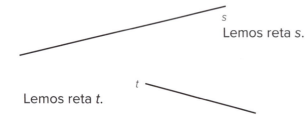

Lemos reta s.

Lemos reta t.

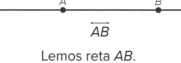

Lemos reta AB.

Uma aresta é um trecho de reta limitado por dois pontos extremos.

Veja a ilustração. A aresta destacada é o **segmento de reta** de extremos nos pontos A e B. Lemos segmento AB.

Veja um exemplo da representação de segmentos:

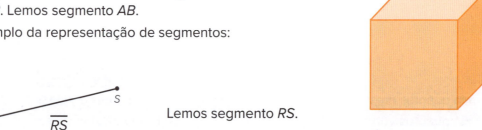

Lemos segmento RS.

Semirreta

Marcamos um ponto A sobre uma reta, dividindo-a em duas partes. Cada parte é uma **semirreta** de origem no ponto A.

Para nomear e representar semirretas faremos assim:

Lemos:

semirreta AB ou semirreta de origem em A passando por B.

Lemos:

semirreta OS ou semirreta de origem em O passando por S.

Plano

As faces de um cubo são planas. Observe a ilustração.

Prolongando uma das faces do cubo indefinidamente, como sugere a figura, imaginaremos um **plano.**

Para nomear planos usaremos letras do alfabeto grego, como alfa (α) e beta (β), e uma figura como esta abaixo:

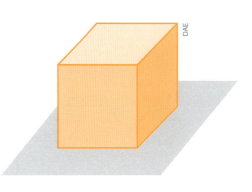

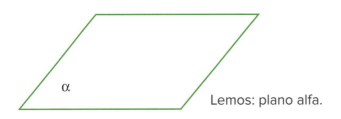

Lemos: plano alfa.

 AQUI TEM MAIS

A Geometria estudada durante toda a escola básica é chamada Geometria Euclidiana, referindo-se ao grande matemático grego Euclides de Alexandria.

Não se sabe ao certo a data de seu nascimento, mas presume-se que ele tenha vivido entre os anos de 225 a.C. e 265 a.C.

Euclides escreveu a obra *Os elementos*, considerada até hoje uma das mais importantes da história da Matemática. Nos 13 volumes dessa obra, ele conseguiu reunir todo o conhecimento geométrico acumulado até sua época de forma consistente e lógica.

EXERCÍCIOS DE FIXAÇÃO

6. Que ideia (ponto, reta ou plano) você tem quando observa:

a) a marca que a ponta de um lápis deixa numa folha de papel?

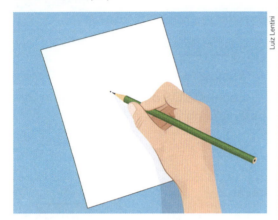

b) um barbante bem esticado?

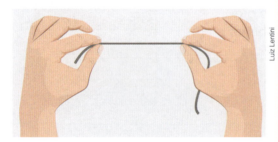

c) a face de cima de uma mesa?

7. Que ideia você tem quando observa:
a) um grão de areia?
b) uma placa de isopor?
c) uma corda de violão esticada?
d) a capa de um caderno?
e) a ponta de um alfinete?
f) o encontro de duas paredes?

8. Observe os pontos A e B da figura.

a) Trace três retas que passam por A, mas não por B. Quantas retas você poderia ter traçado?

b) Trace uma reta que passe por A e por B. Você poderia traçar mais alguma?

9. Em relação aos pontos destacados na figura a seguir, responda:

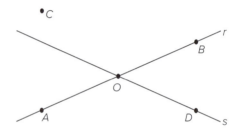

a) Quais pertencem à reta r?
b) Quais pertencem à reta s?
c) Qual não pertence à reta r nem à reta s?
d) Qual pertence, ao mesmo tempo, às retas r e s?

10. Nomeie os pontos da reta de modo que todas as afirmações sejam verdadeiras.
- D está entre A e B.
- C está entre A e B.
- D está entre C e B.

11. Que tipos de letras utilizamos para nomear:
a) pontos?
b) retas?
c) planos?

Pontos colineares

Pontos colineares são os que pertencem a uma mesma reta.

Os pontos A, B e C são colineares.　　　　Os pontos A, B e C não são colineares.

Posições relativas de duas retas no plano

Duas retas distintas contidas em um plano podem ser concorrentes ou paralelas.

1. **Retas concorrentes**: têm um único ponto comum.

2. **Retas paralelas**: não têm ponto comum.

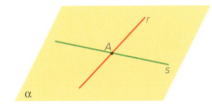 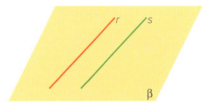

Veja um exemplo da ideia de retas paralelas encontradas em nosso dia a dia:

Os trilhos de uma estrada de ferro nos dão a ideia de retas paralelas. A distância entre eles é sempre a mesma.

 AQUI TEM MAIS

Utilizamos ideias e conceitos da Geometria em situações do dia a dia. Um exemplo é o conceito de retas paralelas e de retas transversais. Considerando que o traçado de algumas ruas e avenidas podem nos lembrar retas, é comum dizermos que uma rua é paralela ou é transversal a outra. Neste mapa de uma região de Curitiba, no Paraná, uma pessoa pode dizer que as ruas Barão de Antonina e Inácio Lustosa são paralelas. Também podemos dizer que a Rua Presidente Carlos Cavalcante é transversal à Rua Riachuelo.

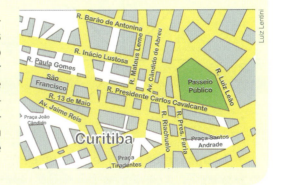

EXERCÍCIOS
DE FIXAÇÃO

12. Observe a figura abaixo e responda:

a) Quais dos pontos pertencem à reta *r*?
b) Quais dos pontos não pertencem à reta *r*?
c) Quais são os três pontos colineares?
d) Os pontos A, B e E são colineares?
e) O que são pontos colineares?

13. Observe a figura a seguir.

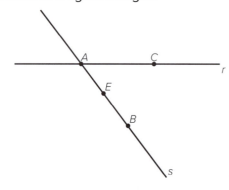

Agora, utilizando uma notação matemática, indique:

a) uma reta;
b) duas semirretas com origem em A;
c) dois pontos que pertencem à reta *s*;
d) três pontos não colineares.

14. Observe esta figura e responda:

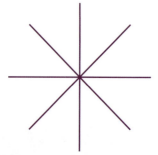

a) Quantas retas estão representadas?
b) Quantas semirretas estão representadas?

15. Observe a figura a seguir e classifique os pares de retas em paralelas ou concorrentes.

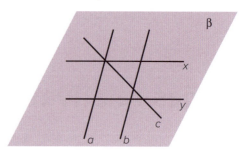

a) *a* e *b*
b) *x* e *a*
c) *c* e *y*
d) *x* e *y*
e) *x* e *b*
f) *a* e *c*

16. Quando você olha para as linhas do caderno, o que pode dizer a respeito desse conjunto de retas?

17. Observe esta figura e indique:

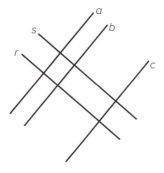

a) todos os pares de retas paralelas;
b) todos os pares de retas concorrentes.

18. Com base no estudo de retas, responda.

a) Quantas retas podemos traçar passando por dois dos pontos representados?
b) Há uma reta que passa pelos três pontos?
c) Os pontos A, B e C são colineares?

Polígonos

As faces dos poliedros são figuras planas chamadas polígonos. Acompanhe:

Você já conhece alguns destes polígonos:

triângulo quadrado retângulo

vértice
lado

Veja outros exemplos de polígonos e os nomes que recebem.

pentágono
polígono de 5 lados
penta → 5

hexágono
polígono de 6 lados
hexa → 6

octógono
polígono de 8 lados
octo → 8

decágono
polígono de 10 lados
deca → 10

AQUI TEM MAIS

No paralelepípedo retângulo há:
- 8 vértices;
- 12 arestas;
- 6 faces que são retângulos iguais, dois a dois.

Veja uma das planificações do paralelepípedo retângulo.

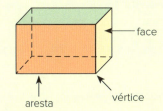

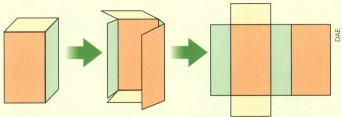

As imagens abaixo mostram a montagem de um cubo por meio de uma de suas planificações.

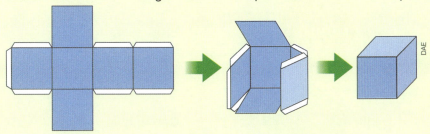

- O cubo é o paralelepípedo retangular que tem 6 faces quadradas idênticas.

CURIOSO É...

O objeto da foto é um dodecaedro romano. Dodecaedro é o nome do poliedro que tem 12 faces pentagonais. No dodecaedro romano, os pentágonos têm cavidades circulares e esferas nos vértices. Vários exemplares desse tipo de objeto foram encontrados na Europa, em países como Espanha, Itália, Hungria, França e Alemanha. A maioria deles é feita de bronze. Supõem-se que tenham sido fabricados entre os séculos II e III, no entanto, não se sabe para que serviam, se é que tinham alguma função.

Fonte de pesquisa: 4 artefatos antigos que nos deixam intrigados até hoje. *BBC Brasil*, 20 ago. 2018. Disponível em: www.bbc.com/portuguese/geral-45245699. Acesso em: abr. 2019.

EXERCÍCIOS
DE FIXAÇÃO

19. O mapa ao lado mostra algumas ruas da cidade do Rio de Janeiro. Imaginando que as ruas e avenidas são retilíneas, dê exemplo de:

a) um par de ruas que nos lembram retas paralelas;

b) um par de ruas que nos lembram retas concorrentes.

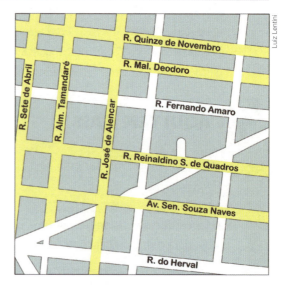

20. Escreva o par número-letra de modo a associar o polígono a seu nome.

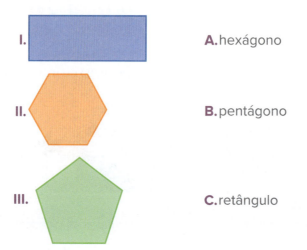

I.

II.

III.

A. hexágono

B. pentágono

C. retângulo

198

Prismas

As ilustrações abaixo mostram exemplos de poliedros que recebem o nome de **prismas**.

Os prismas são poliedros que têm 2 bases idênticas e paralelas. As demais faces são retângulos ou paralelogramos.

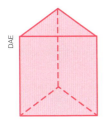
prisma triangular: 2 bases com 3 lados

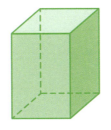
prisma quadrangular: 2 bases com 4 lados

prisma hexagonal: 2 bases com 6 lados (hexa → 6)

As faces laterais desses prismas são retangulares. Eles são prismas retos.

Prismas têm arestas, vértices e faces, pois são poliedros.

Veja um exemplo de planificação do prisma triangular:

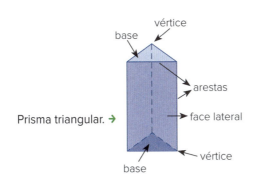
Prisma triangular. →

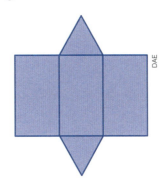

O prisma triangular tem 5 faces, 6 vértices e 9 arestas. Duas das faces são as bases do prisma.

A planificação ao lado é de um prisma quadrangular que também pode ser chamado de paralelepípedo retângulo. Suas 6 faces são retangulares.

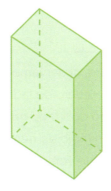
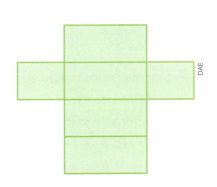

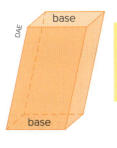

As faces laterais desse prisma são paralelogramos. Este prisma é oblíquo.

Paralelogramos são polígonos. Veja exemplos:

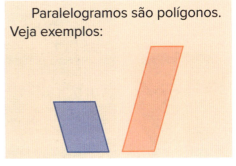

199

Relação entre o número de lados das bases e o número de faces, arestas e vértices dos prismas

O quadro abaixo apresenta o número de faces, arestas e vértices de quatro exemplos de prismas.

Prisma	Número de lados da base	Número de faces	Número de vértices	Número de arestas
Prisma triangular	3	5	6	9
Prisma quadrangular	4	6	8	12
Prisma pentagonal	5	7	10	15
Prisma hexagonal	6	8	12	18

Com base nos dados do quadro, observamos que:

- o número de faces é igual ao número de lados da base somado a 2;
- o número de vértices é igual ao dobro do número de lados da base;
- o número de arestas é igual ao triplo do número de lados da base.

Muitos objetos e construções que vemos no dia a dia têm a forma de prismas.

Pirâmides

Estes poliedros ilustrados são pirâmides.

   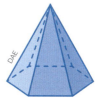

pirâmide de base triangular | pirâmide de base quadrangular | pirâmide de base pentagonal | pirâmide de base hexagonal

As pirâmides têm uma única base e faces laterais todas triangulares. As faces apresentam um vértice comum a todas: é o **vértice da pirâmide**. Observe estes elementos na ilustração:

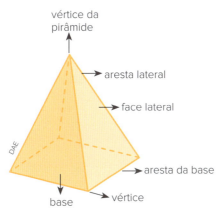

↑ Pirâmide de base quadrangular.

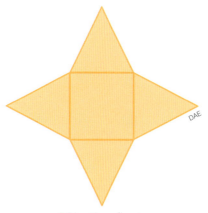

↑ Planificação de pirâmide de base quadrangular.

! CURIOSO É...

As grandes pirâmides de Gizé – Quéops, Quéfren e Miquerinos – foram construídas há cerca de 4 500 anos e ficam próximas à cidade do Cairo, capital do Egito. No interior das pirâmides, dentro de salas especiais, eram colocados os sarcófagos dos faraós, com suas riquezas. Quéops, Quéfren e Miquerinos são nomes de faraós. Para os egípcios, a pirâmide representava os raios do Sol brilhando em direção à Terra.

Todas as pirâmides do Egito foram construídas na margem oeste do Nilo, na direção do Sol poente. Os egípcios acreditavam que, enterrando seu rei numa pirâmide, ele se elevaria e se juntaria ao Sol, tomando seu lugar de direito com os deuses.

A Pirâmide de **Quéops**, também conhecida como a Grande Pirâmide, é o monumento mais pesado já feito pelo ser humano. Foi construída com aproximadamente 2,3 milhões de blocos com massa média de 2,5 toneladas. A pirâmide tem a altura de um prédio de 49 andares. Não há um consenso sobre como os blocos foram feitos, transportados e colocados corretamente em seus lugares.

As pirâmides de Gizé fazem parte do patrimônio mundial da humanidade.

Relação entre o número de lados das bases e o número de faces, arestas e vértices das pirâmides

Prisma	Número de lados da base	Número de faces	Número de vértices	Número de arestas
Pirâmide de base triangular	3	4	4	6
Pirâmide de base quadrangular	4	5	5	8
Pirâmide de base pentagonal	5	6	6	10
Pirâmide de base hexagonal	6	7	7	12

Observamos que:
- o número de faces e de vértices é igual ao número de lados da base somado a 1;
- o número de arestas é igual ao dobro do número de lados da base.

Vistas planas

Ilustramos 6 cubos empilhados, sendo que um dos cubos não está visível. Podemos observar essa pilha de diferentes posições. Escolhemos três delas.

Em cada posição, obtemos uma vista diferente do empilhamento. Veja:

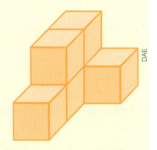

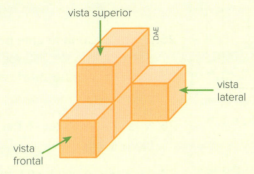

Podemos desenhar no papel quadriculado a vista plana da pilha em cada uma das posições de observação:

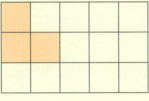

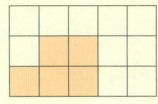

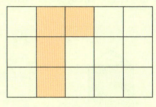

↑ Vista frontal.   ↑ Vista lateral.   ↑ Vista superior.

Observe como Laura desenhou as vistas de uma pirâmide de base quadrada.

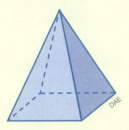

↑ Vista frontal.   ↑ Vista lateral.   ↑ Vista superior.

Plantas baixas

Você já deve ter visto anúncios de venda de apartamentos ou casas com um desenho similar a esse ao lado.

Trata-se de um modelo de planta baixa. É como se olhássemos de cima para os ambientes da casa e víssemos tudo planificado e em tamanho proporcionalmente reduzido. Nesse exemplo, cada 1 cm representa 200 cm ou 2 m em medidas reais.

A planta baixa dá uma boa ideia dos espaços e da disposição dos ambientes do imóvel.

203

EXERCÍCIOS
DE FIXAÇÃO

21. Observe o sólido geométrico representado ao lado.

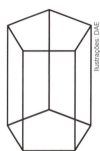

a) Esse sólido é um poliedro?

b) Esse sólido é uma pirâmide?

c) Esse sólido é um prisma?

d) Qual é o nome desse sólido?

22. Quantas faces, arestas e vértices tem um paralelepípedo?

23. Observe os sólidos geométricos e as planificações abaixo. Associe cada sólido a sua planificação anotando número e letra.

I.

A.
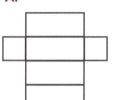

II.

B.
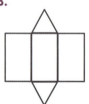

III.
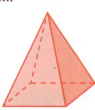

C.

IV.

D.
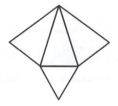

24.

SOU UM POLIEDRO E TENHO 7 VÉRTICES. EU POSSO SER UM PRISMA?

25. Daniel desenhou uma pirâmide cuja base é um polígono de 7 lados. Quantos vértices, quantas faces e quantas arestas tem essa pirâmide?

26. Quantos lados tem a base de um prisma de 15 vértices?

27. Qual dos desenhos abaixo não representa uma das possíveis planificações de um cubo?

a)

c)

b)

d)

28. Desenhe, em papel quadriculado, duas possíveis planificações do cubo que não apareceram na questão acima.

29. Quantos lados tem a base de um prisma de 12 arestas?

30. Observe a ilustração de um sólido geométrico.

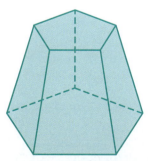

Esta ilustração representa um prisma? Justifique sua resposta.

EXERCÍCIOS
COMPLEMENTARES

31. (Obmep) Para montar um cubo, Guilherme recortou um pedaço de cartolina branca e pintou de cinza algumas partes, como na figura ao lado. Qual das figuras abaixo representa o cubo construído por Guilherme?

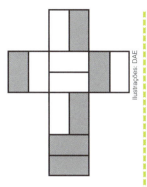

a)

b)

c)

d)

e)

32. (Obmep) Mário montou um cubo com doze varetas iguais e quer pintá-las de modo que em nenhum vértice se encontrem varetas de cores iguais. Qual é o menor número de cores que ele precisa usar?

a) 2
b) 3
c) 4
d) 6
e) 8

33. (Saeb) A figura a seguir representa a planificação de um sólido geométrico. O sólido planificado é:

a) uma pirâmide de base hexagonal.
b) um prisma de base hexagonal.
c) um paralelepípedo.
d) um hexaedro.
e) um prisma de base pentagonal.

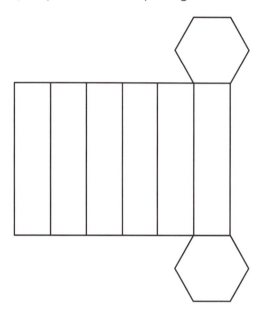

34. Observe o prisma para responder às perguntas.

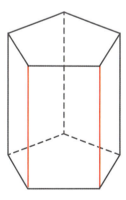

a) As arestas laterais do prisma são paralelas ou concorrentes?
b) Qual é a forma das bases deste sólido?
c) Quantas são as faces laterais deste prisma?
d) Quantas arestas laterais ele possui?

PANORAMA

FAÇA AS ATIVIDADES A SEGUIR E REVEJA O QUE VOCÊ APRENDEU.

35. O modelo ilustrado abaixo corresponde à planificação de:

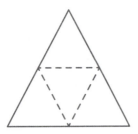

a) um paralelepípedo.
b) uma pirâmide de base hexagonal.
c) um prisma de base triangular.
d) uma pirâmide de base triangular.

36. Isabela desenhou e nomeou três retas numa folha de caderno.

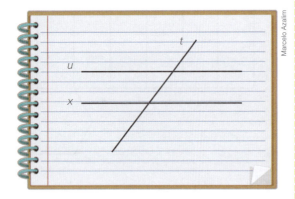

Qual é a posição relativa entre as retas *u* e *x* e as retas *u* e *t* respectivamente?

a) Concorrentes e paralelas.
b) Paralelas e concorrentes.
c) Concorrentes e concorrentes.
d) Paralelas e paralelas.

37. Uma pirâmide com 9 vértices tem como base um polígono de:

a) 10 lados.   d) 7 lados.
b) 9 lados.   e) 6 lados.
c) 8 lados.

38. Um prisma com 10 vértices tem base:

a) triangular.   c) hexagonal.
b) pentagonal.   d) octogonal.

39. Qual destas ilustrações representa um modelo de planificação de um prisma de base hexagonal?

a)
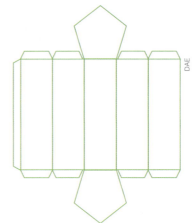

b)
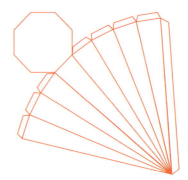

c)
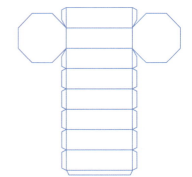

d)
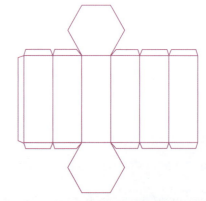

40. Uma pirâmide de base pentagonal tem:
a) 5 vértices.
b) 6 vértices.
c) 6 arestas.
d) 8 arestas.

41. Com os polígonos ilustrados abaixo é possível montar a superfície de:

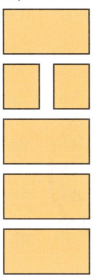

a) um prisma de base hexagonal.
b) um paralelepípedo.
c) um cubo.
d) uma pirâmide de base retangular.

42. Um prisma com 6 faces laterais tem:
a) 12 vértices e 18 arestas.
b) 12 vértices e 12 arestas.
c) 6 vértices e 18 arestas.
d) 8 vértices e 12 arestas.

43. O sólido ilustrado abaixo:

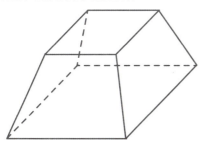

a) é um prisma de base retangular.
b) é uma pirâmide de base retangular.
c) é um poliedro com 6 faces.
d) é um poliedro com 12 vértices.

44. A figura abaixo representa um octaedro, que é um poliedro com 8 faces. Qual seria uma possível planificação desse poliedro?

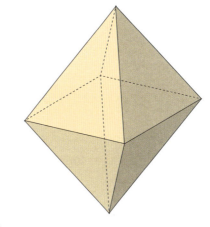

a)

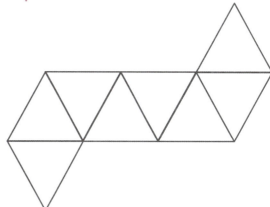

b)

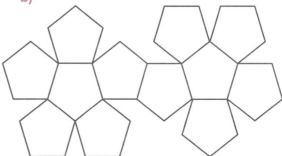

c)

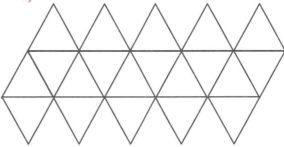

CAPÍTULO 25 — Ângulos

O que é ângulo?

Ângulo é a figura formada por duas semirretas com a mesma origem.

Essas semirretas são os **lados** do ângulo e a origem comum é o **vértice** do ângulo.

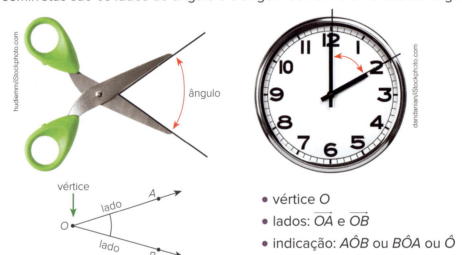

- vértice O
- lados: $\overrightarrow{OA}$ e $\overrightarrow{OB}$
- indicação: $A\hat{O}B$ ou $B\hat{O}A$ ou $\hat{O}$

Outra maneira de indicar um ângulo é usar simplesmente uma letra minúscula (acompanhada do símbolo ^ ou da palavra "ângulo").

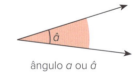

ângulo a ou â

Medida de um ângulo

Os ângulos podem ser medidos em graus, com o auxílio de um transferidor.

Na figura abaixo, o ângulo $A\hat{O}B$ mede 30° (trinta graus).

Para medirmos um ângulo devemos fazer coincidir o ponto de origem do ângulo com o do transferidor. O número de graus de um ângulo é sua medida. Os submúltiplos do grau são o minuto (′) e o segundo (″). Em símbolos:

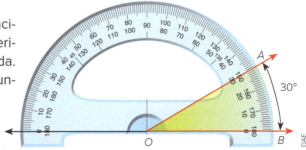

> 1 grau = 60 minutos (1° = 60′)
> 1 minuto = 60 segundos (1′ = 60″)

- Um ângulo de 35 graus e 20 minutos é indicado por 35°20′.
- Um ângulo de 18 graus, 30 minutos e 45 segundos é indicado por 18°30′45″.

EXERCÍCIOS
DE FIXAÇÃO

1. Na figura há três ângulos. Quais são?

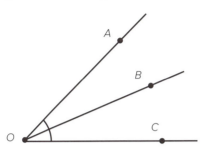

2. Complete o quadro referente aos ângulos descritos pelo ponteiro dos minutos quando se movimenta de acordo com os números da tabela.

De	Para	Medida do ângulo
1	2	
2	4	
4	8	
8	2	

3. Escreva com símbolos:
   a) 58 graus.
   b) 75 graus e 32 minutos.
   c) 38 graus, 20 minutos e 15 segundos.
   d) 56 graus e 34 segundos.

4. Responda às questões e complete o quadro.
   a) Um grau é igual a quantos minutos?
   b) Um minuto é igual a quantos segundos?
   c) Um grau é igual a quantos segundos?

   a) 1° =
   b) 1' =
   c) 1° =

5. Ambos os relógios ilustrados marcam 1 hora. Em qual deles os ponteiros formam o maior ângulo?

6. Utilize transferidor para medir os ângulos abaixo.

a)
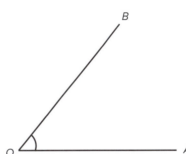

b)

c)
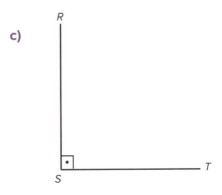

Ângulo de visão

Ângulo ou campo de visão é a região ocupada horizontalmente pelo ângulo do qual vemos um ambiente, uma pessoa, uma paisagem etc. Os animais têm ângulos de visão diferentes, conforme a localização de seus olhos na cabeça. Os seres humanos têm campo de visão frontal de quase 180°. Pássaros, como a águia, chegam a quase 360°.

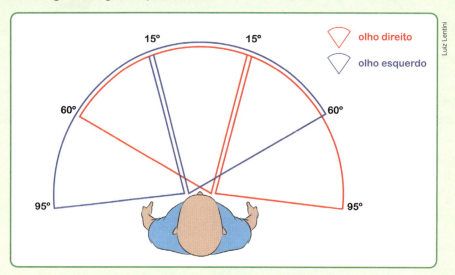

A visão dos seres humanos é binocular, o que nos permite maior percepção de profundidade. Com cada olho, de forma independente, nossa visão abrange cerca de 140°. Nosso cérebro combina ambas as imagens e cria uma imagem única, chamada visão binocular, que dá tridimensionalidade à imagem e nos permite alcançar um campo de visão de aproximadamente 180°. Além do alcance dessa visão conjunta, o ser humano ainda tem a visão periférica ou monocular, ou seja, aquilo que vemos, separadamente, com o olho direito e com o olho esquerdo.

A visão periférica não é tão nítida, mas é importante, por exemplo, para percebermos a aproximação de um veículo pelas laterais do automóvel quando estamos dirigindo. Quanto maior o ângulo de visão de uma espécie, menor será a visão binocular (a área de visão comum dos dois olhos) e vice-versa.

Fonte: Aves de rapina Brasil. Disponível em: <www.avesderapinabrasil.com/morfologia.htm>. Acesso em: abr. 2019.

As aves de rapina precisam enxergar muito bem para caçar seu alimento e detectar possíveis predadores. A visão delas é cerca de duas a oito vezes mais aguçada que a do ser humano. A águia-real, por exemplo, consegue avistar uma presa a mais de três quilômetros de distância. Outra característica da visão das aves de rapina é que a posição de seus olhos na cabeça permite que tenham visão binocular, o que dá profundidade às imagens e melhora a noção de distância. Por isso, podem fazer elaboradas manobras aéreas sem correr risco.

A maioria dos peixes tem visão monocular, ou seja, cada olho vê coisas diferentes: um olho vigia a aproximação de predadores, enquanto outro pode procurar alimento.

Mais sobre ângulos e suas medidas

Com dois palitos de sorvete fixados com um percevejo, André percebeu que, mantendo um dos palitos fixos e girando o outro, ele obtém ângulos.

- O ângulo de 1 volta completa mede 360°.

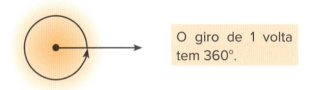

O giro de 1 volta tem 360°.

- O ângulo de meia-volta mede 180°, pois 360° : 2 = 180°.
  Este ângulo é chamado de ângulo raso. Seus lados são semirretas opostas.

- O ângulo de $\frac{1}{4}$ de volta mede 90° e é chamado de ângulo reto.

  Há um símbolo especial para indicar o ângulo reto.

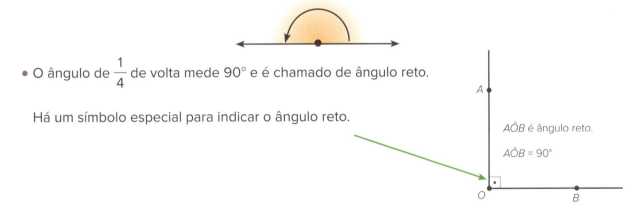

AÔB é ângulo reto.

AÔB = 90°

Observe que ângulos também estão relacionados com **inclinação** e **mudança de direção**.

Classificação de ângulos

De acordo com sua medida, um ângulo se classifica em agudo, reto ou obtuso.

Agudo: medida menor do que 90°.

Reto: como vimos, ângulo reto é o que mede 90°.

Obtuso: medida maior do que 90°.

AQUI TEM MAIS

Os admiráveis mesopotâmios e o ângulo de 1 volta

Mesopotâmia quer dizer "terra entre rios". Essa antiga região ficava entre os rios Tigre e Eufrates, onde hoje se situam o Iraque, o Irã e parte da Síria. O sistema de numeração que os mesopotâmios criaram era de base 60, ou seja, contavam de 60 em 60, diferente de nosso sistema, que é de base 10. Eles foram grandes estudiosos da Astronomia, observando o movimento do Sol e de outras estrelas. Estudos mostram que podem ter percebido que alguns fenômenos astronômicos se repetiam num intervalo aproximado de 360 dias. Como 360 é múltiplo de 60, que era a base de contagem utilizada por eles, dividiram o ângulo de 1 volta em 360 partes iguais, como fazemos hoje. Outras heranças permaneceram até nossos dias, como a divisão da hora em 60 minutos, do minuto em 60 segundos e do dia em dois períodos de 12 horas.

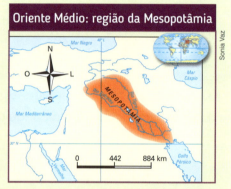

Fonte: *Atlas geográfico escolar*. Rio de Janeiro: IBGE, 6. ed., 2012.

Fonte de pesquisa: Tatiana Roque. *História da Matemática*. Rio de Janeiro: Zahar, 2012.

EXERCÍCIOS DE FIXAÇÃO

7. Classifique os ângulos destacados em reto, agudo ou obtuso.

a)

b)

c)

8. Qual é maior:

a) um ângulo agudo ou um ângulo reto?

b) um ângulo reto ou um ângulo obtuso?

c) um ângulo agudo ou um ângulo obtuso?

Retas perpendiculares

Lembrando:

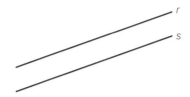

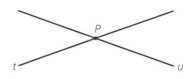

As retas *r* e *s* estão num mesmo plano e não têm ponto comum.

São retas paralelas.

As retas *t* e *u* estão num mesmo plano e têm um único ponto comum.

São retas concorrentes.

Se duas retas concorrentes formam entre si 4 ângulos retos (90°), essas retas são chamadas de perpendiculares.

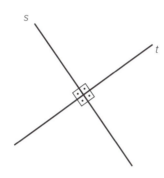

As retas *s* e *t* são perpendiculares.

Há símbolos que são usados para indicar retas paralelas e retas perpendiculares. Veja:

//: paralelas

⊥: perpendiculares

EXERCÍCIOS DE FIXAÇÃO

9. Veja na planta algumas ruas de um bairro e complete o quadro com os símbolos // e ⊥.

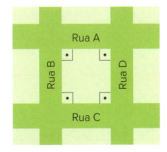

10. Observe as retas *r*, *s* e *t* e indique a posição relativa entre:

a) *r* e *s*;

b) *r* e *t*;

c) *s* e *t*;

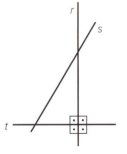

11. (Saresp) No bloco retangular da figura, são arestas paralelas:

a) AB e CG.

b) AE e BC.

c) AD e BF.

d) AE e CG.

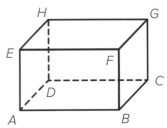

213

12. Quanto mede o menor ângulo formado pelos ponteiros de um relógio que marca:

a) 4 horas?
b) 11 horas?
c) 10 horas e 30 minutos?
d) 2 horas e 30 minutos?

13. Lembrando que o ângulo de uma volta mede 360°, determine o valor de x.

a)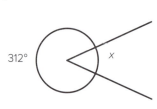
b)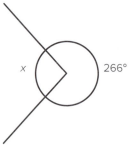
c)

14. Observe a ilustração e determine os ângulos indicados pelas letras.

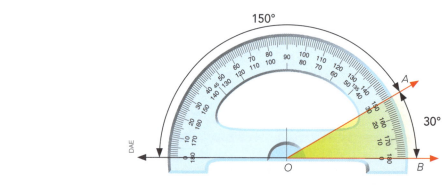

a)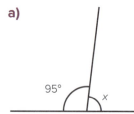
b)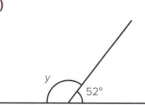
c)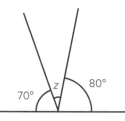

15. Observe a figura a seguir, em que os pontos A, O e C são alinhados.

a) Indique um ângulo reto.
b) Indique um ângulo raso.
c) Indique um ângulo agudo.
d) Indique um ângulo obtuso.
e) Qual é a medida do ângulo x?
f) Qual é a medida do ângulo AÔS?

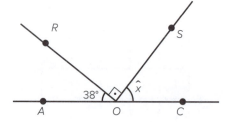

Os esquadros

Esquadros são instrumentos utilizados para traçar figuras geométricas, assim como a régua e o compasso. Veja os dois tipos de esquadro que existem:

> Os esquadros têm a forma de triângulos e apresentam 3 ângulos cada um, cujas medidas estão indicadas nas imagens.

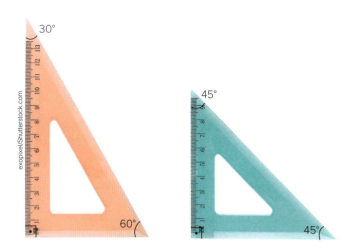

Podemos usar esquadros como moldes para traçar ângulos. Veja:

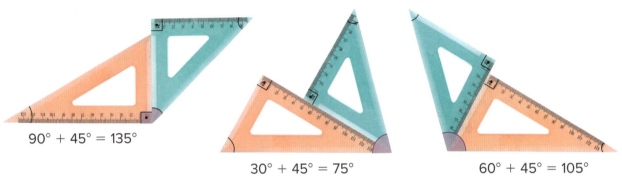

90° + 45° = 135°   30° + 45° = 75°   60° + 45° = 105°

Os esquadros também possibilitam traçar retas paralelas.

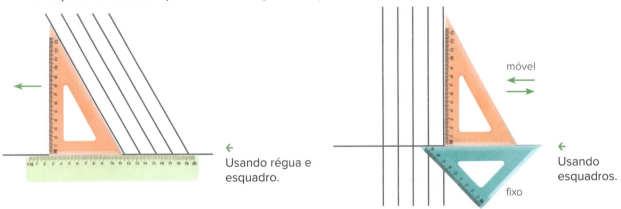

Usando régua e esquadro.

móvel
fixo

Usando esquadros.

CURIOSO É...

O esquadro é utilizado por pedreiros e marceneiros para verificar medidas de ângulos em várias etapas do trabalho deles.

Os pedreiros utilizam o esquadro para verificar se o ângulo entre paredes é reto. Eles dizem que se as paredes formam um ângulo reto perfeito, elas "estão no esquadro". Na construção de paredes também é importante utilizar o prumo e o nível para obtenção de alinhamento vertical e horizontal.

↑ Esquadro de marceneiro.

← Prumo.

→ Nível.

215

EXERCÍCIOS COMPLEMENTARES

16. Qual é a medida do ângulo AÔB?

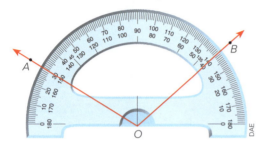

17. Quanto mede o menor ângulo formado pelos ponteiros de um relógio que marca:

a) 2 horas?

b) 7 horas?

c) 9h30min?

18. Qual é o valor do ângulo determinado pelas retas vermelhas da figura ao lado?

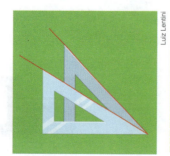

19. (Saresp) Imagine que você tem um robô tartaruga e quer fazê-lo andar num corredor sem que ele bata nas paredes. Para fazer isso, você pode acionar três comandos:

• *avançar* (indicando o número de casas);
• *virar à direita*;
• *virar à esquerda*.

Para que você acione de forma correta o comando, imagine-se dentro do robô.

Para que o robô vá até o final, os comandos deverão ser:

a) avançar 4 casas, virar 90° à direita, avançar 3 casas, virar 90° à direita, avançar 2 casas.

b) avançar 4 casas, virar 90° à esquerda, avançar 3 casas, virar 90° à esquerda, avançar 2 casas.

c) avançar 4 casas, virar 90° à direita, avançar 3 casas, virar 90° à esquerda, avançar 2 casas.

d) avançar 4 casas, virar 90° à esquerda, avançar 3 casas, virar 90° à direita, avançar 2 casas.

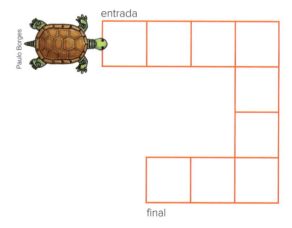

20. Na figura, as marcas indicam 6 ângulos de mesma medida. O ângulo indicado mede:

a) 90°.
b) 120°.
c) 135°.
d) 150°.

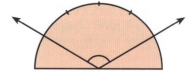

216

PANORAMA

FAÇA AS ATIVIDADES A SEGUIR E REVEJA O QUE VOCÊ APRENDEU.

21. $\frac{2}{3}$ de 120° é:

a) 40°.   b) 90°.   c) 80°.   d) 180°.

22. Qual é a medida do ângulo desconhecido no esquadro a seguir?

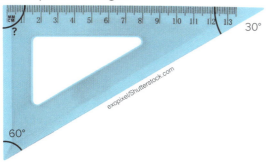

a) 30°   b) 45°   c) 60°   d) 90°

23. Um ângulo é reto quando seus lados são:
a) opostos.
b) paralelos.
c) coincidentes.
d) perpendiculares.

24. Quantos ângulos retos tem o polígono da figura?

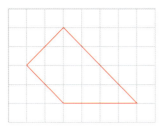

a) Um.   b) Dois.   c) Três.   d) Nenhum.

25. Os ângulos de medida 23° e 123° são classificados, respectivamente, como:
a) obtuso e agudo.
b) agudo e agudo.
c) reto e obtuso.
d) agudo e obtuso.
e) agudo e reto.

26. O ângulo assinalado nesta figura mede:

a) 105°.
b) 120°.
c) 135°.
d) 150°.

27. Observe os ponteiros deste relógio:

Decorridas 4 horas, qual será o ângulo formado pelos ponteiros?

a) 45°
b) 90°
c) 120°
d) 160°

28. (Saresp) Se girarmos o ponteiro do marcador abaixo em 120° no sentido horário, sobre qual quadrante ele ficará?

a) Q1.
b) Q2.
c) Q3.
d) Q4.

29. Quanto falta a um ângulo de 125° para completar um ângulo raso?

a) 100°   d) 55°
b) 75°   e) 25°
c) 65°

30. (UFMG) A diferença entre os ângulos dos ponteiros de um relógio que marca 2h30min e de outro que marca 1h é:

a) 75°.
b) 90°.
c) 105°.
d) 135°.

217

CAPÍTULO 26
Estudando polígonos

Polígonos

Neste capítulo aprofundaremos nosso aprendizado sobre os polígonos.

Veja as figuras a seguir:

Essas figuras fechadas, formadas somente por segmentos de reta, são chamadas de **polígonos**.

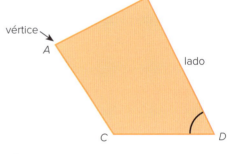

Na figura, demarcamos o ângulo interno D.

Veja na figura alguns elementos do polígono:

- **Vértices**: A, B, C, D.
- **Lados**: $\overline{AB}$, $\overline{BD}$, $\overline{DC}$, $\overline{CA}$.
- **Ângulos internos**: $\hat{A}$, $\hat{B}$, $\hat{C}$, $\hat{D}$.

Os polígonos podem ser convexos ou não convexos.

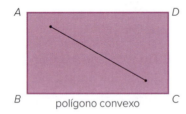

polígono convexo

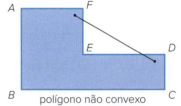

polígono não convexo

Dizemos que um polígono é **convexo** quando os segmentos de reta que unem dois pontos quaisquer de seu interior estão inteiramente contidos nele; caso contrário, o polígono é **não convexo**.

Os polígonos recebem o nome de acordo com o número de lados (ou de ângulos internos). Veja os principais:

Número de lados	Nome do polígono
3	triângulo
4	quadrilátero
5	pentágono
6	hexágono
7	heptágono
8	octógono
9	eneágono
10	decágono

EXERCÍCIOS
DE FIXAÇÃO

1. Considere as seguintes figuras planas:

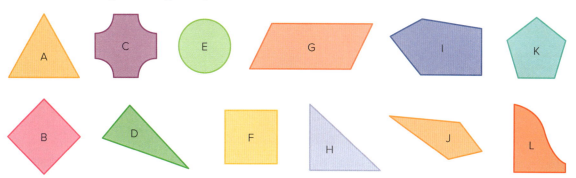

Indique as que são:
a) polígonos;
b) pentágonos;
c) quadriláteros;
d) triângulos.

2. Observe estes polígonos:

a) Quantos lados e vértices tem cada um deles?
b) O que você pode afirmar sobre o número de lados e o número de vértices deles?

3. Considere as figuras planas abaixo.

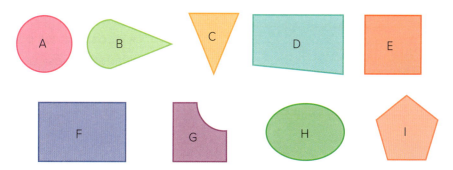

a) Quais são polígonos?
b) Quais são quadriláteros?
c) Qual poderia ser a face de um cubo?
d) Qual poderia ser a base de um cilindro?

4. Quais dos seguintes polígonos são convexos?

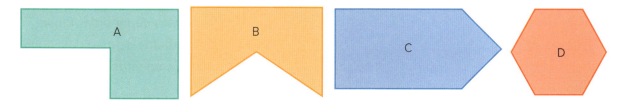

219

Triângulos

Triângulos são polígonos de três lados. Os triângulos podem ser classificados em:

I. Equiláteros

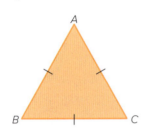

- 3 lados de medidas iguais

II. Isósceles

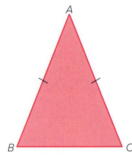

- 2 lados de medidas iguais

III. Escalenos

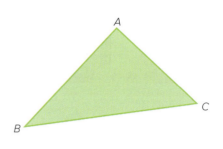

- 3 lados de medidas diferentes

Quadriláteros

Quadriláteros são polígonos de quatro lados. Alguns quadriláteros têm nomes e propriedades especiais.

I. Trapézio

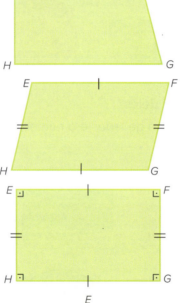

- apenas 2 lados paralelos

II. Paralelogramo

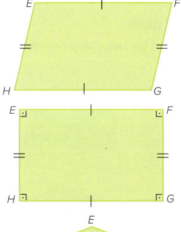

- lados opostos paralelos
- lados opostos com medidas iguais

III. Retângulo

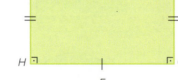

- lados opostos paralelos
- lados opostos com medidas iguais
- 4 ângulos de medidas iguais

IV. Losango

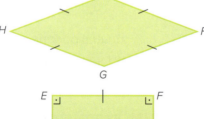

- 4 lados de medidas iguais
- lados opostos paralelos

V. Quadrado

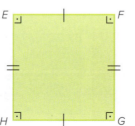

- 4 lados de medidas iguais
- 4 ângulos de medidas iguais
- lados opostos paralelos

EXERCÍCIOS
DE FIXAÇÃO

5. Responda:

a) Quantos lados há nesse polígono?

b) Quantos vértices há nesse polígono?

6. Como se chama um polígono de:

a) 4 lados?

b) 5 lados?

c) 6 lados?

d) 3 vértices?

7. Observe o paralelogramo ao lado e dê exemplo de:

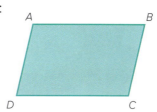

a) um par de lados paralelos;

b) um par de lados opostos;

c) um par de lados com a mesma medida.

8. Identifique os polígonos a seguir. Escreva o nome dos triângulos e quadriláteros.

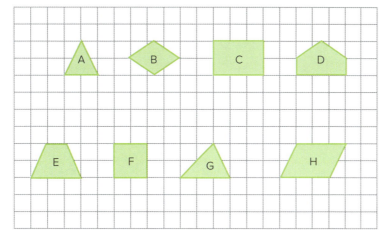

9. Faça a correspondência dos números com as letras.

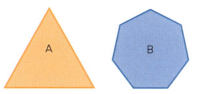

I. Tenho 12 lados.

II. Tenho 3 vértices.

III. Tenho 8 lados.

IV. Sou um heptágono.

10. Decomponha o polígono ao lado em:

a) três triângulos;

b) um triângulo e um quadrilátero;

c) dois quadriláteros.

Perímetro de um polígono

Perímetro de um polígono é a soma das medidas de seus lados.

Exemplo:

Calcule o perímetro do quadrilátero abaixo.

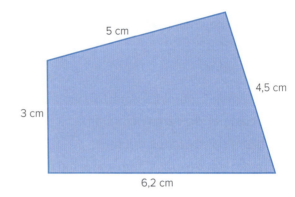

$P = 6,2$ cm $+ 3$ cm $+ 5$ cm $+ 4,5$ cm
$P = 18,7$ cm
Resposta: 18,7 cm

EXERCÍCIOS DE FIXAÇÃO

11. Qual é o perímetro do terreno abaixo?

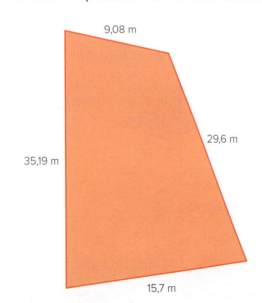

12. Calcule o perímetro de um terreno de forma retangular que tem 12 m de frente e 25 m de fundo.

13. Uma sala retangular tem 7 m de comprimento e 3,25 m de largura. A porta tem 90 cm. Quantos metros de rodapé serão colocados na sala?

14. Qual é o perímetro deste terreno?

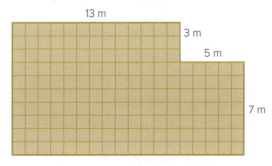

222

Relação entre a medida dos lados e o perímetro de polígonos

O perímetro do retângulo abaixo é igual a:

3 + 3 + 2 + 2 = 10 cm

Vamos dobrar a medida de cada lado deste retângulo e calcular o perímetro:

Perímetro = 6 + 6 + 4 + 4 = 20 cm

Quando dobramos a medida do lado do retângulo, o perímetro também dobra.

Se tivéssemos dividido as medidas por 2, o perímetro seria igual a: 3 + 3 + 2 + 2 = 10 cm.

O perímetro do retângulo inicial ficaria dividido por 2.

Essa relação é verdadeira para todo polígono.

EXERCÍCIOS DE FIXAÇÃO

15. As medidas dos lados de um polígono de perímetro igual a 12 cm foram todas triplicadas. Qual é o perímetro do polígono obtido?

16. As medidas dos lados de um polígono de perímetro igual a 28 cm foram reduzidas à metade. Qual é o perímetro do polígono obtido?

> Reduzir uma medida à metade é dividi-la por 2.

17. O perímetro de um quadrado é 52 cm. Para obter outro quadrado com perímetro igual a 104 cm, o que deve acontecer com a medida dos lados do quadrado inicial?

18. Se quadruplicarmos as medidas de todos os lados de um polígono, o que acontecerá com o perímetro?

Polígonos regulares

Um polígono é regular quando todos os ângulos internos têm a mesma medida e todos os lados têm a mesma medida. Veja exemplos de polígonos regulares:

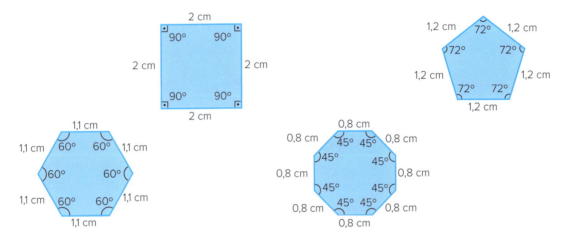

Este retângulo tem 4 ângulos de mesma medida (90°), mas seus lados não são todos iguais.

Ele não é um polígono regular.

Este losango não tem os 4 ângulos internos com medidas iguais, por isso não é um polígono regular.

Mosaicos

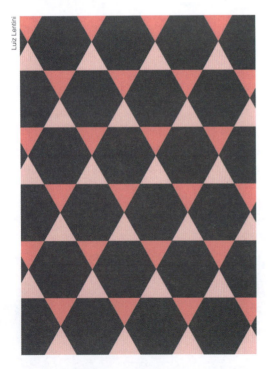

As composições ilustradas ao lado e abaixo foram desenhadas em malha triangular combinando-se polígonos regulares. Este tipo de desenho é chamado de mosaico geométrico e pode ser visto na decoração, em paredes e pisos, em faixas e painéis e também na arte.

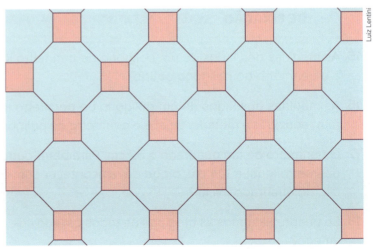

Construção com régua e esquadro

Vamos construir um quadrado RSTU usando régua e esquadro.

1. Usando a régua, trace o segmento RS com 3 cm de comprimento. Os pontos R e S são dois dos vértices do quadrado.

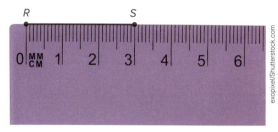

2. Posicione o esquadro com o vértice do ângulo reto em R e depois em S, traçando segmentos perpendiculares ao segmento RS com a mesma medida: 3 cm. Nomeie os pontos T e U.

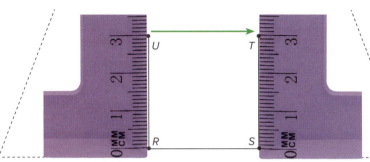

3. Use o esquadro ou a régua para traçar o segmento TU, terminando o traçado do quadrado RSTU.

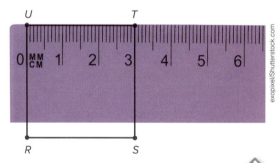

EXERCÍCIOS DE FIXAÇÃO

19. Usando régua e esquadro, construa o que se pede.
   a) Um quadrado de lado 5 cm.
   b) Um retângulo de comprimento 6 cm e largura 2 cm.

20. (Saeb) A face superior das peças de um jogo de dominó tem formato de um quadrilátero. Observe um exemplo:

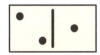

Qual quadrilátero melhor caracteriza a face superior da peça de um jogo de dominó?
   a) Trapézio.
   b) Quadrado.
   c) Retângulo.
   d) Losango.

21. Um hexágono regular tem perímetro igual a 72 cm. Qual é a medida de cada um dos seus lados?

22. O pentágono ilustrado tem todos os lados com a mesma medida. Esse polígono é regular? Justifique sua resposta.

225

EXERCÍCIOS COMPLEMENTARES

23. O perímetro de um quadrado mede 11 cm. Calcule a medida do lado do quadrado.

24. O perímetro deste triângulo mede 30 cm. Calcule x.

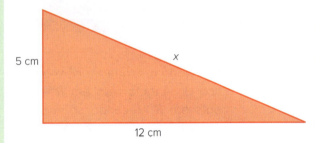

25. Qual é o menor trajeto que uma formiga deve fazer para ir de A até B usando o contorno da figura?

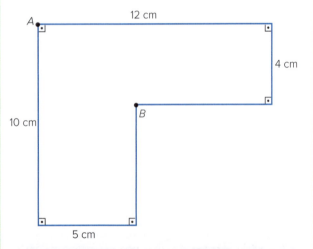

26. Quantos metros de arame são necessários para construir a grade desenhada abaixo?

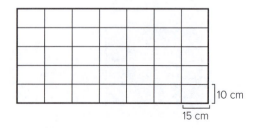

27. (UFRJ) De um retângulo de 18 cm de largura e 48 cm de comprimento foram retirados dois quadrados de lados iguais a 7 cm, como mostra a figura a seguir:

Qual é o perímetro da figura resultante?

28. Qual é o perímetro de cada figura?

a)

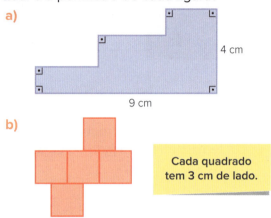

b)

Cada quadrado tem 3 cm de lado.

29. (Obmep) Juntando, sem sobreposição, quatro ladrilhos retangulares de 10 cm por 45 cm e um ladrilho quadrado de lado 20 cm, Rodrigo montou a figura abaixo. Com uma caneta vermelha ele traçou o contorno da figura. Qual é o comprimento desse contorno?

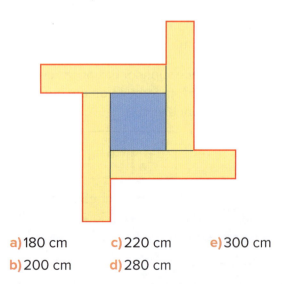

a) 180 cm   c) 220 cm   e) 300 cm
b) 200 cm   d) 280 cm

PANORAMA

FAÇA AS ATIVIDADES A SEGUIR E REVEJA O QUE VOCÊ APRENDEU.

NO CADERNO

30. O polígono regular de quatro lados chama-se:
   a) quadrado.
   b) retângulo.
   c) paralelogramo.
   d) nenhuma das anteriores.

31. (Saresp) Na figura abaixo tem-se representado um canteiro de flores que foi construído com a forma de quadrilátero de lados iguais e dois a dois paralelos.

Sua forma é a de um:
   a) trapézio.
   b) retângulo.
   c) losango.
   d) quadrado.

32. (Encceja) Paulo está construindo caixas em forma de pirâmide para montar o cenário de uma peça de teatro e tem à sua disposição peças de madeira recortadas como nas figuras.

Como base para a pirâmide, Paulo pode usar as peças:
   a) III e IV.
   b) II e V.
   c) I e III.
   d) II e IV.

33. O perímetro do polígono desta figura é:
   a) 16 cm.
   b) 20 cm.
   c) 24 cm.
   d) 28 cm.

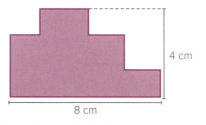

34. Um terreno tem a forma retangular. Se o comprimento dele é 60 m e a largura é $\frac{2}{3}$ do comprimento, seu perímetro é igual a:
   a) 120 m.
   b) 200 m.
   c) 160 m.
   d) 300 m.

35. (PUC-SP) Em volta de um terreno retangular de 12 m por 30 m, deve-se construir uma cerca com 5 fios de arame farpado, vendido em rolos de 50 m. Quantos rolos devem ser comprados?

   a) 5   b) 9   c) 12   d) 18

36. (UFRN) O perímetro do polígono abaixo, em metros, é:

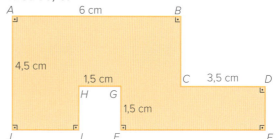

   a) 31.
   b) 0,31.
   c) 28,5.
   d) 0,285.

37. (SEE-RJ) Veja o desenho de um pedaço de couro que vai cobrir uma bola de futebol. Sobre este desenho está correto dizer que:

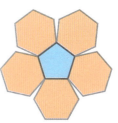

   a) ele possui 6 figuras com a mesma forma.
   b) todas as 6 figuras têm formas diferentes.
   c) somente as 5 figuras laranjas têm a mesma forma.
   d) a figura azul tem a forma de um quadrado.

227

CAPÍTULO 27
Sistema cartesiano

Par ordenado

A figura abaixo representa a planta de um teatro.

Nessa sala, as poltronas estão dispostas em linhas e colunas.

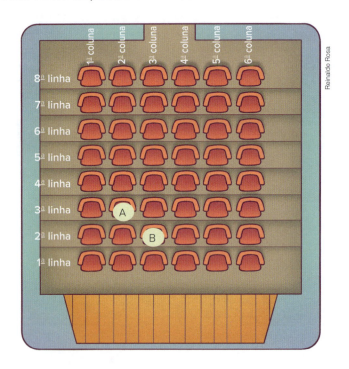

- A poltrona A está situada na **terceira** linha e **segunda** coluna. Indicamos assim: **(3; 2)**.
- A poltrona B está situada na **segunda** linha e **terceira** coluna. Indicamos assim: **(2; 3)**.

Como as poltronas ocupam lugares diferentes, é fácil perceber que:

$$(3; 2) \neq (2; 3)$$

Isso mostra que a **ordem em que escrevemos esses números é importante**.

Os pares de números em que a ordem dos elementos deve ser respeitada são chamados **pares ordenados**.

Então:

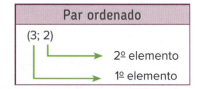
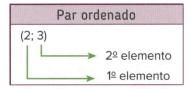

Um **par ordenado** é indicado entre parênteses, e os elementos são separados por vírgula ou ponto e vírgula.

Mapa-múndi

O mapa ilustrado abaixo é chamado de mapa-múndi. Ele é uma representação plana, reduzida, da superfície terrestre. A projeção utilizada para representá-lo é a de Mercator. Há outras, como a projeção de Mollweide, que também é bastante usada.

Como o formato da Terra é próximo de uma esfera, sua superfície é toda curva. Assim, os mapas-múndi, por serem planos, distorcem um pouco a realidade, mas são eficientes para fixar rotas, localizar cidades e pontos da superfície terrestre.

Fonte: *Atlas geográfico escolar*. Rio de Janeiro: IBGE, 7 ed., 2016, p. 32.

A localização de pontos da superfície terrestre baseia-se em um sistema de coordenadas criado com base em linhas imaginárias, chamadas de meridianos e paralelos.

Os meridianos aparecem como linhas verticais no mapa-múndi. Os paralelos, como linhas horizontais.

O paralelo mais importante é a Linha do Equador, que divide o planeta nos hemisférios Norte e Sul. O Meridiano de Greenwich também divide o planeta em Hemisfério Leste (Oriente) e Hemisfério Oeste (Ocidente).

As coordenadas geográficas de um ponto sobre a superfície da Terra são dadas pelo par (longitude; latitude), medidas em graus a partir da Linha do Equador (paralelos – longitude) e do Meridiano de Greenwich (meridianos – latitude). O ponto de encontro da Linha do Equador com o Meridiano de Greenwich é como o ponto (0; 0) do sistema. As coordenadas geográficas de Brasília, por exemplo, podem ser aproximadas por (S15°; O48°).

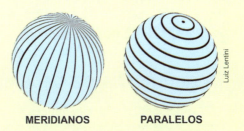

Confira no mapa.

229

EXERCÍCIOS
DE FIXAÇÃO

1. (Saresp) Imagine um jogo em que um dos jogadores deve adivinhar a localização de algumas peças desenhadas num tabuleiro que está nas mãos do outro jogador. Veja um desses tabuleiros com uma peça desenhada.

	A	B	C	D	E	F	G	H	I	J
1										
2										
3										
4										
5										
6										
7										
8										
9										
10										

A sequência de comandos que acerta as quatro partes da peça desenhada é:

a) D4, E3, F4, E4.
b) D4, E3, F3, E4.
c) D4, E4, F4, E5.
d) D4, E3, F4, E5.

2. Complete com os símbolos = ou ≠:

a) (5; 4) ▨ (4; 5)

b) (3; 7) ▨ $\left(\dfrac{6}{2}; \dfrac{21}{3}\right)$

c) (1; 8) ▨ $\left(\dfrac{1}{8}; 8\right)$

3. (CAp-UFPE) Partindo de um ponto, uma formiga caminhou 2 metros para o norte (N), depois 3 metros para o oeste (O), depois 5 metros para o sul (S), depois 7 metros para o leste (L) e, finalmente, 3 metros para o norte (N). Onde a formiga parou, tomando como relação o ponto de partida?

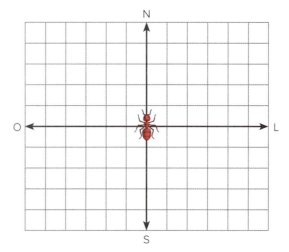

a) 2 metros para o norte
b) 3 metros para o sul
c) 4 metros para o leste
d) 5 metros para o oeste

AQUI TEM MAIS

A geometria de Descartes

O matemático e filósofo francês René Descartes, que viveu no século XVII, estabeleceu a relação entre Álgebra e Geometria criando um novo ramo da Matemática, designado, tradicionalmente, como Geometria Analítica.

Descartes notou que um ponto do plano terá sua posição perfeitamente determinada por um par de números reais: um número correspondente à distância no **eixo horizontal** e outro correspondente à distância no **eixo vertical**.

Além de grandes contribuições para a Matemática, Descartes também se destacou no campo da Filosofia. Sua obra *Discurso sobre o método*, publicada em 1637, foi um marco no pensamento filosófico.

↑ Descartes.

Plano cartesiano

O plano cartesiano é formado por duas retas perpendiculares numeradas, denominadas eixos, que se interceptam no ponto de origem, indicado na ilustração.

A representação de um ponto no plano cartesiano é feita por um par de números.

- O primeiro número do par ordenado chama-se **abscissa** do ponto.
- O segundo número do par chama-se **ordenada** do ponto.

A abscissa e a ordenada formam, nessa ordem, as coordenadas do ponto.

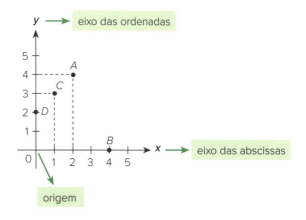

Veja as coordenadas cartesianas dos pontos marcados na figura acima:

A (2; 4) abscissa 2 e ordenada 4.

B (4; 0) abscissa 4 e ordenada 0.

C (1; 3) abscissa 1 e ordenada 3.

D (0; 2) abscissa 0 e ordenada 2.

O eixo das abscissas é nomeado como eixo x, e o das ordenadas, como eixo y.

De maneira genérica, indicamos um par ordenado como (x; y).

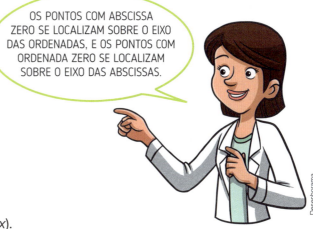

O par é **ordenado** porque, em geral, (x; y) ≠ (y; x).

Veja na figura que, por exemplo:

(4; 2) ≠ (2; 4);

(0; 3) ≠ (3; 0);

(1; 5) ≠ (5; 1).

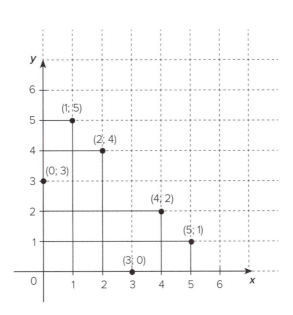

EXERCÍCIOS
DE FIXAÇÃO

4. Copie e complete corretamente:

No sistema cartesiano, o eixo *x* é o eixo das ▨▨▨ e o eixo *y* é o eixo das ▨▨▨.

5. Trace o plano cartesiano e localize os pontos a seguir.

a) A (2; 5)
b) B (1; 4)
c) C (0; 1)
d) D (3; 2)
e) E (0; 0)
f) F (4; 0)

6. Escreva as coordenadas de cada ponto marcado no plano cartesiano abaixo e identifique qual deles é a origem do sistema.

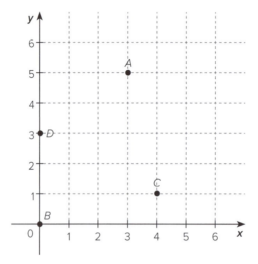

7. Observe as coordenadas dos pontos *P* (3; 6); *Q* (3; 0); *R* (0; 4); *S* (2; 4) e responda:

a) Quais pontos têm abscissas iguais?
b) Quais pontos têm ordenadas iguais?
c) Qual ponto se localiza sobre o eixo *x*?
d) Qual ponto se localiza sobre o eixo *y*?

8. Mariana disse que o ponto correspondente ao par ordenado (2; 5) coincide com o ponto correspondente ao par (5; 2). Ela está certa? Justifique!

USE UM SISTEMA CARTESIANO, SE PRECISAR!

9. Construa o sistema cartesiano e localize os pontos de coordenadas *A* (1; 1); *B* (5; 1); *C* (5; 4); *D* (3; 5); *E* (1; 4). Com auxílio de régua, trace os segmentos $\overline{AB}$, $\overline{BC}$, $\overline{CD}$, $\overline{DE}$ e $\overline{EA}$. Que polígono você obteve?

Sistema cartesiano e polígonos

Vamos traçar um retângulo com base na localização de seus quatro vértices no plano cartesiano. Veja:

Localizamos no plano cartesiano os pontos A (1; 5), B (4; 5), C (4; 1) e D (1; 1), que são os quatro vértices do retângulo ABCD.

Traçamos com régua os segmentos de reta AB, BC, CD e DA, obtendo o retângulo ABCD.

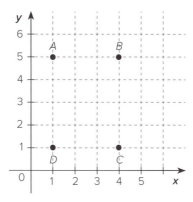
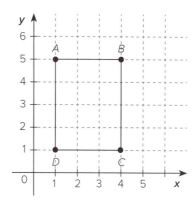

Com base nas coordenadas dos vértices, podemos perceber que AB = CD = 3 e AD = BC = 4.

O perímetro desse retângulo é P = 3 + 3 + 4 + 4 = 14.

Podemos ampliar o retângulo ABCD usando as coordenadas cartesianas. Acompanhe:

Traçamos o retângulo EFGH cujos vértices têm as coordenadas dos vértices do retângulo inicial, todas multiplicadas por 2.

A (1; 5)   B (4; 5)   C (4; 1)   D (1; 1)

E (2; 10)   F (8; 10)   G (8; 2)   H (2; 2)

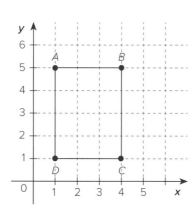
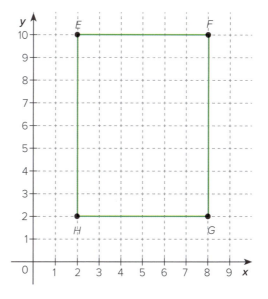

No retângulo EFGH, temos:

$$EF = GH = 6 \text{ e } EH = FG = 8$$

O perímetro desse retângulo é 6 + 6 + 8 + 8 = 28.

Dobrando a medida dos lados do polígono, o perímetro também dobra.

EXERCÍCIOS
DE FIXAÇÃO

10. Observe o polígono traçado com base nas coordenadas cartesianas de seus vértices e faça o que se pede.

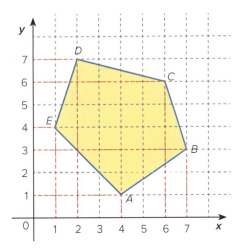

a) Quantos lados e quantos vértices tem esse polígono?

b) Qual é o nome desse polígono?

c) Esse polígono é regular?

d) Escreva as coordenadas de seus vértices.

11. (Encceja) Observe o esquema com a localização de uma escola e de um supermercado.

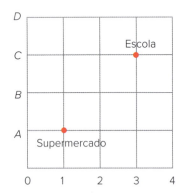

Se, nesse esquema, o supermercado pode ser indicado pelo ponto (1, A), então a escola pode ser indicada pelo ponto:

a) (1; C).

b) (3; C).

c) (C; 0).

d) (C; 2).

12. Trace o plano cartesiano e localize os pares ordenados A (3; 2); B (7; 2) e C (10; 5). Usando régua, trace os segmentos AB, AC e BC. Que polígono você obteve?

13. Trace o quadrado ABCD no plano cartesiano, sabendo que seus vértices têm coordenadas A (1; 2), B (1; 6), C (5; 6) e D (5; 2).

a) Registre a medida do lado do quadrado.

b) Calcule o perímetro do quadrado ABCD.

14. Daniel desenhou o esboço de um peixe combinando dois polígonos cujos vértices foram localizados no plano cartesiano. Considere que o lado de cada quadradinho tem comprimento igual a 1 unidade.

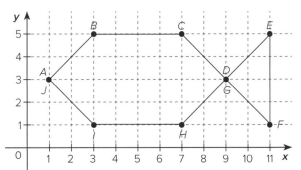

a) Que polígonos ele utilizou?

b) Quais pontos têm abscissa igual a 3?

c) Quais pontos têm ordenada igual a 5?

d) Quais pontos coincidem, ou seja, têm coordenadas iguais?

e) Quantas unidades mede o segmento BC? E o segmento IH?

f) Quantas unidades mede o segmento EF?

 **PANORAMA**

FAÇA AS ATIVIDADES A SEGUIR E REVEJA O QUE VOCÊ APRENDEU.

15. (Encceja) A figura geométrica cujo contorno é definido pelos pontos (1; 1), (3; 2), (5; 1) e (3; 5) do plano cartesiano tem sua forma semelhante a:

a) uma ponta de flecha.
b) uma tela de televisão.
c) uma prancha de surfe.
d) uma bandeirinha de festa junina.

16. (Prova Brasil) A figura abaixo foi dada aos alunos e algumas crianças resolveram ampliá-la.

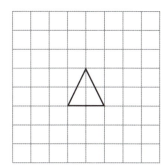

Veja as ampliações feitas por 4 crianças.

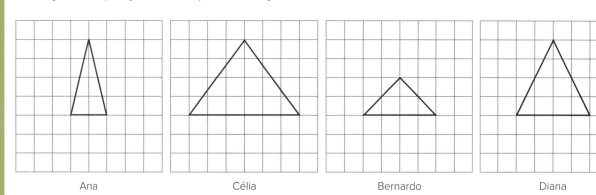

Quem ampliou corretamente a figura?

a) Ana
b) Bernardo
c) Célia
d) Diana

17. Os pontos A (5; 8), B (10; 3), C (5; 2) e D (3; 3) representam os vértices de um quadrilátero no plano cartesiano. O menor lado desse quadrilátero é:

a) $\overline{AB}$.
b) $\overline{BC}$.
c) $\overline{CD}$.
d) $\overline{DA}$.

18. A medida do lado de um quadrado de perímetro igual a 18 cm foi triplicada. O novo quadrado tem perímetro de:

a) 18 cm.
b) 36 cm.
c) 48 cm.
d) 54 cm.

CAPÍTULO 28 — Medidas de superfície

O que é área?

Figuras planas ocupam uma superfície.

Essa superfície pode ser medida e registrada com um número, acompanhado de uma unidade de medida.

A medida de uma superfície é sua **área**.

Como fazemos essa medida?

Vamos relembrar as medidas de comprimento. Para medir um comprimento, comparamos esse comprimento com outro, tomado como unidade.

1 cm — unidade de medida

A unidade (1 cm) cabe 3 vezes no comprimento do segmento AB.

Então, AB = 3 cm.

Para medir superfícies, precisamos de uma unidade de medida específica.

As unidades de medida padrão para áreas são as superfícies ocupadas por quadrados. Veja as mais usuais:

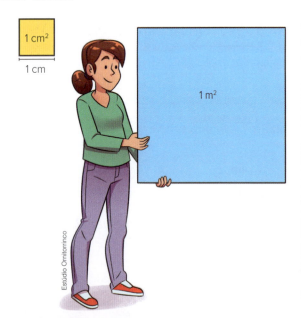

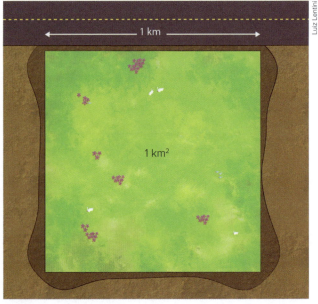

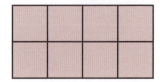

A superfície do retângulo ilustrado fica totalmente preenchida por 8 quadradinhos de 1 cm de lado. A área do retângulo é registrada como:

$A = 8 \text{ cm}^2$

EXERCÍCIOS DE FIXAÇÃO

1. Sabendo que a área de um quadradinho é 1 cm², calcule:

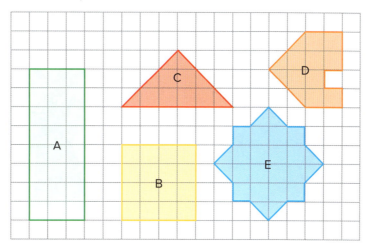

a) a área de A;
b) a área de B;
c) a área de C;
d) a área de D;
e) a área de E.

2. Utilize cartolina e recorte 12 quadradinhos iguais. Quantos retângulos diferentes você pode formar com 12 quadradinhos? Eles têm áreas iguais? Eles têm perímetros iguais?

3. (Saresp) O lado de cada quadradinho da malha abaixo mede 1 cm.

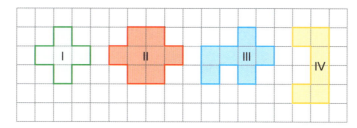

Das figuras desenhadas na malha, a que tem perímetro igual a 12 cm é:

a) I.
b) II.
c) III.
d) IV.

4. Registre a área de cada figura do exercício anterior.

5. Observe as figuras e responda:

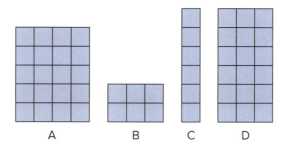

a) Quais têm mesmo perímetro, mas áreas diferentes?
b) Quais têm mesma área, mas perímetros diferentes?

Conversões entre unidades de medida de superfície

O metro quadrado (m²) é a superfície ocupada pelo quadrado de 1 metro de lado.

Como 1 m = 10 dm, o quadrado de 1 m de lado é formado por 10 × 10 = 100 quadrados de 1 dm de lado.

Então, 1 m² = 100 dm².

Como 1 m = 100 cm, o quadrado de 1 m de lado é formado por 100 × 100 = 10 000 quadradinhos de 1 cm de lado. Então,

1 m² = 10 000 cm².

Temos que:

1 m² = 100 dm² = 10 000 cm²

Podemos usar o mesmo raciocínio para relacionar o metro quadrado com o milímetro quadrado e com os múltiplos do metro.

Cada unidade de medida de superfície é 100 vezes maior que a unidade imediatamente inferior. Veja:

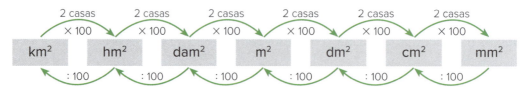

Exemplos:

- Registre 2,6 m² em cm².

  Devemos multiplicar por 10 000, ou seja, vamos deslocar a vírgula 4 casas para a direita.

  2,6 m² = 26 000 cm²

- Registre 450 cm² em m².

  Devemos dividir por 10 000, ou seja, vamos deslocar a vírgula 4 casas para a esquerda.

  450 cm² = 0,0450 m²

- Registre 0,0078 m² em mm².

  Devemos multiplicar por 1 000 000, ou seja, a vírgula deve ser deslocada 6 casas para a direita.

  0,0078 m² = 7 800 mm²

Área do quadrado, do retângulo, do paralelogramo e do triângulo

Área do quadrado

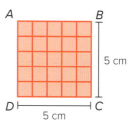

- A superfície do quadrado é formada por 25 quadradinhos de 1 cm de lado.
- A área do quadrado ao lado é 25 cm².
- Note que: 25 cm² = 5 cm · 5 cm.
  $\underbrace{\phantom{5\text{ cm}}}_{\text{lado}}$ $\underbrace{\phantom{5\text{ cm}}}_{\text{lado}}$
  Então:

área do quadrado = medida do lado × medida do lado

$A = \ell \cdot \ell = \ell^2$
Sendo: $\ell \rightarrow$ medida do lado

Área do retângulo

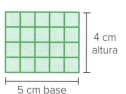

- A área do retângulo ao lado é 20 cm².
- Note que: 20 cm² = 5 cm · 4 cm.
  $\underbrace{\phantom{5\text{ cm}}}_{\text{base}}$ $\underbrace{\phantom{4\text{ cm}}}_{\text{altura}}$
  Então:

área do retângulo = medida da base × medida da altura

$A = b \cdot h$
Sendo: $b \rightarrow$ medida da base
$h \rightarrow$ medida da altura

Área do paralelogramo

Observe que a área do paralelogramo é igual à área do retângulo.
Então:

área do paralelogramo = medida da base × medida da altura

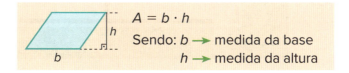

$A = b \cdot h$
Sendo: $b \rightarrow$ medida da base
$h \rightarrow$ medida da altura

EXERCÍCIOS
DE FIXAÇÃO

6. Calcule a área do:

a) quadrado; b) retângulo.

7. O perímetro de um quadrado mede 40 cm. Calcule a área do quadrado.

8. Calcule a área da figura.

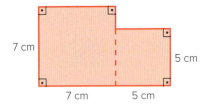

9. Se a área de um quadradinho é 1 cm², qual é a área do retângulo colorido?

10. O quadrado e o retângulo da figura abaixo têm a mesma área. Calcule a medida x da base do retângulo.

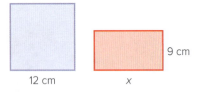

11. A figura mostra um terreno retangular, de 15 m por 30 m, que foi gramado, com exceção de uma área ocupada por uma casa com 221 m².

Qual é a área gramada?

12. Calcule a área dos paralelogramos.

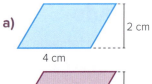
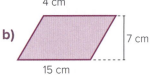

13. Calcule a área de um paralelogramo que tem 2,4 cm de base e 1,3 cm de altura.

14. Calcule a área de um paralelogramo sabendo que a base mede 9 cm e a altura é a terça parte da base.

15. Calcule a área da região colorida.

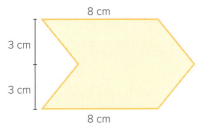

16. A peça retangular ilustrada é feita com certo tipo de plástico que custa R$ 0,45 o cm². Calcule o custo do material usado em cada peça, sabendo que o quadrado em branco é uma parte vazada, cujo lado mede 3 cm.

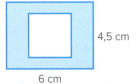

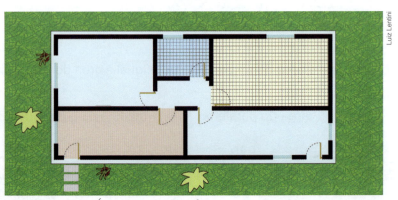

Lote: 15 m × 30 m. Área ocupada: 221 m².

Área do triângulo

Observe que a área do triângulo é a metade da área do paralelogramo. Então:

$$\text{área do triângulo} = \frac{\text{medida da base} \times \text{medida da altura}}{2}$$

$$A = \frac{b \cdot h}{2}$$

Sendo: $b \rightarrow$ medida da base
$h \rightarrow$ medida da altura

Exemplo:

Calcule a área de um triângulo com 5 cm de base e 3 cm de altura.

$$A = \frac{5 \cdot 3}{2} = \frac{15}{2} = 7{,}5 \text{. Resposta: } 7{,}5 \text{ cm}^2$$

EXERCÍCIOS DE FIXAÇÃO

17. Calcule a área dos triângulos (as medidas estão indicadas em centímetros).

a)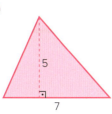

b)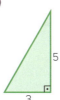

c)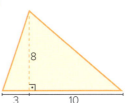

18. Calcule a área de um triângulo de 4,2 m de base e 2,6 m de altura.

19. A base de um triângulo mede 5,6 cm e a altura é o dobro da base. Qual é a área desse triângulo?

20. Calcule a área da figura ao lado (as medidas estão indicadas em centímetros).

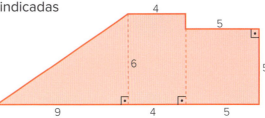

241

EXERCÍCIOS COMPLEMENTARES

21. Calcule a área das figuras.

a)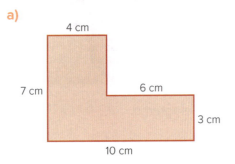

b)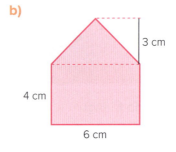

22. Quanto custou este anúncio no jornal, considerando que 1 cm² custa R$ 2,50?

23. Observe a planta de uma casa e responda às questões.

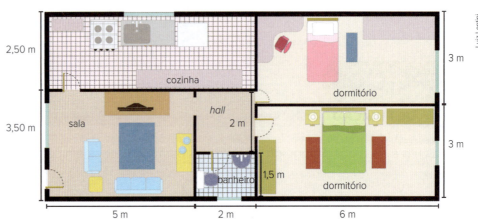

a) Qual é a área de cada dormitório?

b) Qual é a dependência de menor área?

c) Quantos metros quadrados de carpete são necessários para cobrir o piso da sala e do *hall*?

d) Quantos metros quadrados de cerâmica são necessários para cobrir o piso do banheiro e da cozinha?

e) Qual é a área total da casa?

24. Calcule a área da figura (as medidas estão indicadas em centímetro).

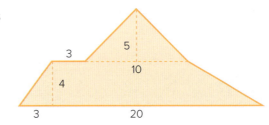

25. Calcule a área das partes coloridas das figuras sabendo que o lado do quadrado mede 4 cm.

a)

b)

c)

26. Uma costureira confecciona 15 toalhas de retalhos por semana. Todos os retalhos têm o formato de um quadrado de 30 cm de lado. Observe as medidas da toalha e responda às questões.

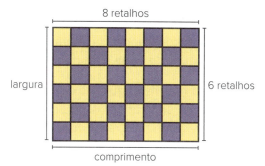

a) Quantos retalhos são utilizados na confecção de uma toalha?
b) Qual é, em centímetros, o comprimento da toalha?
c) Qual é, em centímetros, a largura da toalha?
d) Quantos metros quadrados de tecido são necessários para confeccionar uma toalha?
e) Quantos metros quadrados de tecido são necessários para confeccionar as toalhas de uma semana?

27. O retângulo *ABCD* da figura representa um painel revestido com azulejos, todos iguais ao que está representado pelo quadrado vermelho.

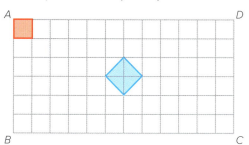

O azulejo azul pode ser seccionado para completar o revestimento.

Para revestir esse mesmo painel com azulejos do tipo representado pelo quadrado azul, serão gastos exatamente:

a) 24 azulejos.
b) 36 azulejos.
c) 72 azulejos.
d) 48 azulejos.

 AQUI TEM MAIS

Medidas agrárias

Para medir a superfície de fazendas, sítios etc., usamos as seguintes medidas agrárias:
- **are (a)**, que equivale ao dam^2 (100 m^2);
- **hectare (ha)**, que equivale ao hm^2 (10 000 m^2).

Usamos também o **alqueire**, cuja medida varia de um estado (ou região) do país para outro.
- 1 alqueire mineiro = 48 400 m^2
- 1 alqueire paulista = 24 200 m^2
- 1 alqueire nordestino = 27 225 m^2

EXERCÍCIOS SELECIONADOS

28. Observe a figura abaixo. Ela representa uma placa retangular de 12 metros quadrados de área.

Um corretor mandou fazer várias dessas placas, todas elas com 6 metros de comprimento. Qual é a largura de cada uma delas?

29. Quatro tiras retangulares de papel, com comprimento de 10 cm e largura de 1 cm, são colocadas sobre uma mesa, umas sobre as outras, perpendicularmente, como mostra a figura. Qual área da mesa está coberta?

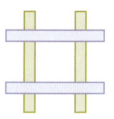

30. Calcule a área das figuras (as medidas estão indicadas em centímetros).

a)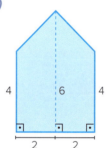

b)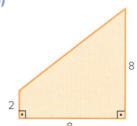

c)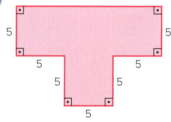

31. Observando o quadrado ao lado, notamos que a área do quadrado menor é 25 m² e a do outro, 64 m².

   a) Qual é a área do retângulo A?
   b) Qual é a área do retângulo B?
   c) Qual é a área total da figura?

32. (Unicamp-SP) Quantos ladrilhos de 20 cm × 20 cm são necessários para ladrilhar um cômodo de 4 m × 5 m?

33. Um pintor cobra R$ 4,50 por metro quadrado de parede pintada. Quanto ele cobrará para pintar as quatro paredes e o teto de uma sala que mede 7 m de comprimento, 5 m de largura e 3 m de altura?

34. (CAp-Uerj) A figura ao lado representa a planta de uma sala que queremos forrar com um tapete cujo metro quadrado custa R$ 11,00. Além disso, teremos de pagar R$ 52,00 pela sua colocação. Qual será a despesa total?

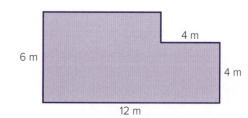

PANORAMA

FAÇA AS ATIVIDADES A SEGUIR E REVEJA O QUE VOCÊ APRENDEU.

35. A área sombreada na figura abaixo mede:

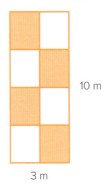

a) 12 m².   b) 15 m².   c) 18 m².   d) 21 m².

36. Um terreno retangular tem 15 m de frente por 36 m de fundo. Nele será construída uma casa, que ocupará a terça parte do terreno. A parte não construída medirá:

a) 180 m².   c) 360 m².
b) 270 m².   d) 540 m².

37. A área sombreada na figura abaixo mede:

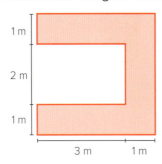

a) 10 m².   b) 11 m².   c) 12 m².   d) 14 m².

38. As figuras A, B, C e D estão desenhadas em um quadriculado.

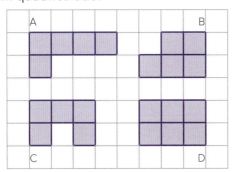

As duas figuras que têm o mesmo perímetro e a mesma área são:

a) A e B.   b) A e C.   c) B e C.   d) B e D.

39. (Vunesp) Um hospital desenhou, em cima de seu edifício, uma cruz vermelha para melhor e mais rápida localização em caso de emergência. Cada lado dessa cruz tem 4 e 2 metros, conforme a figura. A área dessa cruz é de:

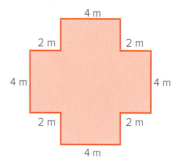

a) 28.   c) 38.   e) 48.
b) 32.   d) 42.

40. (Vunesp) Durante a construção de uma casa, o arquiteto resolveu diminuir os lados de uma sala retangular de 6,5 m de comprimento por 5,0 m de largura. Ele diminuiu 1,5 m no comprimento e 1,0 m na largura. O metro quadrado do piso que foi colocado custou R$ 32,00. Com as novas medidas da sala, o valor economizado no piso foi de:

a) R$ 320,00.   d) R$ 400,00.
b) R$ 350,00.   e) R$ 425,00.
c) R$ 375,00.

41. (UFG-GO) Para cobrir o piso de um banheiro de 1,00 m de largura por 2,00 m de comprimento com cerâmicas quadradas, medindo 20 cm de lado, o número necessário de cerâmicas é:

a) 30.   b) 50.   c) 75.   d) 100.

42. (SEE-SP) Um papel de parede é vendido por R$ 25,00 o metro linear, sendo que sua forma é retangular, com largura fixa de 80 centímetros. Uma compra única de R$ 450,00 desse papel de parede permite preencher, no máximo, uma parede de área, em m², igual a:

a) 14,4.   c) 15,6.   e) 16,2.
b) 14,8.   d) 15,8.

CAPÍTULO 29
Medidas de volume e de capacidade

O que é volume?

Volume é a medida do espaço ocupado por um objeto. Os sólidos geométricos que conhecemos, por exemplo, ocupam espaço; portanto, eles têm volume.

Como toda medida, o volume é registrado por um número acompanhado de uma unidade de medida.

Cubos são utilizados como unidade-padrão para medir volumes.

1 cm³ é o volume ocupado por um cubo de 1 cm de aresta.	1 dm³ é o volume ocupado por um cubo de 1 dm de aresta.	1 m³ é o volume ocupado por um cubo de 1 m de aresta.

O centímetro cúbico (cm³) é usado para registrar volumes pequenos, o que é comum em pesquisas médicas e laboratórios, por exemplo.

Volume do rim esquerdo em um experimento com ratos em laboratório

Volume (cm³)	
mínimo	0,96
máximo	1,50
médio	1,13

Fonte: Luz Marina Gonçalves de Araújo et al. Cálculo do volume de órgãos de ratos... Disponível em: <www.scielo.br/pdf/abcd/v27n3/pt_0102-6720-abcd-27-03-00177.pdf>. Acesso em: 11 abr. 19.

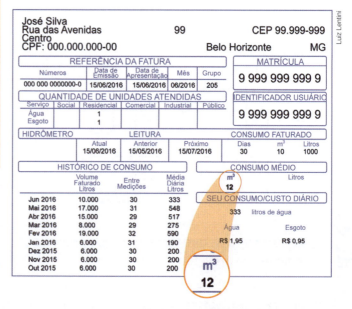

Usa-se o metro cúbico (m³) para registrar volumes maiores, como os do consumo de água em um prédio ou em uma residência.

Na fatura ao lado, o consumo foi de 12 m³. Isso significa que a água utilizada encheria completamente 12 cubos com 1 m de aresta.

246

Volume de paralelepípedos retângulos e de cubos

Volume do paralelepípedo retângulo

Ilustramos um paralelepípedo cujas dimensões são 4 cm de comprimento, 2 cm de largura e 3 cm de altura.

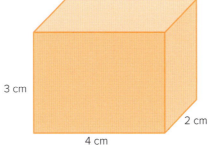

A ilustração abaixo permite perceber quantos cubos de 1 cm de aresta formam esse paralelepípedo. O número de cubos é o volume do paralelepípedo em centímetros cúbicos.

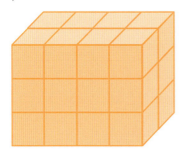

Temos 3 camadas com $4 \cdot 2 = 8$ cubos em cada uma.

Total de cubos: $4 \cdot 2 \cdot 3 = 24$.

O volume do paralelepípedo é $V = 24$ cm³.

Para calcular o volume V de um paralelepípedo, multiplicamos suas dimensões:

$$V = \text{comprimento} \cdot \text{largura} \cdot \text{altura}$$

Volume do cubo

O cubo é um tipo especial de paralelepípedo, com seis faces quadradas. Todas as arestas têm a mesma medida, ou seja:

comprimento = largura = altura = medida da aresta

Então o volume V de um cubo de aresta de medida a é

$$V = a \cdot a \cdot a \text{ ou } V = a^3$$

Exemplos:

A. Renata construiu uma caixa na forma de paralelepípedo com 28 cm de comprimento, 16 cm de largura e 10 cm de altura. Qual o volume da caixa?

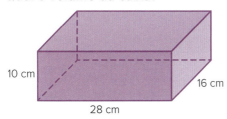

$V = 28 \cdot 16 \cdot 10 = 4\,480$ cm³

B. Qual o volume de um cubo de 5 cm de aresta?

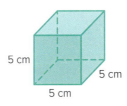

$V = 5 \cdot 5 \cdot 5 = 125$ cm³

AQUI TEM MAIS

Experimento – comprovação da igualdade 1 dm³ = 1 L

Você pode fazer o experimento sozinho ou em dupla com um colega.

Material:

- 1 folha de papel-cartão;
- tesoura sem ponta;
- régua e esquadro;
- cola;
- fita adesiva;
- recipiente graduado em mL com capacidade mínima de 1 L;
- grãos de arroz (aproximadamente 1 kg) ou areia de construção.

Procedimento

1. Trace, com auxílio de régua e esquadro, uma das 11 possíveis planificações do cubo na folha de papel-cartão. Ao lado, há dois exemplos de planificação que você pode usar fazendo as arestas com medidas de 1 dm (lembre-se de que 1 dm = 10 cm).

   Faça as abas para colar como indicado nos modelos.

2. Se você quiser que o cubo fique mais firme, cubra a superfície do modelo com fita adesiva larga ou papel-laminado autoadesivo.

3. Recorte e construa o cubo usando cola para unir as arestas. Espere a cola secar bem e reforce cada aresta com fita adesiva. O cubo deve ficar firme, com uma das faces aberta, de acordo com o modelo de planificação escolhido.

4. Despeje os grãos de arroz cuidadosamente no recipiente graduado até atingir a marca de 1 L.

5. Ainda com cuidado, passe todo o conteúdo do recipiente para o cubo. O cubo ficará totalmente cheio.

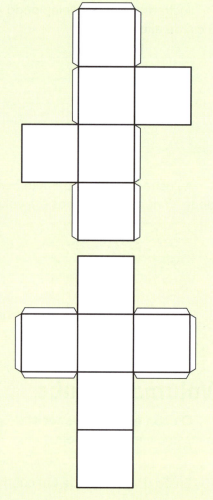

 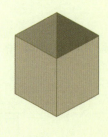  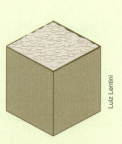

Como o volume de um cubo de 1 dm de aresta é $V = 1$ dm³, você constatou que 1 L é a capacidade de um cubo de 1 dm de aresta.

Assim, vimos experimentalmente que 1 dm³ = 1 L.

EXERCÍCIOS
DE FIXAÇÃO

1. Qual é o volume de um paralelepípedo de 6 cm de comprimento, 4 cm de largura e 3 cm de altura?

2. As dimensões de um paralelepípedo são 7 cm, 6 cm e 4 cm. Qual é seu volume?

3. Calcule o volume do paralelepípedo a seguir.

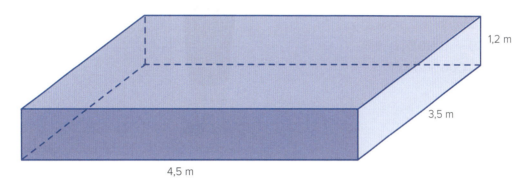

4. Calcule o volume de um paralelepípedo retângulo cuja área da base mede 54 cm² e a altura mede 4 cm.

5. Calcule o volume de um cubo com 4 cm de aresta.

6. Qual é o volume de um cubo que tem 1,5 m de aresta?

7. Qual é o volume ocupado por 10 caixas, em forma de cubo, com 2 cm de aresta?

8. Sabendo que cada pessoa precisa de 4,5 m³ de ar para respirar, calcule qual deve ser o volume de uma sala para que possa conter 70 pessoas.

9. Na figura abaixo, a aresta de cada cubinho mede 1 cm. Qual é o volume do cubo maior formado por eles?

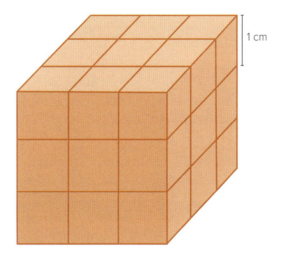

10. Uma piscina tem 20 m de comprimento por 10 m de largura e 4 m de profundidade. Em metros cúbicos, qual é o volume de água necessário para encher $\frac{1}{3}$ dessa piscina?

Conversão de unidades de medida de volume

Sabemos que 1 m³ é o volume ocupado por um cubo de 1 m de aresta.

- Como 1 m = 10 dm, o volume desse cubo, em decímetros cúbicos, será:

    10 · 10 · 10 = 1000 dm³

    Então, 1 m³ = 1000 dm³

- Como 1 m = 100 cm, o volume desse cubo, em centímetros cúbicos, será:

    100 · 100 · 100 = 1000000 cm³

    Então, 1 m³ = 1000000 cm³

Cada unidade de medida de volume é 1000 vezes maior que a unidade de medida imediatamente anterior. Veja o esquema:

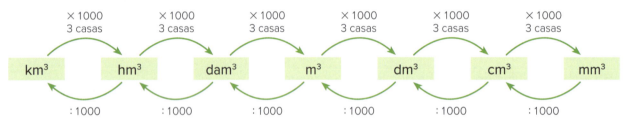

Exemplos:

A. Escreva 2,45 m³ em decímetros cúbicos.
   Vamos multiplicar por 1000:
   2,45 m³ = 2450 dm³

B. Escreva 2000 cm³ em metros cúbicos.
   Vamos dividir por 1000000:
   2000 cm³ = 0,002 m³

EXERCÍCIOS DE FIXAÇÃO

11. Escreva em metros cúbicos:

   a) 3480 cm³.

   b) 64,2 dm³.

   c) 45000 cm³.

12. A aresta de um cubo mede 6 dm. Calcule o volume desse cubo em metros cúbicos.

13. Alan empilhou 35 cubos iguais, cada um com aresta de 2 cm. Qual o volume da pilha em metros cúbicos?

Medidas de capacidade

Observe o rótulo dos recipientes das imagens.

Temos medidas dadas em **litros** e **mililitros**.

Litro e mililitro são medidas de capacidade. Por estarem associadas à ideia de "quanto cabe", são muito utilizadas para registrar o volume de líquidos.

O litro expressa a capacidade de um cubo com aresta de 1 dm. Ou seja:

$$1\,L = 1\,dm^3$$

O mililitro é a milésima parte do litro:

$$1\,L = 1000\,mL$$

Observe o quadro com os múltiplos e submúltiplos do litro.

QUILOLITRO	HECTOLITRO	DECALITRO	LITRO	DECILITRO	CENTILITRO	MILILITRO
kL	hL	daL	L	dL	cL	mL
1000 L	100 L	10 L	1 L	0,1 L	0,01 L	0,001 L

 AQUI TEM MAIS

As medidas de capacidade estão presentes em nossa vida. É comum ouvirmos ou lermos afirmações como as descritas a seguir.

- A caixa de leite tem 1 litro.
- A lata de suco tem 350 mililitros.
- O frasco de xarope tem 200 mililitros.
- No tanque do carro cabem 45 litros de gasolina.

As unidades litro e mililitro aparecem frequentemente em caixas de remédios, rótulos de frascos, recipientes etc., já as demais unidades quase nunca são usadas.

Muitas vezes, é importante que saibamos relacionar as unidades de volume (capacidade é volume).

Sabemos que:

$$1\,L = 1\,dm^3$$

Como $1\,L = 1000\,mL$ e $1\,dm^3 = 1000\,cm^3$, podemos concluir que:

$$1\,mL = 1\,cm^3$$

EXERCÍCIOS
DE FIXAÇÃO

14. Complete os quadros.

L	1	3		
mL	1000		4500	7200

L	3,72		0,5	
mL		16000		250

15. O hidrômetro de minha casa registrou, neste mês, o consumo de 42 m³ de água.

Qual é a quantidade consumida em litros?

16. Em uma garrafa de refrigerante cabem 600 mL.

a) Quem toma duas garrafas de refrigerante toma mais de um litro?

b) Oito crianças tomaram 5 garrafas desse refrigerante. Quantos litros elas tomaram?

c) Para uma festa de aniversário, foram compradas 20 garrafas de refrigerante de 600 mL. Quantos litros foram comprados?

17. Complete as afirmações.

a) 1 L de refrigerante é o mesmo que ▨ mL de refrigerante

b) $\frac{1}{2}$ L de água é o mesmo que ▨ mL de água

c) $\frac{1}{4}$ L de leite é o mesmo que ▨ mL de leite

18. Complete:

a) 750 mililitros de laranjada são ▨ litro

b) 4 300 mililitros de café são ▨ litros

19. Um litro de limonada é dividido igualmente em 5 copos. Quantos mililitros (mL) de limonada foram colocados em cada copo?

20. Em uma fábrica são envasados 10 500 litros de água por dia. Em cada garrafa, cabem 350 mililitros de água. Quantas garrafas são usadas por dia?

21. As dimensões internas de um reservatório de água com forma de paralelepípedo são: 1,2 m, 70 cm e 50 cm. Qual é a quantidade de água, em litros, que cabe nesse reservatório?

> **Solução:**
> Vamos transformar todas as dimensões em dm, pois 1 L = 1 dm³:
> - 1,2 m = 12 dm
> - 70 cm = 7 dm
> - 50 cm = 5 dm
>
> $V = 12 \cdot 7 \cdot 5$
>
> $V = 420$
>
> Cálculo da capacidade:
>
> 420 dm³ = 420 L
>
> Resposta: 420 litros.

22. Uma piscina tem 10 m de comprimento, 7 m de largura e 1,80 m de profundidade. Como estava completamente cheia, foram retirados 4 830 litros. Quantos litros ainda restaram?

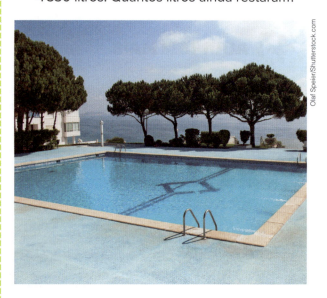

23. Uma caixa-d'água cúbica tem 0,5 m de aresta. Qual é a capacidade da caixa em litros?

24. Um reservatório de água tem as seguintes dimensões: 8 m, 5 m e 2,5 m. Qual é a capacidade em litros?

EXERCÍCIOS
COMPLEMENTARES

25. Quando a caixa estiver cheia, quantos cubinhos, todos do mesmo tamanho, haverá em cada camada? E no total?

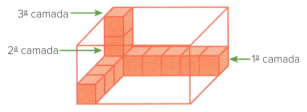

26. Com alguns cubinhos, todos com volume de 4 cm³, montou-se um paralelepípedo retangular.

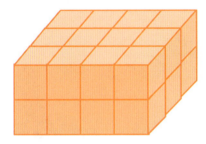

Qual é o volume desse sólido?

27. Uma caixa-d'água tem a forma de um cubo de 3 m de aresta. Qual é o volume da caixa?

28. A soma de todas as arestas de um cubo é 48 m. Calcule o volume do cubo.

> O cubo tem 12 arestas.

29. Uma sala de aula tem as seguintes dimensões: 8 m de comprimento, 3,50 m de largura e 2,80 m de altura. Calcule, em metros cúbicos, o volume dessa sala.

30. Calcule o volume do sólido abaixo sabendo que ele é formado por dois paralelepípedos retângulos (as medidas estão indicadas em metros).

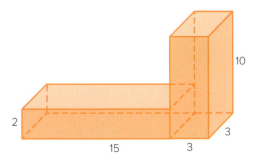

31. (Enem) A Siderúrgica "Metal Nobre" produz diversos objetos maciços utilizando o ferro. Um tipo especial de peça feita nessa companhia tem o formato de um paralelepípedo retangular, de acordo com as dimensões indicadas na figura que segue. O produto das três dimensões indicadas na peça resultaria na medida da grandeza:

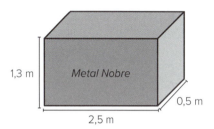

a) massa.
b) volume.
c) superfície.
d) capacidade.
e) comprimento.

32. (Obmep) Na casa de Manoel, há uma caixa-d'água vazia com capacidade de 2 metros cúbicos. Manoel vai encher a caixa trazendo água de um rio próximo, em uma lata cuja base é de um quadrado de lado 30 cm e cuja altura é 40 cm, como na figura. No mínimo, quantas vezes Manoel precisará ir ao rio até encher completamente a caixa-d'água?

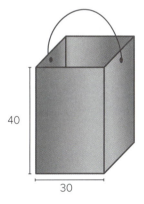

a) 53
b) 54
c) 55
d) 56
e) 57

33. Uma indústria produz 900 litros de suco por dia. Essa produção é distribuída em garrafas de 720 mililitros. Quantas garrafas são usadas por dia?

EXERCÍCIOS SELECIONADOS

34. (OM-SP) Empilhei caixas cúbicas no canto de uma sala, mas esqueci de contá-las. Quantas estão empilhadas?

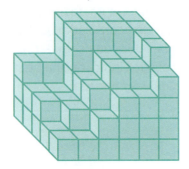

35. Uma caixa tem 72 dm³ de volume. Quantas latas podem ser colocadas nessa caixa se cada lata ocupa um volume de 450 cm³?

36. Um caminhão, como o da figura a seguir, é usado para transportar areia. Se a areia é comprada em metros cúbicos, quantas viagens faz o caminhão para entregar um pedido de 60 m³ de areia?

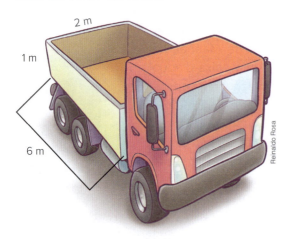

37. Observe as dimensões destas duas caixas cheias de um mesmo produto químico:

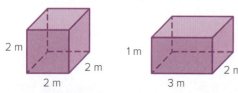

A primeira custa R$ 56,00 e a segunda, R$ 48,00. Qual é a embalagem mais econômica para o comprador?

38. (Unicamp-SP) A Companhia de Abastecimento de Água de uma cidade cobra mensalmente, pela água fornecida a uma residência, de acordo com a seguinte tabela: pelos primeiros 12 m³ fornecidos, R$ 1,50 por m³; pelos 8 m³ seguintes, R$ 5,00 por m³; pelos 10 m³ seguintes, R$ 9,00 por m³ e, pelo consumo que ultrapassar 30 m³, R$ 10,00 o m³. Calcule o montante a ser pago por um consumo de 32 m³.

↑ O hidrômetro é um aparelho que mede a quantidade de água que abastece casas e edifícios.

A unidade de medida usada no hidrômetro é o metro cúbico.

39. Vamos encher as seguintes garrafas com a água do garrafão.

Anote no caderno o que vai acontecer.

a) A água não é suficiente para encher todas as garrafas.

b) Todas as garrafas ficam cheias e ainda sobra água.

c) Todas as garrafas ficam cheias e não sobra água.

254

40. Um litro enche 10 xícaras. Quantos mililitros tem uma xícara?

41. Numa embalagem cabem 250 mililitros de detergente. Em um restaurante foram utilizadas 6 embalagens. Quantos litros foram usados?

42. O hidrômetro de minha casa marcava 73 589,2 m³. Trinta dias depois, indicava 73 616,8 m³. Quantos litros de água foram gastos nesse mês?

43. (Saresp) Das alternativas abaixo, assinale a que é mais vantajosa.
   a) Comprar uma caixa de iogurte contendo 4 potinhos de 100 mL cada a R$ 2,00.
   b) Comprar 2 potes de iogurte de 200 mL cada a R$ 2,40.
   c) Comprar 1 litro de iogurte a R$ 3,00.
   d) Comprar uma caixa de iogurte contendo 5 potes de 200 mL cada a R$ 3,50.

44. Quantos copos de água de 200 mL cabem no aquário da ilustração?

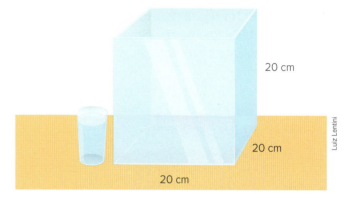

45. Com 12 garrafas de 1,5 L de água, enchi completamente um aquário na forma de paralelepípedo, com 40 cm de comprimento e 20 cm de largura. Qual é a altura do aquário?

46. A capacidade de fornos de micro-ondas costuma ser dada em litros. Qual é a capacidade em litros de um forno com a forma de paralelepípedo com dimensões internas 60 cm × 40 cm × 30 cm?

47. Uma indústria produz 1200 L de xampu por dia. Essa produção é distribuída em frascos de 600 mL. Quantos frascos são usados por dia?

48. Uma cooperativa precisa colocar 19,5 m³ de suco de frutas em garrafas de 750 mL. Quantas garrafas serão necessárias?

49. (Unicamp-SP) Numa lanchonete, o refrigerante é vendido em copos descartáveis de 300 mL e de 500 mL. Nos copos menores, o refrigerante custa R$ 0,90 e, nos maiores, R$ 1,70. Em qual dos copos você toma mais refrigerante pelo menor preço?

PANORAMA

FAÇA AS ATIVIDADES A SEGUIR E REVEJA O QUE VOCÊ APRENDEU.

50. (Vunesp) Quantos cubos A precisa-se empilhar para formar o paralelepípedo B?

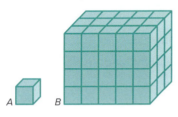

a) 39   b) 48   c) 60   d) 94

51. (Mack-SP) Na figura abaixo, cada cubo tem volume 1. O volume da pilha, incluindo os cubos invisíveis no canto, é:

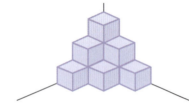

a) 6.   b) 8.   c) 9.   d) 10.

52. Se a soma das arestas de um cubo é igual a 72 cm, então o volume do cubo é igual a:

a) 40 cm³.   c) 100 cm³.
b) 216 cm³.   d) 144 cm³.

53. Uma piscina de 12 m de comprimento por 6 m de largura e 3 m de profundidade está cheia até os $\frac{5}{8}$ de sua capacidade. Quantos metros cúbicos de água ainda cabem na piscina?

a) 48 m³.   c) 92 m³.
b) 81 m³.   d) 135 m³.

54. Se a aresta de um cubo mede 6 cm, então os $\frac{2}{3}$ de seu volume são iguais a:

a) 72 cm³.   c) 144 cm³.
b) 64 cm³.   d) 216 cm³.

55. (UMC-SP) O número de paralelepípedos de dimensões 2 cm, 1 cm e 1 cm necessário para preencher totalmente um paralelepípedo de dimensões 6 cm, 3 cm e 2 cm é:

a) 12.   b) 18.   c) 24.   d) 36.

56. (Ufla-MG) Um caminhão basculante tem a carroceria com as dimensões indicadas na figura. O número de viagens necessárias para transportar 136 m³ de areia é:

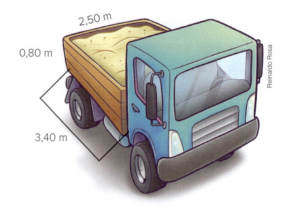

a) 11.   b) 17.   c) 20.   d) 25.

57. O volume do seguinte sólido é:

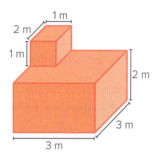

a) 12 m³.   c) 18 m³.
b) 15 m³.   d) 20 m³.

58. (Cesgranrio-RJ) De um bloco cúbico de isopor de aresta 3 m, recorta-se o sólido, em forma de "H", mostrado na figura.

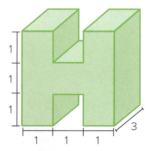

O volume do sólido é:

a) 14 m³.   c) 21 m³.
b) 18 m³.   d) 27 m³.

59. A quantidade de suco necessária para encher 16 copos de 0,25 L é:
a) 3 L.
b) 4 L.
c) 3,5 L.
d) 4,5 L.

60. (FGV-SP) Numa piscina retangular com 10 m de comprimento e 5 m de largura, para elevar o nível de água em 10 cm são necessários (litros de água):
a) 500.
b) 5 000.
c) 1 000.
d) 10 000.

61. (UGF-RJ) Uma caixa-d'água cúbica, com aresta interna de 2 m, está cheia de água e vai ser esvaziada à razão de 200 litros por minuto. O tempo necessário para esvaziá-la totalmente será de:
a) 38 min.
b) 40 min.
c) 42 min.
d) 44 min.

62. (Unifor-CE) Uma caixa de forma cúbica, cuja aresta mede 120 cm, está totalmente cheia de água. Quantos litros de água devem ser retirados da caixa para que o nível do líquido se reduza a $\frac{3}{4}$ do nível inicial?

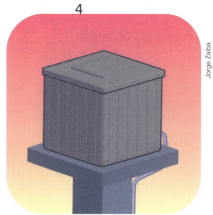

a) 216
b) 324
c) 432
d) 540

63. (ETI-SP) Uma indústria produz 900 litros de óleo vegetal por dia, que devem ser embalados em latas de 30 cm³. Para isso, serão necessárias:
a) 300 latas.
b) 3 000 latas.
c) 30 000 latas.
d) 300 000 latas.

64. Uma lata tem 30 cm de altura e base quadrada de lado 20 cm. Despejando 6 litros de água nessa lata, a água:
a) transborda.
b) ocupa metade da capacidade da lata.
c) ocupa menos da metade da capacidade da lata.
d) ocupa mais da metade da capacidade da lata, sem enchê-la.

65. (FCMSCSP) Um laboratório dispõe apenas de frascos com volume de 125 cm³.
Quantos frascos serão necessários para acomodar 350 L de certa substância?
a) 280
b) 1400
c) 2 800
d) 1250

66. (PUC-SP) Uma laranja produz 100 cm³ de suco e uma laranjeira produz 30 dúzias de laranjas. Quantos litros de suco produz uma laranjeira?
a) 30
b) 36
c) 300
d) 360

67. (UMC-SP) Uma indústria farmacêutica importa 500 litros de uma vacina e vai colocá-la em ampolas de 20 cm³ cada. O número de ampolas que obterá é:
a) 2 500.
b) 25 000.
c) 250 000.
d) 2 500 000.

68. O tanque de álcool de um posto de gasolina tem a forma de um paralelepípedo retângulo. As dimensões do tanque são 3 m, 4 m e 1 m. O dono do posto paga R$ 2,43 por litro, que revende por R$ 2,477. Qual é o lucro dele na venda total de um tanque de álcool, em reais?
a) 564
b) 426
c) 542
d) 573

CAPÍTULO 30
Medidas de massa

Massa

É comum ouvir frases como estas:
- Meu peso é 78 quilos.
- Um pacote de arroz pesa 5 quilos.

O que habitualmente chamamos peso de um corpo é, na verdade, a **massa**.

> Massa de um corpo é a quantidade de matéria dele.

O instrumento utilizado para determinar a massa de um corpo é a **balança**.

Unidades de massa

A unidade fundamental de massa é o **quilograma (kg)**.

Na prática, entretanto, usamos como unidade principal o **grama (g)**.

Múltiplos

As unidades múltiplas do grama são: **quilograma, hectograma** e **decagrama**.

Submúltiplos

As unidades submúltiplas do grama são: **decigrama, centigrama** e **miligrama**.

QUILOGRAMA	HECTOGRAMA	DECAGRAMA	GRAMA	DECIGRAMA	CENTIGRAMA	MILIGRAMA
kg	hg	dag	g	dg	cg	mg
1000 g	100 g	10 g	1 g	0,1 g	0,01 g	0,001 g

Podemos citar, ainda, três outras unidades:
- tonelada (*t*) = 1000 kg;
- arroba = 15 kg;
- quilate = 0,2 g.

EXERCÍCIOS
DE FIXAÇÃO

1. Indique as representações corretas.
   a) cinco quilogramas = 5 kgs
   b) sete quilogramas = 7 kg
   c) nove quilogramas = 9 kg.
   d) um grama = 1 gr
   e) duzentos gramas = 200 grs
   f) duzentos gramas = 200 g

2. Complete o quadro.

QUILOGRAMA (kg)	GRAMA (g)
9	
	4 000
0,820	
5,763	5 763
34,2	
	750

3. Complete o quadro.

TONELADA (t)	QUILOGRAMA (kg)
2	
	5 000
	500
4,85	
	40

4. Será que o elevador pode transportar estas quatro pessoas em uma única viagem?

5. Um quilograma de um produto custa R$ 36,00. Calcule o preço de:
   a) 500 g;   f) 750 g;
   b) 100 g;   g) 0,5 kg;
   c) 200 g;   h) 1,4 kg;
   d) 10 g;   i) 3 kg e 200 g.
   e) 250 g;

6. Uma lata de doces tem massa de 10 kg. O doce contido nela tem massa de 8,95 kg. Qual é a massa da lata vazia?

7. No supermercado Preçox, a manteiga é vendida em caixinhas de 200 gramas. Quantas caixinhas uma pessoa precisa comprar para levar para casa 1,8 kg de manteiga?

8. A carga de um caminhão era de 5,3 toneladas. Foram descarregadas 9 caixas de 82 kg cada. Quantos quilos de carga restaram no caminhão?

9. Qual das ofertas de sorvete é mais vantajosa para o consumidor?

EXERCÍCIOS COMPLEMENTARES

10. Quantos quilos tem um boi de 27 arrobas e 9 quilos?

11. Celina fez regime e anotou seu progresso numa tabela. Observe:

1ª semana	2 450 g
2ª semana	1,8 kg
3ª semana	2,54 kg
4ª semana	1080 g

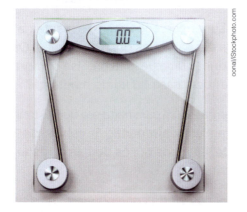

Em qual semana Celina emagreceu menos?

12. Um melão tem massa de 1,217 kg; um abacaxi, 1,094 kg; um abacate, 483 g. Qual é a massa total em quilogramas?

13. Um pãozinho francês tem 50 g. Uma criança come 2 pãezinhos por dia. Quantos quilos de pão comerá em 30 dias?

14. Uma pessoa comprará carne para um churrasco do qual devem participar 20 convidados. Para calcular a quantidade de carne a ser comprada, a pessoa considera que cada participante do churrasco deve comer 350 g de carne. Quantos quilos de carne a pessoa deve comprar?

15. Um botijão de gás de cozinha contém 13 kg de gás. Na casa de dona Maria, o consumo de gás é de 0,25 kg por dia. Qual é o número de dias necessários para que um botijão completamente cheio fique totalmente esvaziado nessa casa?

16. Um paciente tomou 60 comprimidos. Cada comprimido tem 25 mg. Quantos gramas de remédio ele ingeriu durante todo o tratamento?

17. Observe as duas pesagens, em que os pratos estão em equilíbrio, e responda:

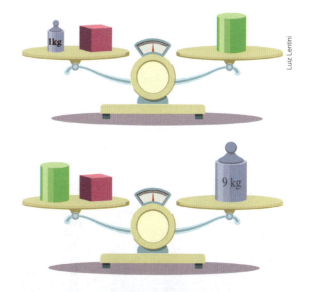

a) Qual é a massa do cubo?
b) Qual é a massa do cilindro?

PANORAMA

FAÇA AS ATIVIDADES A SEGUIR E REVEJA O QUE VOCÊ APRENDEU.
NO CADERNO

18. O peso de 1,75 kg equivale a:
a) 175 g.
b) 17,5 g.
c) 1750 g.
d) 17 500 g.

19. $\frac{7}{5}$ de 1400 g equivalem a:
a) 400 g
b) 560 g
c) 1000 g
d) 1960 g

20. Se um quilo de arroz custa R$ 2,40, então 250 g desse arroz custam:
a) R$ 0,60.
b) R$ 0,64.
c) R$ 0,36.
d) R$ 0,40.

21. Lúcia foi comprar um pedaço de queijo. No supermercado, ela encontrou 4 pedaços com as seguintes etiquetas:

I. 545 g;
II. 380 g;
III. 0,6 kg;
IV. 0,375 kg.

Qual desses pedaços de queijo tem a maior massa?
a) I
b) II
c) III
d) IV

22. O número de pacotes de 1250 g de batatas que podem ser feitos com 400 kg de batatas é:
a) 32.
b) 36.
c) 320.
d) 360.

23. Um caminhão cuja carga máxima é 8,5 toneladas transporta 42 caixas de 210 kg cada uma. A carga excede o máximo em:
a) 32 kg.
b) 33 kg.
c) 330 kg.
d) 320 kg.

24. Duas toneladas de adubo custam R$ 168,00. Qual é o preço de 150 kg desse adubo?
a) R$ 12,60
b) R$ 33,20
c) R$ 126,00
d) R$ 332,00

25. O valor de $\frac{2}{3}$ do quilo de um produto é R$ 3,60. Um quilo e meio desse produto deve custar:
a) R$ 6,80.
b) R$ 8,10.
c) R$ 4,10.
d) R$ 5,60.

26. (SEE-SP) Maria foi à feira e comprou $\frac{3}{4}$ kg de pescada. Se o kg desse peixe era R$ 4,80, Maria pagou:
a) R$ 4,20.
b) R$ 4,00.
c) R$ 3,60.
d) R$ 3,20.

27. A quantidade de 350 kg de açúcar enche 1400 sacos iguais de:
a) 25 g.
b) 2,5 g.
c) 0,25 g.
d) 250 g.

28. Um comerciante compra balas em pacotes de 5 kg. Para revender essas balas, ele as arruma em caixas de dois tamanhos diferentes: pequena (com 100 g) e grande (com 200 g). Com o conteúdo de um pacote, esse comerciante pode fazer:
a) 250 caixas grandes.
b) 40 caixas pequenas e 10 grandes.
c) 10 caixas pequenas e 20 grandes.
d) 50 caixas pequenas e 10 grandes.

29. (FCC-SP) A coleta seletiva de lixo de uma escola prevê conseguir 5 quilos de alumínio, por semana, provenientes de latas recicláveis. Se três latas vazias têm massa aproximada de 20 gramas, a meta da escola será atingida se forem arrecadadas semanalmente um total de latas igual a:
a) 300.
b) 550.
c) 600.
d) 750.

→ Reciclagem de alumínio.

CAPÍTULO 31 Probabilidades

Razões

Razão entre dois números é o quociente da divisão do primeiro pelo segundo, com o segundo diferente de zero.

As razões permitem relacionar e comparar grandezas. Veja a seguir.

Numa cesta de flores há 12 rosas e 18 margaridas. A razão entre o número de rosas e o de margaridas é:

$12 : 18$, ou $\dfrac{12}{18}$, ou, simplificando, $\dfrac{2}{3}$

Podemos interpretar essa razão das seguintes formas:

- para cada 2 rosas, há 3 margaridas na cesta ⟶ comparamos o número de rosas e de margaridas;
- para cada 5 flores da cesta, 2 são rosas ⟶ comparamos o número de rosas com o número total de flores;
- para cada 5 flores da cesta, 3 são margaridas ⟶ comparamos o número de margaridas com o número total de flores.

EXERCÍCIOS DE FIXAÇÃO

1. Em uma festa, havia 24 adultos e 30 crianças.
   a) Qual a razão entre o número de adultos e o de crianças?
   b) Qual a razão entre o número de adultos e o total de pessoas?
   c) Qual a razão entre o número de crianças e o total de pessoas?
   d) É correto dizer que, para cada 9 pessoas presentes na festa, 4 eram adultos e 5 eram crianças?

2. Para cada 5 sucos vendidos na cantina da escola, 3 são de laranja. Se foram vendidos 40 sucos, quantos eram de laranja?

3. Numa receita, para cada 250 g de farinha são usados 2 ovos. Quantos ovos serão necessários se eu usar 1 kg de farinha?

4. Para obter certo tom de tinta rosa, Ana misturou 3 potes de tinta vermelha com 2 potes de tinta branca.
   a) Qual a razão entre o número de potes de tinta branca e o número de potes de tinta vermelha?
   b) Qual a razão entre o número de potes de tinta branca e o número total de potes utilizados?
   c) Se Ana utilizou 10 potes para a mistura quantos deles eram de tinta branca?

Noções de probabilidade

No nosso dia a dia, ouvimos ou lemos frases como:

A PROBABILIDADE DE OCORRÊNCIA DE TEMPORAIS É GRANDE.

PROVAVELMENTE ELE SE ATRASOU POR CAUSA DO TRÂNSITO.

ACHO QUE TENHO CHANCE DE VENCER ESTA COMPETIÇÃO.

Probabilidade é um campo da Matemática em que se estuda e se calcula a chance de fatos ocorrerem.

Acompanhe um exemplo.

No lançamento de uma moeda, há somente dois resultados possíveis:

- a face de cima ser cara
- a face de cima ser coroa

Os dois resultados possíveis têm a mesma chance de ocorrer:

$$1 \text{ em } 2 \text{ ou } \frac{1}{2}$$

Probabilidade de obter cara no lançamento de uma moeda = 1 : 2 = $\frac{1}{2}$

Probabilidade de obter coroa no lançamento de uma moeda = 1 : 2 = $\frac{1}{2}$

A probabilidade de obter cara ser igual a $\frac{1}{2}$ significa que, se lançarmos a moeda um número muito grande de vezes, **provavelmente** obteremos cara em aproximadamente metade do total de lançamentos.

No entanto, na prática, pode ser que façamos 10 lançamentos e, nos 10, o resultado seja coroa.

Estamos calculando a probabilidade ou chance de o resultado acontecer, mas não há certeza de que o previsto acontecerá.

! ATENÇÃO!

Ao lançar uma moeda, não temos como saber que resultado será obtido. Dizemos, assim, que esse experimento é **aleatório**.

Aleatório: que depende do acaso ou de acontecimentos incertos, favoráveis ou não a determinado evento.

Calculando probabilidades

Veja os exemplos a seguir.

A. O esquema mostra os resultados possíveis para o lançamento de duas moedas. Representamos cara por C e coroa por K.

$$C \begin{cases} C - CC \\ K - CK \end{cases}$$

$$K \begin{cases} C - KC \\ K - KK \end{cases}$$

Qual a probabilidade de obter duas coroas neste experimento?

Como são 4 resultados possíveis e só um resultado é coroa-coroa, a probabilidade de obter duas coroas é de 1 em 4.

Registraremos assim:

$$Probabilidade = \frac{\text{número de possibilidades favoráveis}}{\text{número total de possibilidades}} = \frac{1}{4}$$

Qual a probabilidade de obter uma cara e uma coroa neste experimento?

Como são 4 resultados possíveis e dois resultados são favoráveis (CK e KC), determinamos a probabilidade do evento deste modo:

$$Probabilidade = \frac{\text{número de possibilidades favoráveis}}{\text{número total de possibilidades}} = \frac{2}{4} = \frac{1}{2}$$

B. Um dado cúbico comum tem 6 faces numeradas de 1 a 6. Ao lançar o dado, podemos obter 1, 2, 3, 4, 5 ou 6. São seis possibilidades de resultado.

- Qual a probabilidade de obter 5 no lançamento de um dado?

Temos 1 resultado favorável num total de 6 possibilidades.

$$Probabilidade = \frac{\text{número de possibilidades favoráveis}}{\text{número total de possibilidades}} = \frac{1}{6}$$

- Qual a probabilidade de obter um número maior do que 4 no lançamento de um dado?

Temos 2 resultados favoráveis (obter 5 ou obter 6) num total de 6 possibilidades.

$$Probabilidade = \frac{\text{número de possibilidades favoráveis}}{\text{número total de possibilidades}} = \frac{2}{6} = \frac{1}{3}$$

- Uma urna contém bolinhas iguais numeradas de 1 a 30. Num sorteio, qual a probabilidade de retirar uma bolinha com número múltiplo de 7?

De 1 até 30, os múltiplos de 7 são: 7, 14, 21 e 28. São 4 resultados favoráveis em um total de 30 resultados possíveis.

$$Probabilidade = \frac{\text{número de possibilidades favoráveis}}{\text{número total de possibilidades}} = \frac{4}{30} = \frac{2}{15}$$

EXERCÍCIOS DE FIXAÇÃO

5. Janaína colocou 8 bolas iguais em um saco: 5 são amarelas, 2 são vermelhas e 1 é azul. Calcule a chance de, num sorteio, retirar uma bola:

a) amarela;
b) vermelha;
c) azul.

6. Some as probabilidades obtidas no exercício 5.

a) Que número você obteve?
b) Qual a probabilidade de retirar uma bola verde do saco?

7. No lançamento de um dado comum, qual a probabilidade de obter como resultado:

a) 3?
b) um número par?
c) um número menor do que 5?
d) um número divisor de 6?

8. (Enem) Em uma central de atendimento, cem pessoas receberam senhas numeradas de 1 até 100. Uma das senhas é sorteada ao acaso. Qual é a probabilidade de a senha sorteada ser um número de 1 a 20?

a) $\dfrac{1}{100}$
b) $\dfrac{19}{100}$
c) $\dfrac{20}{100}$
d) $\dfrac{21}{100}$
e) $\dfrac{80}{100}$

9. Renato tem 10 pares de meias em sua gaveta, sendo 4 pares de meias brancas, 4 pares de meias pretas e 2 pares de meias marrons. Ao retirar um par de meias da gaveta sem olhar, qual a probabilidade de:

a) ser preto?
b) não ser da cor marrom?
c) ser branco?
d) ser azul?

10. Luísa escreveu numa tabela as possibilidades de combinar duas cores de saia com três cores de camiseta.

Camiseta / Saia	Branca	Amarela	Cinza
Preta			
Azul			

a) Quantas possibilidades de escolha de um conjunto com saia e camiseta Luísa tem?
b) Escolhendo um conjunto ao acaso, qual a probabilidade de:
- a saia ser preta e a camiseta branca?
- a saia ser azul?

11. Certa montadora de automóveis fez uma pesquisa com consumidores, perguntando qual dos modelos entre A e B era o preferido deles. O resultado está representado no gráfico.

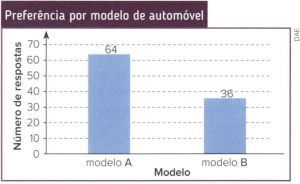

Fonte: Montadora de automóveis.

a) Quantas pessoas foram entrevistadas?
b) Um prêmio será sorteado entre os participantes da pesquisa. Qual a probabilidade de a pessoa sorteada ter respondido que prefere o modelo *A*?

265

EXERCÍCIOS

COMPLEMENTARES

12. De acordo com dados do IBGE (Instituto Brasileiro de Geografia e Estatística), em certo momento do ano de 2018, aproximadamente 7 em cada 10 brasileiros tinham acesso à internet. Qual a razão entre:

a) o número de pessoas com acesso à internet e o número total de pessoas?

b) o número de pessoas com acesso à internet e o número de pessoas que ainda não tinham o acesso?

13. (CAP-UFPG) Numa prova de Matemática, Rogério não sabia responder a uma questão com quatro alternativas em que apenas uma delas estava correta. Qual é a probabilidade de Rogério acertar essa questão sorteando uma das alternativas?

a) 100%
b) 75%
c) 50%
d) 25%

14. (Enem)

Associação Brasileira de Defesa do Consumidor (com adaptações).

Uma das principais causas da degradação de peixes frescos é a contaminação por bactérias. O gráfico apresenta resultados de um estudo acerca da temperatura de peixes frescos vendidos em cinco peixarias. O ideal é que esses peixes sejam vendidos com temperatura entre 2 °C e 4 °C. Selecionando-se aleatoriamente uma das cinco peixarias pesquisadas, a probabilidade de ela vender peixes frescos na condição ideal é igual a:

a) $\dfrac{1}{2}$.

b) $\dfrac{1}{3}$.

c) $\dfrac{1}{4}$.

d) $\dfrac{1}{5}$.

e) $\dfrac{1}{6}$.

15. Para vencer um jogo de tabuleiro, Joana precisa tirar 1 ou 6 no dado em sua próxima jogada. Qual a probabilidade de ela vencer?

PANORAMA

FAÇA AS ATIVIDADES A SEGUIR E REVEJA O QUE VOCÊ APRENDEU.

16. Uma urna contém bolinhas iguais, numeradas de 1 até 50. Retirando-se uma bolinha ao acaso, a probabilidade de ela ser um divisor de 12 e de 18 é:

a) $\dfrac{3}{50}$ c) $\dfrac{3}{25}$ e) $\dfrac{1}{25}$

b) $\dfrac{2}{25}$ d) $\dfrac{9}{50}$

17. (Obmep) Em uma caixa havia seis bolas, sendo três vermelhas, duas brancas e uma preta. Renato retirou quatro bolas da caixa. Qual afirmação a respeito das bolas retiradas é correta?

a) Pelo menos uma bola é preta.
b) Pelo menos uma bola é branca.
c) Pelo menos uma bola é vermelha.
d) No máximo duas bolas são vermelhas.
e) No máximo uma bola é branca.

18. (Enem) As 23 ex-alunas de uma turma que completou o Ensino Médio há 10 anos encontraram-se em uma reunião comemorativa. Várias delas haviam se casado e tido filhos. A distribuição das mulheres, de acordo com a quantidade de filhos, é mostrada no gráfico a seguir.

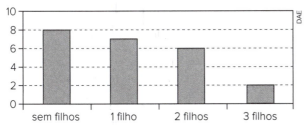

Um prêmio foi sorteado entre todos os filhos dessas ex-alunas. A probabilidade de que a criança premiada tenha sido um(a) filho(a) único(a) é:

a) $\dfrac{1}{3}$ d) $\dfrac{7}{23}$

b) $\dfrac{1}{4}$ e) $\dfrac{7}{25}$

c) $\dfrac{7}{15}$

19. (ESPM 2014) A distribuição dos alunos nas 3 turmas de um curso é mostrada na tabela abaixo.

	A	B	C
Homens	42	36	26
Mulheres	28	24	32

Escolhendo-se uma aluna desse curso, a probabilidade de ela ser da turma A é:

a) $\dfrac{1}{2}$ d) $\dfrac{2}{5}$

b) $\dfrac{1}{3}$ e) $\dfrac{2}{7}$

c) $\dfrac{1}{4}$

20. Hélio lançou uma moeda e a face obtida foi cara. Se ele lançar novamente a moeda, qual a probabilidade de obter cara novamente?

a) $\dfrac{1}{8}$ c) $\dfrac{1}{2}$

b) $\dfrac{1}{4}$ d) 1

21. Escrevi todos os divisores de 60. Se eu sortear um desses números ao acaso, qual a probabilidade de ele ser primo?

a) $\dfrac{3}{10}$ d) $\dfrac{1}{4}$

b) $\dfrac{1}{3}$ e) $\dfrac{4}{9}$

c) $\dfrac{4}{11}$

Referências

BARBOSA, J. L. M. *Geometria euclidiana plana*. Rio de Janeiro: Sociedade Brasileira de Matemática, 2004.

BARBOSA, R. M. *Descobrindo padrões em mosaicos*. São Paulo: Atual, 1993.

BOYER, C. B. *História da Matemática*. São Paulo: Edgard Blücher, 1996.

BRASIL. Ministério da Educação. Secretaria de Educação a Distância. Disponível em: <http://portal.mec.gov.br/seed>. Acesso em: jun. 2019.

BRUMFIEL, C. F.; EICHOLZ, R. E.; SHANKS, M. E. *Conceitos fundamentais da Matemática Elementar*. Rio de Janeiro: Ao Livro Técnico, 1972.

CENTRO de Aperfeiçoamento do Ensino de Matemática. Disponível em: <www.ime.usp.br/~caem>. Acesso em: jun. 2019.

COXFORD, A.; SHULTE, A. *As ideias da Álgebra*. São Paulo: Atual, 1995.

DINIZ, M. I. de S. V.; SMOLE, K. C. S. *O conceito de ângulo e o ensino de Geometria*. São Paulo: IME-USP, 2002.

FREUDENTHAL, H. *Mathematics as an educational task*. Dordrecht: D. Reidel, 1973.

GONÇALVES JÚNIOR, O. *Geometria plana e espacial*. São Paulo: Scipione, 1988. v. 6. (Coleção Matemática por Assunto.)

GUNDLACH, B. H. *Números e numerais*. São Paulo: Atual, 1994. (Coleção Tópicos de História da Matemática.)

HAZAN, S. *Combinatória e probabilidade*. São Paulo: Melhoramentos, 1977. (Coleção Fundamentos da Matemática.)

HEMMERLING, E. M. *Geometria elemental*. Cidade do México: Limusa Wiley, 1971.

IEZZI, G.; MURAKAMI, C. *Conjuntos e funções*. São Paulo: Atual, 2004. v. 1. (Coleção Fundamentos de Matemática Elementar.)

IFRAH, G. *Os números:* a história de uma grande invenção. Rio de Janeiro: Globo, 1992.

INSTITUTO de Matemática da UFRJ. Projeto Fundão. Disponível em: <www.projetofundao.ufrj.br>. Acesso em: jun. 2019.

LABORATÓRIO de Ensino de Matemática – Unicamp. Disponível em: <www.ime.unicamp.br/lem>. Acesso em: jun. 2019.

LABORATÓRIO de Ensino de Matemática – USP. Disponível em: <www.ime.usp.br/lem>. Acesso em: jun. 2019.

LIMA, E. L. *Áreas e volumes*. Rio de Janeiro: SBM, 1985. (Coleção Fundamentos de Matemática Elementar.)

LIMA, E. L. et al. *A Matemática do Ensino Médio*. Rio de Janeiro: SBM/IMPA, 1999. v. 1, 2 e 3.

MACHADO, N. J. *Lógica, conjuntos e funções*. São Paulo: Scipione, 1988. v. 1. (Coleção Matemática por Assunto.)

MACHADO, N. J. *Medindo comprimentos*. São Paulo: Scipione, 1992. (Coleção Vivendo a Matemática.)

MACHADO, N. J. *Polígonos, centopeias e outros bichos*. São Paulo: Scipione, 1992. (Coleção Vivendo a Matemática.)

MELLO E SOUZA, J. C. de *Matemática divertida e curiosa*. Rio de Janeiro: Record, 2009.

MOISE, E. E.; DOWNS, F. L. *Geometria moderna*. São Paulo: Edgard Blücher, 1975.

MONTEIRO, J. *Elementos de Álgebra*. Rio de Janeiro: LTC, 1989.

NIVEN, I. *Números:* racionais e irracionais. Rio de Janeiro: SBM, 1984. (Coleção Fundamentos da Matemática Elementar.)

REDEMATTIC. Disponível em: <www.malhatlantica.pt/mat/>. Acesso em: jun. 2019.

SOCIEDADE Brasileira de Educação Matemática. Disponível em: <www.sbem.com.br>. Acesso em: jun. 2019.

SOUZA, E. R. de; DINIZ, M. I. de S. V. *Álgebra:* das variáveis às equações e funções. São Paulo: Caem-IME-USP, 1995.

STRUIK, D. J. *História concisa das Matemáticas*. Lisboa: Gradiva, 1997.

TINOCO, L. A. *Geometria euclidiana por meio de resolução de problemas*. Rio de Janeiro: IM-UFRJ (Projeto Fundão), 1999.

WALLE, J. A. V. de. *Matemática no Ensino Fundamental*. Porto Alegre: Artmed, 2009.

Malhas

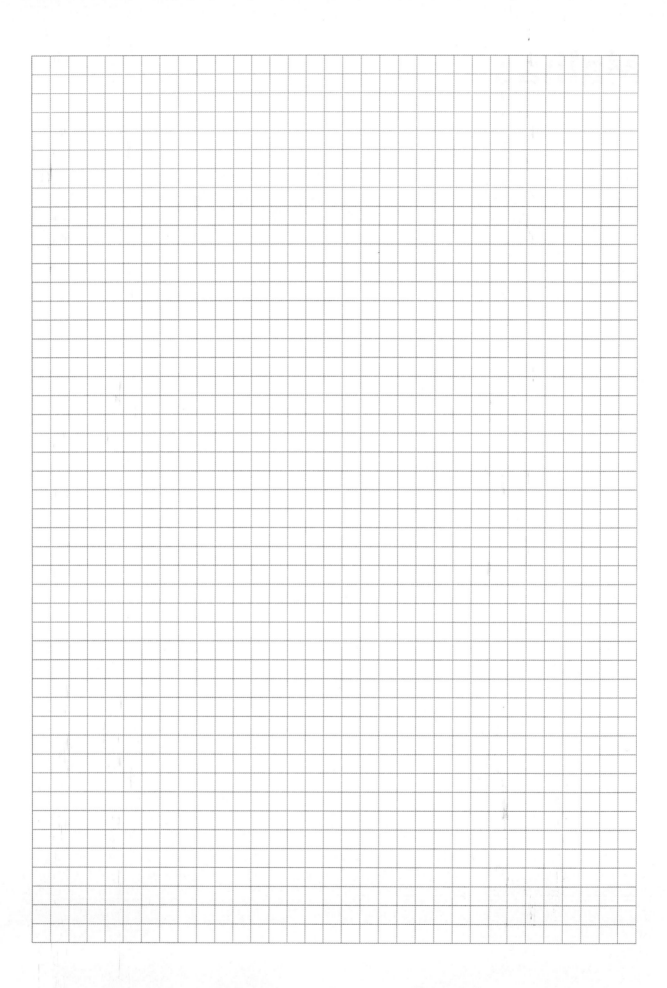